欸乃一声山水绿

——社会热点问题评析(2014)

王来法等 著

浙江工商大学出版社

ZHEJIANG GONGSHANG UNIVERSITY PRESS

图书在版编目(CIP)数据

欸乃一声山水绿：社会热点问题评析. 2014 / 王来法等著. —杭州：浙江工商大学出版社，2017.12

ISBN 978-7-5178-2517-3

Ⅰ. ①欸… Ⅱ. ①王… Ⅲ. ①时事政策教育—高等学校—教学参考资料 Ⅳ. ①G641.41

中国版本图书馆 CIP 数据核字(2017)第 303806 号

欸乃一声山水绿
——社会热点问题评析(2014)

王来法等 著

责任编辑	沈明珠　白小平
责任校对	丁兴泉
封面设计	林朦朦
责任印制	包建辉
出版发行	浙江工商大学出版社
	(杭州市教工路 198 号　邮政编码 310012)
	(E-mail:zjgsupress@163.com)
	(网址:http://www.zjgsupress.com)
	电话:0571-88904980,88831806(传真)
排　版	杭州朝曦图文设计有限公司
印　刷	杭州五象印务有限公司
开　本	710mm×1000mm　1/16
印　张	20.5
字　数	301 千
版印次	2017 年 12 月第 1 版　2017 年 12 月第 1 次印刷
书　号	ISBN 978-7-5178-2517-3
定　价	49.00 元

前　言

渔翁夜傍西岩宿，晓汲清湘燃楚竹。

烟销日出不见人，欸乃一声山水绿。

回看天际下中流，岩上无心云相逐。

——柳宗元《渔翁》

这首《渔翁》是一首情趣盎然的小诗，诗人柳宗元以淡逸清和的笔墨勾画出一幅令人迷醉的山水晨景。由夜而晨，是人类活动最丰富的时刻，是万物复苏、生机勃勃的时刻，本诗以此为线索，使人与自然浑然融和，结成不可分割的一体，共同显示着生活的节奏和内在的机趣。"烟销日出不见人，欸乃一声山水绿"这两句描写一方面是自然景色：烟销日出，天色渐明，山水顿绿；一方面表明了渔翁的行踪：宁静的清晨传来一声橹桨声响，渔船离岸而行。借声响的骤起反映景色的变化，不仅赋之以动态，而且赋以顷刻转换的疾速感，生动地展现了日出的景象。柳宗元正是发挥语言艺术的特长，抓住最有活力、最富生气的日出瞬间，把生活中常见的自然景象表现得比真实更为美好，给人以强大的感染力。

本丛书取名"欸乃一声山水绿"，但所要呈现的并不是诗歌欣赏的文集，而是与"欸乃一声山水绿"所描绘的意境相似的舆情分析评论文集。

当今世界，互联网技术高度发达，为人们的沟通、交流提供了极大的便利，也使人们可以比较自由地表达自己的认知和思想，社会舆论除了传统渠道外，又开拓出了新的传播空间和平台，进而形成了新时代特征的网络舆情。透过这个平台可以观察人们对变化万千的世界的认知和态度，了解群众的思想动态和舆论倾向。政党和政府，以及社会有关的方方面面，无疑都不可忽视这个新生事物。通过这个平台，可以对社会舆情进行分析和研判，为制定政策和改进工作提供参考意见；通过这个平台，也可以有针对性地开展舆论宣传和教育引导，更好地为国家建设服务。

为提高高校思想政治教育工作的针对性和实效性，引导大学生正确认识和分析发生在我们身边的大小事件，2011 年 12 月，浙江省教育厅委托浙江工商大学马克思主义学院撰写《社会舆情热点、焦点问题教育引导参阅》评论文章，要求搜集网络和社会舆论关注的热点、焦点问题，加以分析并提出教育引导对策，撰写评论文章，作为高校思政理论课、形势政策课和各专业教学的参考资料，每月刊发一期。为了完成此艰巨任务，我们将学院部分思政理论课教师组成评论员队伍，由王来法院长总负责，按月轮流、分工撰写舆情分析和评论文章。作为教师，写几篇评论文章不算太难，但要长期坚持却并不容易。掐指算来，这项并不太起眼的工作，已经坚持六年多了。每年的评论文章都在 60 篇以上，总共也有 300 多篇评论了。

历数六年来的这些文章，大多是对国内、国际发生的各种事情的分析和评论。2012 年对我国来说是有转折意义的一年。这一年 11 月中共召开了第十八次全国代表大会，政治生活中的许多事件大多围绕党代会的召开而展开，社会生活亦是繁杂多变，呈现出社会矛盾凸显期的诸多特点。这一年的文章涉及的选题包括："烟草院士"争议风波，中国入世十年，刘路 22 岁当教授，哈医大一院医生被杀事件，"煤老板七千万嫁女"，王立军、薄熙来事件，温州金融试验区，毒胶囊事件，房地产公司破产，"酱饼妹"，十八大召开，等等。涉及国际热点包括：中国南海和黄岩岛问题、朝鲜问题、加拿大退出《京都议定书》、伊战问题、中国的核立场等。之后的 2013 年，围绕中共的反腐廉政风暴，社会舆情也是东风激荡、热度非凡，大有烟消云散、日出江山之感。11 月召开的中国共产党十八届三中全会，通过了《中共中央关于全面深化改革若干重大问题的决定》，把改革、发展这一根本大计再次推向前台。本辑汇集 2014年度编写的热点、焦点舆情分析评论文章。2014 年的重点事件有：9 月5 日，中共中央、全国人大常委会在人民大会堂隆重举行庆祝全国人民代表大会成立 60 周年大会。中共中央总书记、国家主席、中央军委主席习近平在大会上发表重要讲话。我们专门请法学教授陈党老师撰写了《坚持和完善人民代表大会制度，推进社会主义民主政治建设——学习习近平总书记在庆祝人大成立 60 周年大会上的讲话》一文。10 月 20 日十八届四中全会在北京召开，首次以全会的形式专题研究部署全面推进依法治国这一基本治国方略。全面推进依法治国，就要在中国共产党领导下，坚持中国特色社会主义制度，贯彻中国特色社会主义法治理论，形成完备的法律规范体系、高效的法治实施体系、严密的法治监督体系、有力的法治保障体系，形成完善的党内法规体系，坚持依法治国、依法执政、依法行政共同推进，坚持法治国家、法治政府、法治社会一体建设，实现科学立法、严格执法、公正司法、全民守法，促进国家治理体系和治理能力现代化。

随着中共中央一系列治国理政的思想和政策举措的提出和实施，习近平同志的系列讲话引领着社会舆论的走向。纵观六年来的社会舆情，可谓精彩纷呈、百花齐放。各种舆论主题大都离不开社会的政治、经济、文化、社会、生态、外交和国际关系、军队和国防建设、党的建设这些方面，事件无论好坏，舆论无论褒贬，莫不如此。评论文章亦紧紧围绕着这些主题有感而发，有对事件的分析，有对问题的看法，有对时弊的批评，有对工作的建议。综合起来，这些文章多是在阐述、探讨当今中国如何进行中国特色社会主义建设的种种问题。这就是我们将各种评论文章组合成这些专题的依据。

纵使春风满园，也难免众口不一。对众多时事的看法仁者见仁、智者见智，人们的思想认识、价值取向不可能绝对相同、完全一致，但当今中国社会终究还是一个命运共同体，全社会要有一个大致的共识方能同心同德、砥砺前行。共识的形成需要有共同的思想基础，就是对事物的认识都有一个共同或相近的基本立场、基本观点、基本方法。对同一事件，因立场、观点、方法等的不同结论可能迥异。每个人因思维习惯不同、行事风格不同、价值取向不同造成的认识差异大量存在，无需大惊小怪，反复的讨论、争论甚至辩论才能使思想认识趋于一致并取得共识，或者可以做到求同存异。我们所撰写的文章，不敢说都是正确的，有些文章观点因作者的认识和写作水平所限难免也会有局限性甚至错误，但初衷是尽可能地用马克思主义的立场、观点和方法为指导，尽可能地用贴近当代年轻人的思维习惯，尽可能地用简洁的语言和篇幅对发生在我们身边的热点、焦点问题和网络舆情，进行一些分析和研判，提出我们的态度和看法，阐述我们的意见，供交流讨论，能够起到一点引导社会舆论的效果则是我们的期待。当然，文集里的每篇文章都是独立的，文章的观点仅代表作者自己的立场和观点，文责还是要自负。

在组织撰写舆情分析文章时，我们注意到这样几个问题：

1. 评论文章的时效性问题

对于社会舆情的热点、焦点问题的教育引导必须掌握好时效性。文章按月选题，都是近期来发生的大小事件和舆论热点，一般都是新鲜出炉的时新作品。评论文章经过选题、撰写、编辑、印刷、发行，一般要花费一个多月的时间。这世界变化快，有些热点可能已经不是热点问题，也会有一些滞后性、时效性问题。但总的来说，文章选题还是很贴合时代的。即使经过六年多时间，当我们回过头去看这些文章时，发现许多文章选题仍有新意、评述不乏精彩，不免为之赞叹。当然，有些已经时过境迁、斗转星移了，权且留下痕迹当作一种纪念。相信读者自会辨别、取舍。

2. 选题的针对性和切合度问题

在选题方面，文章的主要针对对象是在校大学生。为了更准确地把握大学生所关注的热点和焦点问题，有针对性地组织稿源，我们有一个舆情收集研判机制，在撰写评论文章前，作者会参与舆情分析研判，分析舆情产生的原因、发展趋势及对大学生的影响，研究如何正确地引导舆论。从中获得更准确的选题来源，作为撰写评论的选题参考。由于作者个人接触的信息和认识不同，以及角色、年龄、知识、经验不同，所关注的热点存在差异，选题有可能与学生实际关注热点、社会公众关注的热点不完全一致的情况。这些因素可能会导致有的文章的选题和观点不完全符合大学生的口味和要求，造成针对性不强的问题。

3. 实效性问题

我们的评论文章主要作为内部资料提供给高校思政理论课教师、辅导员等参考，通过教师向学生做宣传教育工作。有些文章在内部刊物刊载过，有些没有刊载。有许多的文章对发生的事件进行梳理，表明了如何正确看待、对待事件的态度，这类文章可以作为思政理论课的教学案例使用。我校开展的"卡尔·马克思杯"思政理论知识竞赛等活动中的许多案例题目也是从此取材。应该说，这项工作是有成效的。当然，经过多个环节，最终能传递到学生的信息量可能也很有限，所能发挥的教育、引导作用也有局限性。正是出于发挥更大作用的考虑，我们把这些文章再做整理，按年度编印文集，希望可以在更大的范围内发挥更好的作用。

4. 如何保证评论文章的质量和水平

本书所载内容定位为教育引导性的评论文章，当然要以马克思主义理论为指导，以党的路线、方针、政策为依据，把握社会动态和社会心理，体现出较高的理论层次、思想认识水平和写作技巧，总体上文章的选题和政策把握有一定的保证，需要具有较强的权威性和可读性。这对参与撰写的教师提出了很高的要求。参加撰写的教师虽然经过了筛选，但是，毕竟教师大多从事马克思主义理论相关课程的教学研究工作，平时教学任务繁重，科研压力巨大，要保证每篇评论文章都能写出高质量和高水平并不是一件很简单的事情，要付出很大的努力。

近年来，浙江工商大学马克思主义学院思政理论课积极探索教学改革，努力提高思政课教学的实效性。其中大力推广采用"时事评论教学法"也是一项教改成果。"时事评论教学法"一般采用学生自由组合，以小组为单位进行，小组结合时事自行选题，进行时事材料的收集、整理，学习运用马克思主义的立场观点和方法来分析当前社会的热点时事问题，撰写时评文章，制作演讲 PPT，在课堂进行演讲，教师根据演讲等情况评定成绩，并占平时成绩的一定比例。这种教学方法调动了学生政治学习的积极性，增强了学生运用马克思主义基本原理观察问题、分析问题的能力，避免了教学内容的简单重复，受到学生的欢迎。有些教师运用自己撰写的评论文章作为教学资料，加强对学生时事评论活动的指导，更好地起到了教育引导学生的作用。同时，教师可以从学生的时事评论选题中更直接了解学生关注的热点问题，以及学生的认识水平和代表性观点，进而更有针对性地撰写自己的评论文章。目前，我院的研究生每月都开展舆情分析和撰写评论，将写评论文章作为马克思主义理论专业研究生的一项基本功进行训练。

　　舆情分析和时事评论文章的编写工作,对我院来说是一项光荣而艰巨的任务,也是一项重要的社会服务工作。我们坚持六年有余,完成了教育厅给我们的任务,也形成了一定的成果积累。回首过去的六年,往事虽然如烟,成果还是值得留存。为了表示对这项工作的肯定,我们对文章进行整理并分年度结集出版,以飨读者。现在呈现给大家的是2014年的专辑。内容编排上按照建设中国特色社会主义政治、经济、文化、社会、生态、祖国统一、国际风云等专题进行分列,每篇文章既是独立的一篇文章,又是构成整体的一部分。每一本文集都是对建设有中国特色社会主义的一次深入研讨,每篇文章都是社会主义建设某个方面问题的一个细究。所谓"横看成岭侧成峰,远近高低各不同",这与"烟销日出不见人,欸乃一声山水绿"的景致倒是相得益彰。

　　最后,还是要点出取名"欸乃一声山水绿"的用意:一是浙江山水秀丽,"欸乃一声山水绿"的景色随处可见,生态文明建设是评论文章涉及较多的内容,绿水青山就是金山银山,需要我们倍加珍惜;二是当今的政治经济社会人文环境发展变化迅速,"回看天际下中流,岩上无心云相逐",需要我们静心观察、冷静思考、淡定以对;三是希望我们的舆情分析和评论文章,能给读者带来"欸乃一声山水绿"般山清水秀、神清气爽的观感。文章的编写和文集的出版得到浙江省教育厅和浙江省委宣传部的殷切关怀和大力支持,在此表示衷心感谢!

崔　杰

2017 年 11 月于杭州

目　录

欸乃一声山水绿

002

中国特色社会主义文化建设 ●●●●●●●●●●●●●

社会主义和谐社会建设 ●●●●●●●●●●●●●

社会主义生态文明建设 ●●●●●●●●●●●●●●●●

欸乃一声山水绿

中国特色社会
主义经济建设

余额宝理财：喜中存忧

▶ 朱团钦　明巧玲

2014年2月21日，央视证券资讯频道执行总编辑兼首席新闻评论员钮文新发表名为《取缔余额宝》的文章。文中炮轰余额宝，指责它是"趴在银行身上的'吸血鬼'，典型的'金融寄生虫'，并未创造价值，而是通过拉高全社会经济成本并从中渔利，冲击全社会融资成本和中国经济安全，应该予以取缔"。余额宝，这个门槛低、收益高，备受年轻人喜爱的理财方式一时间引发了人们的广泛争论。

一、背　景

余额宝是由阿里巴巴集团与天弘基金联合推出的。余额宝2013年6月横空出世时，比银行存款更高的收益率，更快、更灵活的购买和赎回方式让缺乏投资渠道的公众大喜过望，纷纷将自己的银行存款"搬家"到余额宝上，短短几个月就帮助余额宝合作方天弘基金从一个默默无闻的基金公司发展成如今规模最大的公募基金。据天弘基金披露，截至2014年2月26日，余额宝用户数已经达到8100万；以其2月中旬户均规模约6500元计算，余额宝规模或已经突破5000亿元。另据央行数据显示，截至2013年末，我国居民储蓄余额突破46万亿元。也就是说，余额宝仅仅用了不到一年的时间，规模就达到了全国储蓄存款的1%，这一速度着实令人惊讶。

相比之下，人民币存款罕见地大幅减少。根据央行2014年2月15日发布的报告显示，存款减少了9402亿元，降幅创近六年同期新高，一时间存款"搬家"去向问题引发了各方的高度关注。在利率管制之下，银行活期存款利率只有0.35%，而余额宝的7日年化利率却在

5%甚至6%以上。除了利率上的巨大差异,以支付宝为依托的余额宝还可以用于团购、买机票以及各类网购的网上支付。在十几倍的利率差距和便捷性的吸引下,余额宝等于大大降低了金融服务的准入门槛,迅速将小型客户零散资金聚集了起来。相比几可忽略的银行活期利息,余额宝年化利率6%左右相当有吸引力。存款不断流失到余额宝及其他类似互联网金融产品,这让习惯于躺在息差上赚钱的银行开始暗暗心惊,如坐针毡。

二、余额宝的创新意义

余额宝作为一种互联网金融创新模式,门槛低、收益高、购买便捷、使用灵活,可以把社会闲散的小额资金集中起来,提高资金的使用效率,给人们带来了看得见的高收益。以中国银行为例,活期年利率为0.35%,定期年利率为3%,定期存五年利率最高可达4.75%。但是如果储户提前支取定期存款,利率就会由定期转为活期。相比之下,余额宝则不存在提前支取造成损失的情况。余额宝是按每天来计算收益,并且每天利率都不一样,但收益浮动并不大。2014年2月,七日年化收益率在6.4%—6.7%之间。单纯从目前的收益率来看,无疑远远高于银行的利息。因此有人说,余额宝存的是活期,拿的却是超过银行定期的最高利率。其最大的好处是每天收益随时提款,回报高且可随时取随时花。

"自从有了余额宝,伙食得到明显改善,每天拉面里面可以放一只2元钱的鸡蛋,或者自豪的喊一声来一碗大碗的拉面。以前从单位到地铁站,有一站路都是走的。自从有了余额宝,我现在可以潇洒地登上有空调的公交乘一站,以前抽的是7块钱的软盒烟,现在改成8块钱的硬盒烟……"这是一名网友在微博上的感言。现在一个普通的工薪族,一个月的工资要付房租、付按揭,吃穿住用行,到月底基本上剩不了多少,放到银行里既麻烦又几乎没有什么收益。要想有高收益,银行门槛又高。而通过余额宝,一元钱起买,资金能够随时用于消费或转账,但同时又能够享受6.4%—6.7%的年化收益的增值。这种互联网金融产品创新,使得普通网民有一点零花钱就能开始理财。

余额宝不仅受到工薪族的青睐，也备受学生们的喜爱。很多父母会按学期给自己孩子汇生活费，所以在开学阶段很多大学生手里会有近万元的"周转资金"。具有低风险和高回报优势的余额宝成了很多大学生理财的新选择。"我们宿舍的同学都开通了余额宝，多的存了上万，少的也有几百。反正没有门槛，钱多钱少都是赚嘛。"华中师范大学新闻传播学院的刘亚宁说。现在早上起床打开支付宝钱包后互报昨日收益，已成为宿舍里的一个日常活动。

余额宝不仅方便了人们的生活，提高了人们的收益，而且有利于提高金融市场运行效率，推动存款利率市场化。6％—7％的高收益率，加上灵活性、流动性较强，成为余额宝吸引大量用户将活期储蓄转移至支付宝的主要原因。银行当前垄断利差的最大来源即活期存款将面临越来越大的流失压力。当前环境下，商业银行只有两个选择：一是继续维持垄断性利差而坐视活期存款不断流失，二是为了遏制存款的流失而主动推动存款利率市场化。当然，当前巨大的垄断利润仍然会驱使银行在短期内维持第一种策略，但当"余额宝"类产品规模不断做大时，银行将不得不做出第二种选择，推动利率市场化。实际上，"稳步推进利率市场化改革"早在2003年党的十六大报告中就曾明确提出。之所以提了这么久，却一直不见成效，是因为银行业没有动力"革自己的命"。余额宝对利率市场化起到了良好的促进作用，对整个金融业的创新发展，起到了较强的倒逼作用。它在一定程度上实现了2013年马云的豪言壮语："如果银行不改变，我们就改变银行。"

三、余额宝存隐忧

余额宝这款重量级的金融创新产品降低了交易费用，提高了部分闲置资金的使用效率。其带来的高收益和灵活性，点燃了百姓们的理财热情，也在悄然撼动着金融格局。但一片喧嚣背后，不少人开始意识到，以网络为销售平台的余额宝还存在种种不足，有着无法回避的问题。

近期，一则《手机丢失？你的支付宝就完了！》的帖子折射出人们对于移动支付、互联网金融安全性的质疑。业内人士指出，尽管支付宝称其安全是基于一整套的风险防控体系，但再强的技术总有漏洞。特别是当电脑、手机遇上病毒或钓鱼网站时，安全漏洞总是防不胜防。

不仅是技术层面，对于互联网金融的不信任还存在于运作资金的金融机构。天弘基金靠余额宝一战成名，但随着规模日渐膨胀，人们开始对这个原来排名50位开外的基金公司心存担忧。一旦遭遇流动性风险、兑付风险，其整体实力和未来命运将接受严峻考验。

不可否认的是，互联网金融将碎片化的资金整合，盘活了一定的存量，迫使银行将一部分利润让利给了老百姓。"但是，不得不看到的是，互联网金融的出现，延长了融资链条，抬高了融资成本，其实对于实体经济有着不小的影响。"国际金融问题专家赵庆明说。一方面，余额宝使得银行低收益存款大量逃逸；另一方面，银行流动性被央行和余额宝双向挤压，从而推高了货币市场利率。

6％—7％的高收益率到底能持续多久，余额宝如何保证稳定的收益率？从理论上来说，理财产品的平均回报率，应以实体经济的回报率作为参考指标，7％的收益率水平已接近GDP增幅。利率持续高企最终将导致宏观经济增速放缓。企业利润下滑，难以维持高融资成本。最终，高利率也就不在。

尽管余额宝作为一种新生事物，不可避免地带来了金融风险和监管挑战，但它促进了传统银行业的转型，弥补传统银行在资金处理效率、信息流整合等方面的不足。余额宝不仅对利率市场化起到了良好的促进作用，而且对未来整个金融业的创新发展，发挥着"鲇鱼效应"，起到了很强的倒逼作用。对广大网民而言，增加了投资渠道，提高资金收益。

总体来说，我们要鼓励像余额宝这种互联网金融产品的创新和发展，为其提供制度保障和宽松环境，并对之加以引导，使其不断完善。但是，鉴于这类产品的种种风险和隐忧，我们在投资时要谨慎，避免把大笔的钱存在里面，更不要把所有的钱存在里面，要学会保护自己的财产。

微软 Windows XP 操作系统退役为何引各方关注

▶ 蒋伟胜

一、舆情概述

2014 年 4 月 8 日,微软正式停止 Windows XP 及 Office 2003 等的技术支持,并向用户推送全新的微软 Windows 8 系统,服务用户 13 年的 Windows XP 系统正式宣布"退役",北京时间 4 月 9 日凌晨,微软将发布安全公告预告,最后一次提供 XP 安全补丁更新。

从 4 月 7 日开始,传统媒体与网络舆论场都对微软宣布 Windows XP 系统停止服务的消息高度关注,舆情热度逐渐上升;而此时恰逢中国传统祭祀节日清明节,有网民调侃称"过完清明,送走 XP"。4 月 9 日,微博平台对该事件关注度伴随百度等启动的联合防护方案而持续走高,新闻平台的信息传播量呈现出相反的下降趋势,论坛及博客的信息传播量较为平稳。央视新闻微博发布♯跟 XP 说再见♯的微博话题,获得超过万人的转载及评论;网民普遍表示出对 Windows XP 系统的不舍;媒体撰文提醒用户注意升级系统,避免网络病毒的入侵。

二、舆情倾向性分析

自 Windows XP 系统宣布停止服务以来,国内主流媒体对此高度关注,网易、人民网、搜狐、新华网、新浪等新闻媒体信息发布量位居前五,关注焦点主要为以下几点:一是 XP 系统停止服务用户面临安全风险,二是微软转型的艰难期,三是 XP 停止服务逼迫用户升级。

对于微软服务终止后用户面临的安全风险问题,搜狐、腾讯等网络媒体普遍认为,微软停止技术支持以后,XP 系统虽可继续工作,但如果没有及时使用或升级第三方安全软件,电脑很容易被木马攻击,安全风险加大,让人"且用且担险"。也有媒体认为,XP 是十年之前的技术,与如今高速发展的软件技术以及硬件更新并不匹配。适应互联网环境的新系统应该具有屏蔽不必要的服务组件、起用电源保护功能、对重要信息进行加密、锁定计算机等功能,XP 难以胜任这些任务。没有了微软的技术支持,今后电脑系统安全更没有了保障。

不少了解信息产业发展状况的网民认为,微软停止对 XP 的技术支持体现了微软转型期的艰难。早在 2013 年 10 月,微软 CEO 史蒂夫·鲍尔默就表示,微软正在经历全面转型。在继续坚持以 Windows 为核心的基础上,微软将向设备和服务公司方向发展,微软发布新一代操作系统 Windows8,推出基于新系统的自主品牌平板电脑 Surface。"这是一次重大的转型,将影响到我们如何运营公司,如何开发新体验,如何面向消费者和企业推出新产品。"近半年来,微软与合作伙伴在 Windows PC、平板电脑和手机领域展开了合作,很明显,微软已经将自己视为一家能够独自提供硬件体验的企业,围绕 Windows 生态系统建立了一个平台,包括 PC、平板电脑、服务和云计算。但是,微软停止对 XP 的支持,面对 2 亿的 XP 用户,微软并没有真正的善后措施,官网给用户提供两个选择:第一,升级当前电脑至最新版本 Windows8.1。为鼓励用户迁移到更高版本的系统,微软已经与 360、腾讯达成合作,共同推出 Windows8 优惠升级计划,价格相当于原价的三折。但是,微软也明确承认,目前只有极少数旧版本电脑能够运行 Windows8.1。第二,购买可以运行 Windows8.1 的新电脑。

微软的这种态度被中国网民理解为"霸道条款后的霸道行为",批评微软作为这款服役多年但仍占据相当市场份额的操作系统的开发商,以这种不负责任的方式结束其使命,让人遗憾。在 XP 的用户群中,中国毫无疑问占了很大一部分,在 Windows XP 系统停止服务之际,为配合《第十三次全国信息网络安全状况与计算机及移动终端病毒疫情调查》活动,国家计算机病毒应急处理中心联合北京北信源软件股份有限公司发布《Windows XP 系统安全状况调研报告》。调查显示,在政府企业用户群中所抽样的 121 万台电脑设备中装有 XP 系统的所占比例高达 72.6%,44.4% 的用户表示在微软停止 XP 支持服务后仍然会继续使用 XP 系统。

面对微软的霸道,有媒体建议开发国产操作系统,认为从长远上看,要从根本上解决安全问题,中国只有通过自主科技创新,掌握技术主导权,保持产业创新力,才能打破国际巨头的垄断,信息安全才能保障。但是信息科技发展太快,加上国内版权意识差,几乎清一色的盗版用户等生态环境,使国产操作系统在现阶段很难获得生存。

不过也有相当数量的网民对 XP 的退役表示不舍和怀念。网络媒体对网民倾向性分析显示,41% 的网民对 XP 系统退役表示不舍,而关注系统退役后加强安全防范问题的网民才 27%,显示了 XP 操作系统在 13 年的职业生涯中积攒起来的超高人气。有用户深情告白:"一路走来相伴有你,四千多天的相随及默默支持。尚未成熟的你肩担我们于信息的交流,不断更新完善基准为信息化时代奠定基础,成功与失败,错误与肯定,你的坚持使你成为这个时代的骄傲。告别曾经的辉煌喜迎崭新的时代,层出才能不穷吐故方能纳新,没有不变的永恒唯有不断的追求,XP,一路走好。""一时半会还真不能接受这种残酷的事实,蓝天白云青草绿地的小山坡页面陪伴了我整整八年,你即将告别退出了视线,难以置信没有你的陪伴会是啥样的结果呢? 孰轻孰重都不敢判断你的离去是好还是坏呢?"

三、舆情点评

Windows XP 系统结束其 13 年的服务期,最终走向终结。而中国网民作为 XP 系统最大的用户群体,对此广泛关注,国内舆论场对此进行了较为集中的报道,毕竟此消息对中国用户造成了不小的冲击。XP系统退役是微软为其新系统铺路,但却在国内形成了"微软式恐慌"。有数据统计显示,目前全球范围内 XP 的市场份额是 25%,而中国的市场份额是 70%,个人用户安装及使用 XP 的计算机将近 2 亿台。XP 系统的退役意味着,继续运行 XP 的电脑受到安全威胁及病毒入侵的概率提升。微软为了自身能够在后 PC 时代创造出强劲的消费需求,此番做出的决定仅是其转型的第一步。而中国之所以陷入"微软式恐慌"，究其根本原因是中国没有国产操作系统。中国工程院院士倪光南把 XP 停摆视为全球信息安全的标志性事件，为保护我国的信息安全，他认为需要整合国家资源、协调一致，尽快推出国产操作系统及其生态环境来替代 XP。他强调，目前首先应防止 Windows 8 进入政府和重要行业；同时，应在中国国家信息安全漏洞库支撑下，集中我国信息安全领域的力量协同攻关，采用自主创新的可信计算技术进行安全加固，接管我国 2 亿台 XP 电脑用户的服务支撑。应对这一事件还需要做长期打算，不仅要减轻近期风险，还要增强长期的信息安全。为此进行投入、付出代价都是值得的。现实情况是，中国在智能终端操作系统上完全受制于人。所谓智能终端，指的是各种信息终端，随着云计算的兴起，这些就是各种接受云服务的终端，包括桌面 PC、智能手机、平板电脑、智能电视等家用智能终端、可穿戴设备、车载设备等。这类智能终端使用的操作系统具有高度的垄断性，现在全世界基本上只有苹果、谷歌和微软的系统。中国尽管是世界上智能终端的最大制造国，可是我们制造的所有智能终端都是用的这三家系统，这种局面不改变，不仅我们智能终端制造业的利润和发展受到制约，而且所有终端都运行外国操作系统，从大数据的角度看，我国用户的数据都被人所掌握，信息安全没有保障。由此可见，解决这个问题刻不容缓。

推广自主操作系统的必要性不言而喻，若想不再受制于人，加强企业主导开发，通过人大立法，政府必须采购国产自主可控软件，是我们未来的发展方向。想要达到这些目标，这就需要政府和企业共同努力了。

首先，国家应在资金、政策和市场等方面加大对企业的支持力度。中国工程院院士、中国联通科技委主任刘韵洁表示，中国做操作系统，政府需要有所作为，为企业提供支持经费，同时奖励在校大学生展开 APP 开发，建设一套新的生态体系。政府除了给资金还要给市场，政府要放开市场，鼓励企业参与自主操作系统的研发，参与市场竞争，使操作系统国产化、市场化。

其次，企业也需要重视创新，增强市场竞争力。业内人士认为，安全是当前中国用户最大的价值诉求点。在 Windows XP 退市之际，国产操作系统首先要保证用户诉求,从安全性入手,使用户免受病毒攻击等威胁。另外,技术能力是操作系统企业的看家本领,除在安全性能方面做到位,企业要提高创新能力,深入研发核心技术,通过"人无我有,人有我优"的方式,打破国外厂商的垄断。锲而不舍,金石可镂。国产操作系统若矢志不渝地创新技术,为用户提供良好的体验,或许在不久的将来,能与世界顶尖操作系统齐头并进,相信那时就是国产操作系统掌声雷动的最佳机会。

反垄断之思

▶ 胡文燕

一、事件回放

2014 年夏天，在经济领域并不平静。2014 年 7 月以来，中国政府有关部门针对境外企业进行反垄断调查的消息接踵而至。微软、奔驰、宝马、高通等在科技、汽车、通信领域几成一方霸主的外资公司，目前正身处反垄断风暴中心。

7 月 28 日，工商总局对微软（中国）有限公司以及上海、广州、成都的分公司进行反垄断突击检查，掀开了此次反垄断系列调查的序幕。8 月 6 日，工商总局再次发布公告称对微软公司进行检查。

8 月 6 日，由上海发改委和湖北物价局执行的对克莱斯勒和奥迪的调查结果出炉，两家企业被确认存在垄断行为，罚单也在随后发出。在此之前，江苏省物价局对苏州、无锡等 5 个城市的奔驰经销商进行了反垄断调查。此外，国家发改委已完成对日本 12 家企业汽车零部件和轴承价格垄断案的调查，并开出 12.354 亿元的巨额罚金。

作为全球移动芯片领域的领跑者高通公司，国家发改委也在 2014 年 2 月首次证实，正在对其开展价格垄断调查。

中国《反垄断法》已实施整整 6 年，这期间，反垄断执法力度从无到有、由小及大，监管部门的主动性越来越强。尽管中国反垄断立法和执法尚需进一步成熟是不争的事实，但刀光剑影间，中国反垄断已经翻开了新的一页。

二、网友和媒体评论

@cjz01052008:汽车行业在进行反垄断,汽车价格会下降。让群众得到实惠,坚决支持。

@椰枫友子:震惊:现代 ix25 印度售价竟比中国低四成,中国养肥了现代、起亚,(帮这些企业)低价开拓其他市场。

@桑椹 vs 桑葚:高通借助技术优势在授权业务上的不正常定价和对不同客户的差别待遇引发了中国对它的反垄断调查。这种不正常的过高定价损害了中国市场上竞争者的利益,过高定价最终导致消费者的利益受损,特别是在 4G 时代到来的关键节点上,对高通的反垄断调查将对整个产业产生良性结果。

@青黛绿萼:专家言,①以后反垄断执法成为新常态,未被关注的企业也别高兴太早,执法机构人员增多,政绩冲动下加强执法频次。②处罚力度加强,10％处罚上限因违法时间性质而定,罚不是遏制禁止而是悬剑处罚漠视法的人。③公平执法,本土也要警醒自重防控风险,加强法制观念,防止大企业麻痹自恃。

@开明人士水巨木 63:汽车垄断暴利是如何形成的?要把这些紧缺、宝贵的行政执法资源配置到最重要、最急需的反垄断案件中去,以期更好地保护最广大消费者的切身利益,维护更高层次、更广范围内的市场竞争秩序,同时还应尽可能地发挥已查处案件的标杆、警示和溢出效应。

@南方日报汽车周刊:"有形之手"发挥作用了。

@大公网-财经:【外交部回应国外反垄断质疑:调查过程透明公正】外交部发言人秦刚表示,反垄断是为了维护消费者权益,为了创造一个更加公开、公平、公正的市场竞争环境。反垄断不只是中国一个国家的做法,在其他国家也都存在。中方的反垄断调查是完全依照中国有关法律进行的,是透明、公正的。

欸乃一声山水绿

三、有关反垄断事件的深思考

2014年中国密集的反垄断调查,引得各种声音甚嚣尘上。

一种声音认为,中国的反垄断针对汽车、通信、科技等行业的知名外企,是"选择性执法",有"排外"之嫌。这不值一驳,只要稍微查一下《反垄断法》实施6年来被处罚的企业名单就会发现,茅台、五粮液、中国联通、中国电信等这样的本土国有企业,同样收到过天价罚单。当然,中国的反垄断执法还处于起步阶段,公众和企业对于垄断的认识还不到位,在执法过程中选一些典型企业"开刀",也不意外。

值得关注的倒是"排外"论背后的逻辑。改革开放以来,各地为了吸引投资对外企百般呵护,提供了大量土地、税收等方面上的优惠,加上监管的法制不健全,惯出了跨国集团"双重标准"的恶习,养成了他们"看菜下饭"的毛病。同样的产品,国内外的销售价格抑或是产品质量相差悬殊。即使有些外企并不能给地方带来多少税收和就业,但顶着"世界500强"等光环,地方政府仍然奉若上宾。在中国市场的竞争中,外企不仅没有受到排斥或限制,反而是享受着超国民的待遇。与此同时,我国的民营企业、中小企业不仅没有得到应有的支持,反而处处受到外企的排挤和压制。一旦这种特殊的优惠不再,外企反而感觉受到了不公平待遇。

在这一点上,商务部的回应显得更加专业:在中国无论是内资企业还是外商投资企业,若触犯法律都将受到制裁,承担相应的法律责任。反垄断的意义,就在于营造一个公平竞争的环境,让所有市场主体平等参与竞争。

另有一种声音则认为,被调查的企业都是取得商业成功的好企业,反垄断不仅不会给消费者带来利益,反而会因为对好企业的伤害,最终伤害消费者利益。

这是市场原教旨主义的论调。在他们看来,市场可以解决一切问题。但他们恰恰忽视了,他们在中国的市场地位是靠着不公平的竞争取得的。即使是通过公平竞争取得的垄断地位,一旦失去约束,垄断之恶就会破坏市场公平,进而扼杀市场的活力。失去公平竞争的环境,市场机制就会失灵,创新就会被制度扼杀。与伤害消费者利益相比,扼杀创新,才是垄断行为最大的危害。中国的反垄断执法渐趋成熟,不仅会重塑一些行业的商业规则,更会为所有在中国发展的企业,包括外企,创造一个更公平的发展环境,最终受益的,是所有的市场参与者。

垄断在市场经济国家都是不能容忍的,美国等许多西方国家都有严厉的反垄断法可以作为佐证。要说反垄断的做法,可以说中国还是向西方发达市场经济国家学来的。这种公平、竞争不正是西方社会所推崇的吗?要是不能理解和接受,那就先拿西方国家来说事吧,不要拿着经济上的"双重标准"来指责中国。只要还在中国做生意,就要遵守中国的规矩、中国的法律。这些涉嫌垄断的大企业大多都有强大的实力,明显竞争优势,大可不必担心,只是要明白如今的市场地位不再那么轻而易举,不再那么不可挑战而已。

黄金周存废之争

▶ 吴太贵

2014年9月,清华大学人文社会科学学院教授、清华大学假日改革课题组负责人蔡继明在接受媒体采访时建议,取消"十一"黄金周,将国庆节的法定假日调整为1天。

"世界上绝大部分国家,国庆节都只放一天假,我国规定国庆节3天的法定假日明显有些长。"蔡继明说,"未来,随着带薪休假的进一步落实,我们应该取消'十一'黄金周,将国庆节的法定假日调整为1天。当然,剩下2天的法定假日绝不是就凭空取消了,而是可以分给元宵节、重阳节两个传统假日。"

蔡继明还表示,作为中国传统节日,除夕还是应该放假的。他建议可以将春节的法定假日由现在的3天适当延长为5天,从除夕开始放假。这样一来,春节假期遇到一个周末就是7天假,遇到两个周末就是9天假期(9月25日《中国青年报》)。

蔡继明取消十一长假建议一出,立刻引来巨大争议。根据三大门户网站的调查数据显示,接近80%的网友对取消"十一黄金周"持反对态度,指责蔡继明不知民情,站着说话不腰疼。网友"大半快乐"指出:"要是连'十一'黄金周都取消了,一年就只有春节一个长假了,想出远门旅游都不行!"而从事建筑设计工作的网友"水手一族"认为,目前"十一"黄金周是除春节后唯一的长假,是人们探亲访友和缓解工作压力的重要时节。如果春节假期增长,春运期间出行的市民将大幅增长,势必会对交通造成更大的压力。

当然也有两成网友赞成取消"十一"黄金周。有网友认为:取消"十一"黄金周是明智的建议,这可大大缓解交通压力,可避免消费的不正常增长。老家在黑龙江的网友"colourfulday"则表示,春节是我国的传统节日,应多些时间与家人团聚。有数据显示,持赞成态度的以在外工作的外乡人为主。

实际上,黄金周的长假制度自诞生以来就一直是在争论中度过的,此次蔡教授之说,只是让大家再一次将目光聚焦在黄金周的存废之争上。客观地说,争论双方观点都很明确,论据也都很充足。

坚持认为"十一"黄金周应该存在的,理由很充分:

(1)亿万人出行造就了旅游业和相关产业的繁荣,促进了中国的消费,拉动了内需。

(2)同一时间的强制放假确保了普通中国人能够享受到真正的假期。

(3)拉长假期使得中国这样一个幅员辽阔的国家找到了流动人口与社会稳定的润滑剂。

(4)较长时间的假期促进了中国人放松与休息,在现阶段有利于劳动者的身心健康。

(5)黄金周假期促进了地处偏远的海南、云南、新疆、西藏、内蒙古等地的旅游市场的开发与崛起。

(6)黄金周也带动了世界旅游市场的繁荣,算是对世界经济的一大贡献。

……

坚持认为应该废除十一黄金周的,证据也很丰富:

(1)黄金周打乱了大多数人的生活习惯,前后的调休让很多上班族无所适从。

(2)黄金周长假导致集中出游,让本来的节日放假的意义荡然无存,也让旅游休闲的作用减少很多。

(3)黄金周前后造成出行和住宿等大的波动,为适应峰谷变动而进行的各种准备导致资源浪费。

(4)黄金周的旅游火爆也降低了旅游质量,影响了消费者的体验。

……

这样看来,黄金周存废之争似乎谁也说服不了谁。但是仔细审视争论双方的出发点和立足点,我们发现他们还是有共同之处的。其实,黄金周留也好,废也好,目的都是一个:更好地保障和实现人民群众的休假权利。

　　一个国家的节假日可以分成三类：一是法定节假日，用来纪念重要的历史事件，或宗教、文化节日。二是公休日，是劳动者休息的法定时间。三是带薪休假。抛开公休日不算，我国法定节假日共有 11 天，在国际上并不算短。但关键是带薪休假的时间太短了。而带薪休假是最适合用来旅游的，这也是国际通行的做法。

　　正如蔡继明教授指出的那样："中国目前的主要问题是带薪休假时间太短，一般最长 15 天，最短 5 天，平均 10 天左右。我们课题组研究了六十来个国家，带薪休假平均是 19 天。"而根据携程网最近的调查数据显示，80％的人希望通过带薪休假的方式旅游，而不是黄金周。如果带薪休假能成为"法定假日"，对许多人来说，一年四季都可以是黄金周。携程旅游统计，经过 10 多年快速发展，我国非假日旅游市场超过节假日旅游是必然的。特别是带薪休假人数绝对数量近几年在持续攀升。

　　但是，说到带薪休假，就说到了许多人的"痛处"。蔡继明也表示，取消"十一"黄金周有个前提条件，是全国各地各个单位都能严格执行带薪休假制度。但目前带薪休假执行得还不太好，所以说这个条件还不成熟。根据蔡继明牵头的相关课题组的调查，我国目前的带薪休假落实情况不尽如人意，落实率只有 50％左右。"根源就在于带薪休假落实得不够，大家不得不求助于节假日。而法定假日就 11 天，在总量没增加的情况下，又不得不挪用双休日。这些导致了公众对节假日安排不满意。"他说。

　　2013 年，《国民旅游休闲纲要（2013—2020 年）》明确提出，到 2020年实现职工带薪休假制度基本得到落实的目标。国务院印发的《关于促进旅游业改革发展的若干意见》指出，将带薪休假制度落实情况纳入各地政府议事日程。中国旅游研究院院长戴斌说："带薪休假，直接相关方是机关企事业单位与其干部职工，但从外部来说，离不开地方政府的推动、监督乃至问责。"而蔡继明则更是直言，对没有落实带薪休假的单位，法律部门应该受理职工集体诉讼，至少应该补发职工 3 倍的工资，或者有更严厉的惩处。

　　由此可见，黄金周去留，并不是休假问题的关键。舆论更应关心的是,怎样实现《国民旅游休闲纲要》中提出的"到 2020 年全面落实带薪休假"这一既定目标。当这一项工作真正成为执法部门的一个重要监督内容,全社会带薪休假的比例真正提升甚至全面落实,人民群众的休假权利更好地得到维护和保障的时候,黄金周的去留问题就不再是一个问题了。

如何看待北京地铁告别"2 元时代"?

▶ 夏金梅

一、北京地铁即将告别 2 元时代

2014 年 10 月 28 日,北京市举行公交地铁价格调整听证会,这意味北京地铁票价延续多年的"2 元时代"即将终结。在全国大城市地铁票居高不下的情况下,北京 2 元地铁票一直是令人羡慕的福利。从 2007 年 10 月 7 日起,北京地铁实行 2 元单一票价制,即乘客只要不出地铁站,无论路程多远,票价都是 2 元。这使北京地铁一夜回到 1996 年的价格水平。

与北京地铁低票价相伴的是规模庞大的地铁人流。2014 年 3 月 8 日,北京地铁客运量首次突破 1000 万人次大关,并且在此之后成为常态。此次,北京地铁票价调整的一个重要前提是低票价导致了长期以来地铁亏损运营。据北京市轨道交通指挥中心发布的信息,按 2013 年不完全统计,每乘客人次成本在 7.9 元左右。在目前单一票价 2 元情况下,运营企业每运送一名乘客,亏损为 5.9 元每人次。北京市交通委新闻发言人马伯夷在 2014 年年初透露,每张票都有近 2 元政府财政补贴。据统计,从 2007 年到 2013 年间,政府共补贴北京地铁运营公司 221 亿元。用在公共交通上的财政补贴甚至超过了医疗。

二、涨价与反对涨价之争

北京地铁调价的消息一出,可谓一石激起千层浪。地铁对于北京上班族的重要性正如一位网友总结的那样:"地铁于我犹如吸大烟,朝九晚五习以为常了，一日不坐无所适从有点上瘾了。一来价格低廉，区区两元就可以坐地日行数百里，只要你不出来大可以周而复始的坐上一整天；二来准时，拜访个客户，约会朋友，咱说几点就几点，不信带上块瑞士手表试试，肯定是准时赴约分秒不差。"

对地铁涨价反对者和赞同者都有，而且理由看来都很充分。据2014年年初《中国青年报》社会调查中心通过北京益派市场咨询有限公司对2282名北京市民进行的调查显示，对于地铁涨价，36.1%的受访者支持，51.2%的受访者反对，12.7%的受访者表示不好说。

反对涨价的理由主要有：首先，涨价带来更高的出行成本。这部分群体中北漂们居多。在他们看来，北京的高房价已经让他们无法承受，地铁作为上班的主要出行方式，如果票价过高，他们在这个城市生存空间受到挤压，涨价拿走了北漂们为数不多的福利。其次，反对涨价的民众认为通过提高票价并不能解决地铁亏损的问题。

赞同涨价的观点如下：一是涨价更公平。天涯论坛一位北京网友的观点很有代表性："我觉得很公平，外地人侵占了我们一部分资源的同时必须为另外一部分资源买单。"这部分民众认为涨价可以减少财政补贴，将补贴用到"北京人"身上。如央视评论员杨禹指出："非户籍人口大量分享了北京市的财政支出，将会使城市走向崩溃。"赞同涨价的第二个理由是涨价可以缓解拥堵，改善运力不足的现状。持这种观点的多数是政府官员和部分学者。三是从地铁运营成本和收益的角度而言，过低的票价不符合市场经济规律，为此，地铁票价该告别2元时代了。

涨还是不涨的争论仍在继续，但北京地铁告别2元时代已经是不争的事实了。那么如何看待这一事件呢？北京地铁到底该不该涨价？如果该涨价，如何涨价？

三、延伸思考

（一）北京地铁该不该涨价？

这实际上涉及如何认识准公共产品的公益性与营利性问题。公共资源的价格是不是越低越好？在笔者看来，北京地铁应该适当涨价。地铁作为一种准公共产品，是具有有限的非竞争性或有限的非排他性的公共产品，它介于纯公共产品和私人产品之间。对于准公共产品的供给，在理论上应采取政府和市场共同分担的原则。而长期以来，地铁的亏损运营很显然不符合市场经济的基本要求和原则。低票价看似美好，但却存在着如下的弊端：

一是从1997年到2014年，北京地铁的2元时代已经持续了7年，而这7年间随着中国经济的增长，物价等皆有了较大幅度的增长。在此种情形下，依旧延续低票价，无疑违背市场规律。准公共物品虽然不能以盈利为主要目的，但亦不能以亏损为基础进行运营。任何福利制度、民生事业背后也都有一个收支问题，在政府、市场、个人三者之间应形成较好的成本分担机制。

二是低票价带来巨大的财政压力。相对于其他交通工具而言，地铁快捷、准时的特点使其深受上班族的欢迎，成为多数人上班的首选。于是地铁的承载量大幅上升，但低票价也造成了财政对地铁的补贴数额也在与日俱增。

三是单一票价对于出行者是不公平的。具体而言，坐最短的400米一站，和坐最远的88公里，花费的票价都是2元，这对于路程近的乘客而言是不公平的，而在某种程度上单一票价与计划经济体制时期大锅饭干好干坏都一样具有异曲同工之处。

四是长期以来的低票价并不有利于公共交通的持续发展。任何公共品的提供，都应以能可持续为目标，地铁亦不能外。当财政蛋糕越来越多地被用于地铁的支出上，势必会减少医疗卫生等民生方面的支出。当地铁票价收入远远低于其运营成本甚至是赔本运营时，那么它带来的服务也就可想而知了。

根据以上分析，对于北京地铁适度涨价，我们应该理解与宽容。毕竟，合理分摊政府、市场、企业和个人在地铁运营中的成本，才是各方面要追求的最大公约数。

（二）北京地铁该如何涨价？

北京地铁涨价势所必然，如何涨价则应更多地听取在北京工作和生活的民众的意见，同时国内其他城市票价制定规则也值得参考和借鉴。

首先，涨价要设置合理的价格区间。目前公布的两套地铁票价听证方案均采用计程票价制，分别是起步 3 公里票价 2 元和起步 6 公里票价 3 元，之后再随着里程增量而增加收费。也有市民提出可以参考公交的收费方式设置地铁的月票制，对此应予以借鉴和考虑。

其次，地铁调价举行听证会需要保证代表的广泛性。党的十八届四中全会强调要健全依法决策机制，强调法治思维。依法决策表现在关涉民生的重大领域需广泛听取民意，通过协商民主的形式达成最大的共识。因此，在地铁调价听证会上，要采用社会科学的抽样方式，以保证代表的广泛性。并且应该通过多次的协商讨论，让不同意见和声音在一起通过交流碰撞，最终达成共识。

再次，地铁票价调整要考虑到弱势群体的利益，给予这部分群体以一定的优惠的乘车政策。

最后，北京地铁应探讨适宜的盈利模式。准公共产品在保障基本公共服务的同时，也可以适度盈利，并在此基础上改善服务。譬如，在地铁站里合理地增设商业网点，合理地发放广告招商，开发地铁的商业价值，为地铁运营分担更多的成本。

当然，北京地铁涨价并不意味着政府不再投入，只是减少补贴的额度。改善民生需要的是合理的公共产品价格和更好的服务。因此，地铁票价告别 2 元时代绝不能"一涨了事"，在适度调价的同时，民众期待的是更高质量的服务。

"沪港通"助力中国资本市场发展

▶ 郭 飞

一、什么是"沪港通"

(一)"沪港通"的提出

2014 年 4 月 10 日,国务院总理李克强在博鳌论坛上指出,将着重推动新一轮高水平对外开放,积极创造条件,建立上海与香港股票市场交易互联互通机制,进一步促进中国内地与香港资本市场双向开放和健康发展。上海与香港股票市场交易互联互通机制,即"沪港通"。

(二)沪港通的内容

具体而言,"沪港通"是指上海证券交易所和香港联合交易所允许两地投资者,通过当地证券公司(或经纪商),买卖规定范围内的对方交易所上市的股票。它是沪港股票市场交易互联互通的一种机制。"沪港通"包括"沪股通"和"港股通"两部分。其中,"沪股通"是指香港和境外投资者委托香港经纪商,经由香港联合交易所,向上海证券交易所进行交易申报(买卖盘传递),买卖规定范围内的上海证券交易所上市的股票;而"港股通",则是指中国大陆境内投资者委托内地证券公司,经由上海证券交易所向香港联合交易所进行交易申报(买卖盘传递),买卖规定范围内的香港联合交易所上市的股票。

(三)"沪港通"的设置原则

第一,"沪港通"采用主场原则与投资者习惯兼顾的原则。香港投资者在提交订单前,完全按照港交所的规则进行委托,上交所的投资者在提交订单前按照上交所的规则进行委托,而提交订单后,按照对方交易所的规则执行。这样,两个区域的投资者没有陌生感。第二,在货币的使用上,香港投资者投资 A 股,采用人民币直接报价,内地投资者投资港股,仍采用人民币报价、港币交易,由系统自动将人民币转换成港币清算。第三,沪港交易所之间的清算,采用中央对手方清算的模式,即香港中央结算公司与中国证券登记结算公司订立关于建立沪港结算通的协议。比如当香港投资者购买 A 股,香港中央结算公司将为香港投资者的交易承担交收责任,并与中国证券登记结算公司完成交易结算。考虑到香港市场与内地市场规则上的差异,内地投资者投资港股,新机制有 50 万元股票市值的资金门槛。香港市场没有涨停板,出于对内地投资者的保护而设立了这一门槛。

(四)在内地如何投资港股

投资港股需要了解相关的规则细节。第一,参与港股通有一定的资格限制。试点初期参与港股通的境内投资者仅限于:机构投资者;证券账户及资金账户余额合计人民币不低于 50 万元的个人投资者。第二,港股通股票有一定的范围限制。第三,港股通业务试点期间存在额度限制。第四,港股通交易日与 A 股交易日可能不一致。第五,参与港股通交易的个人投资者应当拥有沪市人民币普通股票账户。第六,信息获取。内地投资者可以通过登录联交所"披露易"网站,也可以通过公告板、上市公司自设的网站和资讯供应商等途径获取上市公司披露的信息。此外,投资者还需要关注"港股通"交易的汇率风险,由于香港市场的费用收取或汇率的大幅波动等原因,可能引起账户透支、"港股通"投资者权益证券交易的限制、"港股通"交易分级结算的风险、沪港两地税费的差异等问题。

(五)"沪港通"的实施

2014 年 11 月 17 日,"沪港通"首日,"港股通"即内地投资者购买港股方面,全日额度 105 亿元人民币,首日成交量为 17.68 亿元,占比约 16.8%;"沪股通"即香港投资者购买 A 股方面,全日额度为 130 亿元人民币,至 11 月 17 日下午 1 时 53 分已告用罄。港交所总裁李小加认为,"沪港通"的首日表现"波澜不惊、冷静开场、总体平稳"。

(六)"沪港通"的极端情况应对

在投资额度设置上,"沪港通"试点初期,对人民币跨境投资额度实行总量管理,并设置每日额度,实行实时监控。其中,"沪股通"总额度为 3000 亿元人民币,每日额度为 130 亿元人民币;"港股通"总额度为 2500 亿元人民币,每日额度为 105 亿元人民币。对于 A 股市场来说,"沪港通"开通后的双向额度,相对于港交所和上交所的交易量和总市值而言可谓微乎其微。不过,一旦出现极端情况,在必要的时候,"沪港通"的机制可以暂停。暂停"沪港通"机制是最后的防线,在极端的情况下才会使用,如果有个别股票涉及极端操作的话,也可能关闭"沪港通"的交易通道。

二、"沪港通"的重大意义

"沪港通"将进一步促进中国内地与香港资本市场双向开放与健康发展。(李克强,国务院总理)

"沪港通"是资本市场的一项重大制度创新。(肖钢,中国证监会前主席)在我国内地资本项目尚未实现完全开放的情况下,"沪港通"开拓了操作便利、风险可控的跨境证券投资新模式;丰富了证券交易品种,优化了市场产品结构,有利于投资者共享两地经济发展的成果;促进两地证券市场繁荣,巩固香港金融中心地位,加快建设上海金融中心,同时还将增强我国资本市场的整体实力。"沪港通"是贯彻落实党的十八届三中全会决定和《国务院关于进一步促进资本市场健康发展的若干意见》,推进两地资本市场双向开放的重大举措,是资本市场的一项重大制度创新。

"沪港通"标志着中国资本市场迈出国际化一步。(李小加,香港交易所集团行政总裁)未来 20 年将是中国资本、中国市场、中国系统和中国标准崛起的时代,如果将来能通过"沪港通"将两地监管系统和市场结构连接在一起,就可以在中国人走出去的同时,把世界带到中国。随着"沪港通"的推出,人民币"体外循环"的弱势将大大改观。"沪港通"的真正意义不在于沪港两地存量上的重新分配,而在于通过市场的融合与碰撞,把目前还未进入资本市场的巨额增量引入两地资本市场。"沪港通"对香港和上海是双赢的,它创造出一种新的模式,让人民币首次大规模地成为国际投资货币。

"沪港通"是重要的制度安排。(曹远征,中银首席经济学家)香港市场好比是"圆管道",大陆市场好比是"方管道","沪港通"就是联通两个不同形状的管道。它不仅是股票市场开放的一个制度安排,更是人民币资本项目逐步走向开放的一个制度安排。"沪港通"不仅迈出了中国资本市场开放的第一步,也迈出了人民币国际化的重要一步,撬动了对资本项目的开放。"沪港通"一方面将使得人民币走向全世界,变成全球重要的交易货币,而不仅仅是结算货币;另一方面,将为下一步人民币资本项目可兑换奠定基础条件。

"沪港通"是提升中国资本市场全球影响力的积极尝试。(曹凤岐,北京大学金融与证券研究中心主任)

"沪港通"是争取金融定价权的新尝试。(郑联盛,《经济日报》)"沪港通"是人民币首次较为全面地参与到资本市场的定价、交易和结算环节,是争取金融资产定价权的一次有益探索。金融定价权的建立是一个长期过程,"沪港通"的尝试仅仅是个开始。

"沪港通"提供了一个人民币的回流机制。(刘胜军,中欧陆家嘴国际金融研究院副院长)人民币要成为国际货币,除了境外要有很多持有人民币的投资者之外,更重要的是机制。中国的外管局持有大量美元,必须把这个钱投资到美国去。美元之所以有吸引力,是因为美国有一个自由的货币回流机制,国外的美元能够回流到美国;而我国目前存在严格的资本账户管制,"沪港通"在这方面是一种有限的局部的创新。不过,对于人民币国际化进程而言,"沪港通"只是一个开端。首先是海外的投资者进入 A 股后,并没有办法把资金转移到其他领域,这表明人民币的用途依然有限,而国内资金进入美国这样的开放市场后,不仅可以买美股,还能买国债等,而不存在限制。

"沪港通"是顺应资本市场国际化发展趋势的一种举措。(阎岳,《证券日报》)"沪港通"在连通两个市场的同时,也会扩大两地股市的容量和参与者范围;既有利于促进香港金融市场的长期稳定繁荣发展,巩固其国际金融中心地位,也有利于健全内地资本市场机制,推动多层次资本市场发展，从而促进内地和香港的共同繁荣。

三、"沪港通"的可能影响

"沪港通"为 A 股注入源头活水，为投资者带来新的机会。（《经济日报》《中国证券报》《证券日报》）"沪港通"将给 A 股市场带来 3000 亿元的增量资金，这有助于稳定投资者情绪。就中长期看，"沪港通"的实施将有助于改变 A 股市场的估值体制和游戏规则。

"沪港通"倒逼证券市场改革创新。（陈鸿燕，中国新闻网；《中国证券报》）"沪港通"将在推动 A 股上市公司治理优化方面，以及治理 A 股市场许多不规范现象方面发挥作用。促进上市公司披露 ESG（环境、社会、公司治理）信息，有利于促进优化 A 股市场强化监管机制，与成熟市场接轨，更好地实现监督目标。随着国外资金入场，"沪港通"将倒逼国内 A 股市场的交易制度、税收制度、监管制度进一步完善和改革。

"沪港通"要求我国金融法规与国际接轨。（《第一财经日报》）要增加"沪港通"的吸引力，就要加强中外投资者的教育；同时，我国内地应进一步厘清法律程序，并将金融法规与国际接轨，这样才能真正增强国际投资者使用"沪港通"的信心。

"沪港通"尚待砌牢金融防火墙。（杨春刚，《经济导报》）在 A 股资产逐步融入全球资产配置体系后，海外资金的流向愈发应该引起关注。"沪港通"现在是闭环运作，而随着未来的逐渐放开，将显现出热钱流动、炒作等隐患。防范资金频繁流动带来的市场波动风险，应该成为投资者及监管层所关注的内容。

审慎对待"沪港通"的后续发展。未来随着"沪股通"额度的放开，A 股市场将更容易受到国际资本流动影响，后期美联储 QE 退出对 A 股产生的冲击将有所增强。同时，"港股通"的额度放开也可能导致 A 股资金的分流。而总体来看，无论是对"沪港通"的投资品种、规模额度和投资者适当性等方面的限制，还是暂未将深圳股票交易所纳入股票交易互联互通机制试点范围，都体现出监管层在资本市场双向开放这一问题上的审慎立场。

从珠海航展看中国航空工业的
巨大进步

▶ 崔　杰

第十届中国国际航空航天博览会（以下简称珠海航展）于 2014 年 11 月 11 日至 16 日在广东省珠海市航展中心举行。珠海航展是由国务院批准、逢双年在珠海举办、带飞行表演的综合性大型国际航空航天展览。包括美国和欧洲很多国家的军工企业都会参加珠海航展。2014 年是珠海航展的 18 岁"成年礼"，和世界许多航展一样，珠海航展越来越成为各国展示航空航天成就、促进航空航天产品销售的一个著名的航展和重要平台。

一、第十届航展概况

第十届珠海航展有 41 个国家和地区的近 700 家参展商参与，集中展示了大批先进的军、民用航空器及系列航天精品、武器装备。美、英、法、德等来自 18 个国家的参展商构成了国际区主力，他们带来的展品也是各自最具科技含量的主销产品。

中航工业集团展示了改进型歼-31 和运-20、海军新锐歼-15 以及"新中运"、运-30 等模型。航天科工和航天科技集团展出了包括中国登月和探索火星计划的场景模型、空间应急系统、WS 火箭炮系列弹药、各型近中远程防空系统在内的装备，可谓是海陆空样样俱全。此外，还有许多航天和其他的军民企业参展。

本届航展的举办正值中国空军成立 65 周年，空军政治部宣传部在 3 号馆以"高远的天空 永恒的追求"为主题主办了纪念摄影图片展。同时在室外静态展示了歼-10、飞豹、轰-6、运-9、直-8、察打一体无人机等空军 18 种现役航空装备,红旗六号弹炮防御武器系统、红旗十二号地空导弹武器系统发射车、CSK002 伞兵突击车、ZBD03 式轻型履带式步兵战车等空军 6 种现役地面装备。

此次前来珠海参加航展的飞行表演队共有 4 个,其中中国"八一"飞行表演队首次亮相了中国第一批女子特技飞行表演队员。开幕当天,中国空军"八一"飞行表演队、新型战机和大型运输机以及预警机的精彩飞行表演引得现场观众阵阵喝彩。有着"终极侧卫"之称的苏-35 战机在本次航展中反客为主赚足眼球。美军第一次派出军用运输机 C-17 前来助阵,虽未进行飞行展示,但美军人员的表现非常友好。动态展示的另一大重头戏是空客 A380 客机,庞大的体型使它成为唯一能与军机抢风头的民用飞机。

公众日首日,航展就迎来 13 万余名观众,比上届航展公众日首日增加近一倍,创下历史新高。和往届相比,更大规模、更高规格、更强阵容成为本届航展突出特点。无论从整体规模、参展商数量、参展团体国籍、展品种类等各方面都是历届之最,媒体对此次航展评价最大的一个感受就是"飞跃式的发展"。时代周报记者张子宇报道说:众多最新型军事装备亮相 2014 珠海航展赚足了眼球。近年来,由于"干货"不断增加,珠海航展也摆脱了"航空模型展"的尴尬。

二、中国参展的重点机型和表现

在本届航展上,我国自主研发的新一代重型军用运输机"鲲鹏"运-20、"鹘鹰"歼-31、空警-2000 预警机、空警-200 预警机,这四架堪称"镇国重器"的国产军用飞机首次公开亮相成为人们关注的焦点。

在诸多看点中,最吸引人的无疑是"歼-31"隐形战机的出场。以前网络上曾流传的粽子机这次终于在公众面前公开展示。歼-31 是中国航空工业集团公司沈阳飞机工业集团公司研制的第四代双发中型隐形战斗机,采用双发、单座、固定双斜垂尾、蚌式进气道。该机将与中国重型隐形战斗机歼-20 形成高低搭配,并且拟推出隐形战机出口型号,还有发展为替代歼-15 战斗机的新一代隐形舰载战斗机的潜力。歼-31 标志着中国成为继美国后第二个具有同时研究及制造超过一种第五代隐形战机能力的国家。

另一款被高度关注的是"运-20",它是中国研制的首款重型军事运输机,填补了中国在大型军用运输机方面的空白。在此之前,运-10的停摆造成我国与美俄的巨大差距,在相对长的一段时间里我国只能依靠进口俄制伊尔-76运输机。运-20在设计上参照了美国C-17和伊尔-76的气动外形和机体结构,与伊尔-76相比,运-20的电子设备有了改进,载重亦有提高。相关资料显示,运-20最大起飞重量220吨,载重超过66吨,其装载能力与世界先进国家的主流大型运输机相当。作为唯一在本次航展"飞上天"的大运输机,运-20除了盘旋转向等常规动作外,低空低速通场体现了其优秀的操控性能。

空警-2000预警机,是中国自主研制的大型、全天候、多传感器空中预警与指挥控制飞机,主要担负对空、对海监视、跟踪和识别任务,并可根据作战需要,执行辅助指挥引导和控制等任务。空警-200预警机,是中国以运-8型运输机为平台自行研制的中型、全天候、多传感器空中预警与指挥控制飞机,主要承担空中巡逻警戒及指挥控制任务。空警-2000和空警-200在动态展示中也有上佳表现。

三、如何看待中国航空航天工业的巨大进步

近年来,以航空工业为代表的中国军事工业走上快速发展轨道,新技术、新装备层出不穷,技术水平不断提高,与先进国家的差距快速缩小,在一些重要领域甚至超过发达国家进入领先行列。这无疑在国内外都产生了巨大的深远影响。

(一)我国航空航天工业的进步是巨大和显著的

珠海航展就像一面镜子,见证了中国航空航天制造业发展历程。自"两弹一星"起,我国航天业就一直保持着世界先进水平,体现了我国科技的实力和社会主义集中力量办大事的优越性。受制于工业的薄弱基础,中国航空工业发展相对缓慢。但是"经60年建设和发展,我国航空工业从小到大、从修理到制造、从仿制到自行研制,构建了相对完整的航空工业科研生产体系,形成了飞机、发动机、机载系统的配套,开始

向航空全产业链延伸并取得显著成绩"。想当年由于美国干预,中国从以色列引进预警机的计划夭折。但这不仅没有压制住中国发展的步伐,反而激发了中国人自主研发预警机的斗志,短短几年时间我们就研制出了自己的"争气机"。中国航空工业集团公司董事长林左鸣在航展期间表示:"通过不断转型升级,中国航空工业与西方发达国家从'望尘莫及'到'望其项背',今天已经真正实现了'同台竞技'。"

(二)航空航天工业的发展让我们彻底摆脱了落后挨打的被动局面

看过电视剧《血战长空》的人都可以直观地了解抗战时期中国空军与日本空军血战的历史,虽然中国军人英勇顽强,但是由于没有自己的航空工业,最后也只能血洒长空。解放战争后期,中国人民解放军在极其简陋的条件下建立了自己的空军,并在抗美援朝战争中以弱对强发挥了积极作用,但是因为工业和技术落后,总体上我国空军处在一个弱势状态,在保家卫国方面常常力不从心、受制于人。正是有了航空航天等军事工业的长足进步,才为扭转周边安全形势的被动局面提供了坚实的物质基础和装备条件。如今,我们可以很自信地宣布设立东海防空识别区,可以全天候巡视钓鱼岛,可以在南海维护国家权益。就是美国在对中国进行遏制和威胁的时候都要掂量再三,并且没有了以往趾高气扬的底气。中国航空航天工业的巨大进步极大地提振了民族的自信心和自豪感。

(三)航空航天业的发展带动了我国制造业的转型升级

目前,全球航空工业是美国、欧盟、俄罗斯、中国四强争霸的格局。在研发设计和整机制造领域,形成了分领域的寡头或多头垄断格局。其中,在大型飞机领域,基本形成了以美国波音公司和欧洲空客公司为主体的双寡头垄断竞争格局。在支线飞机领域,巴西航空工业公司和加拿大庞巴迪公司拥有明显的竞争优势,几乎垄断支线客机市场。军用飞机基本上由美国和俄罗斯的军工企业垄断。中国航空制造业经过了60多年的发展后,正在冲击着上述航空格局。如果中国自己为主导力量的航空价值链不断壮大,未来十年内,我国航空工业的实力将极有可能超越俄罗斯,成为世界航空工业的"第三极"。

中国航空工业发展研究中心高级工程师夏传勇分析,从整体能力看,中国航空业设计、试验、制造及管理能力不断快速提升,与发达国家的差距日益缩小,如今已基本达到与西方航空制造业"同台竞技"的能力和水平。其中以中国商飞旗下 C919、ARJ21 为代表的,多个拥有自主知识产权和自主品牌的民机型号开始研制生产,标志着我国飞机制造的技术能力得到明显提升。夏传勇称,"我国航空工业已在全球价值链中占据重要位置"中航工业、中国商飞已是全球知名的整机制造商,其供应商遍布全球。此外,中航工业西飞、沈飞等成为波音、空客等整机制造商的大部件供应商,中航工业所属许多单位和国内不少民营企业也已成为重要的二级和三级供应商。航空工业的发展对航空产业本身以及对我国制造业的转型升级都会产生重要的影响。

(四)我国航空航天工业的发展有利于维护世界和平

中国航空航天事业的发展无疑极大地增强了中国的国防实力,对维护国土安全、促进国家统一、维护海洋权益、打击三股势力等方面具有极其重要的作用。但中国航空航天工业的发展不会构成对其他国家的威胁,反而有利于促进和维护世界和平。中国从落后挨打和屈辱的历史中走来,对战争和动乱有切肤之痛。中华人民共和国奉行独立自主的和平外交政策,承担着维护世界和平的历史使命。正如习总书记所说的那样,中国是一头和平的狮子。中华人民共和国从来就不像一些国家那样凭借武力到处耀武扬威、恃强凌弱。就是在维护国家权益的斗争中,我国也是采取有理、有利、有节的策略,并不是一味地以武力相威胁。中国军事实力的增长是世界和平力量的增长,可以起到反对霸权主义维护世界和平的作用。只有中国强大起来才能有效打破少数国家对国际事务的垄断,有效维护世界和平。所以,正常的国家和理性的人们大可不必为中国的崛起而感到紧张和害怕,而那些对中国、对世界和平不怀好意的人倒是确实需要三思而后行了。

中国特色社会
主义政治建设

坚持和完善人民代表大会制度，推进社会主义民主政治建设

——学习习近平总书记在庆祝全国人大成立60周年大会上的讲话

▶ 陈　党

2014 年 9 月 5 日，中共中央总书记、国家主席习近平在庆祝全国人大成立 60 周年大会上发表了重要讲话。其基本内容可大致概括为三个方面：一是简要回顾了我国人民代表大会制度建立和发展的历程，做出了"人民代表大会制度是中国人民的伟大创造和必然选择"的科学论断；二是明确了坚持和完善人民代表大会的 4 项基本要求，指出了完善人民代表大会制度的 5 个重要环节；三是提出了评价一个国家制度是否民主、有效的 8 项标准，告诫人们在发展社会主义民主政治过程中需要防止 6 种现象。习近平总书记关于人民代表大会制度的重要讲话，为我们在新的历史条件下坚持和完善人民代表大会制度、推进社会主义民主政治建设指明了方向，更加坚定了我们走中国特色社会主义政治发展道路的信心和决心。

一、人民代表大会制度是中国人民的伟大创造和必然选择

习近平总书记在讲话中简要回顾了我国人民代表大会制度建立和发展的历程，在此基础上明确指出："在中国实行人民代表大会制度，是中国人民在人类政治制度史上的伟大创造，是深刻总结近代以后中国政治生活惨痛教训得出的基本结论，是中国社会 100 多年激越变革、激荡发展的历史结果，是中国人民翻身做主、掌握自己命运的必然选择。"

（一）实行人民代表大会制度，是中国人民在人类政治制度史上的伟大创造

国家政权应该怎样组织？国家应该怎样治理？这是一个关系到国家前途、人民命运的根本性问题。近代以后，为解决在中国建立什么样的政治制度这一历史性课题，中国人民进行了长期的探索和不懈的努力。直到中国共产党领导中国人民取得革命胜利后，才找到了"在中国实行人民代表大会制度"这一正确答案。

"人民代表大会制度"与"人民代表大会"是两个既有联系又有区别的概念。"人民代表大会"既是我国各级人民代表大会的名称，又是一种具体的国家机关；而"人民代表大会制度"则是以人民代表大会为核心和主要内容的国家政权组织形式，其基本内容是：人民代表大会由人民选举产生，代表人民行使国家的一切权力，它对人民负责，受人民监督；人民代表大会组织产生国家行政机关、审判机关和检察机关，这些国家机关对人民代表大会负责，受它监督；国家实行中央的统一领导，同时注意充分发挥地方的积极性和主动性，在少数民族聚居地方实行民族区域自治制度。

早在1940年，毛泽东同志就曾经说过："没有适当形式的政权机关，就不能代表国家。中国现在可以采取全国人民代表大会、省人民代表大会、县人民代表大会、区人民代表大会直到乡人民代表大会的系统，并由各级代表大会选举政府。"中华人民共和国的诞生，使人民代表大会制度由构想变为现实。1949年9月，具有临时宪法地位的《中国人民政治协商会议共同纲领》庄严宣告，中华人民共和国实行人民代表大会制度。1954年9月15日，第一届全国人民代表大会第一次会议在北京召开，通过的《中华人民共和国宪法》明确规定："中华人民共和国的一切权力属于人民。人民行使权力的机关是全国人民代表大会和地方各级人民代表大会。"根据《宪法》《全国人民代表大会组织法》《国务院组织法》《人民法院组织法》《人民检察院组织法》等重要法律，产生了全国人大常委会、国务院、最高人民法院和最高人民检察院。至此，我国的人民代表大会制度正式得以建立。

（二）实行人民代表大会制度，是中国人民翻身做主、掌握自己命运的必然选择

1840年鸦片战争后，中国逐步成为半殖民地半封建社会。为了挽救民族危亡、实现民族振兴，中国人民和无数仁人志士孜孜不倦寻找着适合国情的政治制度模式。辛亥革命之前，太平天国运动、洋务运动、戊戌变法、义和团运动、清末新政等都未能取得成功；辛亥革命之后，中国先后尝试过君主立宪制、帝制复辟、议会制、多党制、总统制等各种形式，各种政治势力及其代表人物纷纷登场，同样没能找到正确答案。中国依然是山河破碎、积贫积弱，列强依然在中国横行霸道、攫取利益，中国人民依然生活在苦难和屈辱之中。

事实证明，不触动旧的社会根基的自强运动，各种名目的改良主义，旧式农民战争，资产阶级革命派领导的民主主义革命，照搬西方政治制度模式的各种方案，都不能完成中华民族救亡图存和反帝反封建的历史任务，都不能让中国的政局和社会稳定下来，也都谈不上为中国实现国家富强、人民幸福提供制度保障。没有共产党，就没有新中国。中国共产党领导人民进行了艰苦卓绝的革命斗争，终于彻底推翻了帝国主义、封建主义、官僚资本主义三座大山，建立了人民当家做主的新中国，亿万中国人民从此成为国家和社会的主人。

在中国实行人民代表大会制度，是中国社会100多年激越变革、激荡发展的历史结果，是中国人民翻身做主、掌握自己命运的必然选择。60年的实践已充分证明，人民代表大会制度是符合中国国情和实际、体现社会主义国家性质、保证人民当家做主、保障实现中华民族伟大复兴的好制度。正如胡锦涛同志所指出的："人民代表大会制度是中国人民当家做主的重要途径和最高实现形式，是中国社会主义政治文明的重要制度载体。"

二、坚持和完善人民代表大会制度的基本要求与重要环节

人民代表大会制度是坚持党的领导、人民当家做主、依法治国有机统一的根本制度安排。习近平总书记在讲话中要求，新形势下，我们要毫不动摇坚持人民代表大会制度，也要与时俱进完善人民代表大会制

度。为了充分发挥人民代表大会制度的根本政治制度作用,需要在坚持"4个必须"的前提下,着重抓好"5个重要环节"。

(一)坚持和完善人民代表大会制度要求做到"4个必须"

怎样坚持和完善人民代表大会制度? 习近平总书记在讲话中明确提出了"4个必须"的要求。

1.必须毫不动摇坚持中国共产党的领导

中国共产党的领导是中国特色社会主义最本质的特征。党的领导主要是政治领导、思想领导和组织领导,通过制定大政方针,提出立法建议,推荐重要干部,进行宣传教育,发挥党组织和党员的作用,实现党对国家和社会的领导。必须坚持党总揽全局、协调各方的领导核心作用,通过人民代表大会制度,保证党的路线方针政策和决策部署在国家工作中得到全面贯彻和有效执行。要不断加强和改善党的领导,善于使党的主张通过法定程序成为国家意志,善于使党组织推荐的人选通过法定程序成为国家政权机关的领导人员,善于通过国家政权机关实施党对国家和社会的领导,善于运用民主集中制原则维护党和国家权威、维护全党全国的团结统一。

2.必须保证和发展人民当家做主

人民当家做主是社会主义民主政治的本质和核心。没有民主就没有社会主义,就没有社会主义的现代化,就没有中华民族的伟大复兴。"国家的一切权力属于人民",这就要求我们,坚持人民主体地位,支持和保证人民通过人民代表大会行使国家权力。要扩大人民民主,健全民主制度,丰富民主形式,拓宽民主渠道,从各层次、各领域扩大公民有序政治参与,发展更加广泛、更加充分、更加健全的人民民主。

3.必须全面推进依法治国

依法治国是党领导人民治理国家的基本方略。宪法是国家的根本法,坚持依法治国首先要坚持依宪治国,坚持依法执政首先要坚持依宪执政。发展人民民主必须坚持依法治国、维护宪法法律权威,使民主制度化、法律化,使这种制度和法律不因领导人的改变而改变,不因领导人的看法和注意力的改变而改变。

4.必须坚持民主集中制

民主集中制是我国国家组织形式和活动方式的基本原则。在我国,全国人民代表大会统一行使国家权力,全国人民代表大会是最高国家权力机关,地方各级人民代表大会是地方国家权力机关。人民通过人民代表大会行使国家权力;各级人民代表大会都由民主选举产生,对人民负责、受人民监督;各级国家行政机关、审判机关、检察机关都由人民代表大会产生,对人大负责、受人大监督;国家机关实行决策权、执行权、监督权既有合理分工又有相互协调;在中央统一领导下,充分发挥地方主动性和积极性,保证国家统一高效组织推进各项事业。

(二)完善人民代表大会制度要着重抓好"5个重要环节"

"人民代表大会制度是中国特色社会主义制度的重要组成部分,也是支撑中国国家治理体系和治理能力的根本政治制度。"习近平总书记指出,当前和今后一个时期,在完善人民代表大会制度方面要着重抓好以下5个重要环节的工作。

1.加强和改进立法工作

立法是由特定主体依据法定职权和程序,运用一定技术,制定、认可和变动法这种特定社会规范的活动。中华人民共和国成立60多年来,中国特色的社会主义法律体系已经形成,国家和社会生活各方面总体上实现了有法可依。但是,法律体系必须随着时代和实践的发展而不断完善。我们要抓住提高立法质量这个关键,深入推进科学立法、民主立法,不断完善立法体制和程序,努力使每一项立法都符合宪法精神、反映人民意愿、得到人民拥护。同时,要坚持问题导向,提高立法的针对性、及时性、系统性、可操作性。

2.加强和改进法律实施工作

法律的生命力在于实施,法律的权威也在于实施。各级国家行政机关、审判机关、检察机关是法律实施的重要主体,必须坚持法律面前人人平等,坚决纠正有法不依、执法不严、违法不究现象。一方面,要深入推进依法行政,加快建设法治政府。各级行政机关及其工作人员必须依法履行职责,坚持法定职责必须为、法无授权不可为,保证行政权力的正确行使。另一方面,要深入推进公正司法,深化司法体制改革,加快建设公正、高效、权威的司法制度,完善人权司法保障制度,严肃惩治司法腐败,让人民群众在每一个司法案件中都感受到公平正义。

3.加强和改进监督工作

人民代表大会制度的重要原则和制度设计的基本要求,就是任何国家机关及其工作人员的权力都要受到制约和监督。为了保证国家权力在预定的轨道上正当运行,预防和减少权力腐败现象的发生,必须建立有效的权力监督与制约机制。各级人大及其常委会要担负起宪法法律赋予的监督职责,维护国家法制统一、尊严、权威,加强对"一府两院"执法、司法工作的监督,确保法律法规得到有效实施,确保行政权、审判权、检察权得到正确行使。要加强党纪监督、行政监察、审计监督、司法监督和国家机关内部各种形式的纪律监督。要拓宽人民监督权力的渠道,将公民的监督权落到实处。只有这样,才能真正做到有权必有责、用权受监督、侵权要赔偿、违法必追究,逐步形成"不想腐""不能腐""不敢腐"的有效机制。

4.加强同人大代表和人民群众的联系

各级国家机关加强同人大代表的联系、加强同人民群众的联系,既是实行人民代表大会制度的内在要求,也是人民群众的殷切期望。各级国家机关及其工作人员必须把加强同人大代表和人民群众的联系作为对人民负责、受人民监督的重要内容,虚心听取人大代表、人民群众的意见和建议,认真改正工作中的缺点和错误,勤勤恳恳地为人民服务。

5.加强和改进人大工作

新的形势和任务,对各级人大及其常委会工作提出了更高的要求。各级人大及其常委会要坚持正确的政治方向,增强代表人民行使管理国家权力的政治责任感,履行宪法法律赋予的职责。要健全人大常委会组成人员联系本级人大代表机制,畅通社情民意反映和表达渠道,支持和保证人大代表依法履职。要优化人大常委会、专门委员会组成人员结构,完善人大组织制度、工作制度、议事程序。同时,各级党委要加强和改善党对人大工作的领导,支持和保证人大及其常委会依法行使职权、开展工作。

三、坚定不移地走中国特色社会主义政治发展道路

习近平总书记在讲话中强调指出,世界上不存在完全相同的政治制度,也不存在适用于一切国家的政治制度模式。我们需要借鉴国外政治文明的有益成果,但绝不能放弃中国政治制度的根本。

(一)"8个能否"是评价国家政治制度优劣的科学标准

习近平总书记在讲话中提出,要用"8个能否"来作为判断一个国家政治制度优劣的客观评价标准。具体来讲,评价一个国家政治制度是不是民主的、有效的,主要看以下8个方面:一是国家领导层能否依法有序更替;二是全体人民能否依法管理国家事务和社会事务、管理经济和文化事业;三是人民群众能否畅通表达利益要求;四是社会各方面能否有效参与国家政治生活;五是国家决策能否实现科学化、民主化;六是各方面人才能否通过公平竞争进入国家领导和管理体系;七是执政党能否依照宪法法律规定实现对国家事务的领导;八是权力运用能否得到有效制约和监督。

就目前我们国家的情况来看,尽管政治体制还存在一些不适应、不符合的问题,民主政治具体制度方面还存在不完善、不健全的地方,但在上述这些问题上我们已取得了决定性的进展。其主要表现是:其一,改革和完善党和国家的领导制度,废除了实际上存在的领导干部职务终身制,确保了党和国家领导机关正常换届和领导人员有序更替。其二,修改完善宪法,推动基层群众自治,实现城乡"同票同权",不断巩固和完善人民代表大会制度,扩大人民有序政治参与,人民实现了内容广泛、层次丰富的当家做主。其三,坚持发展最广泛的爱国统一战线,坚持和完善中国共产党领导的多党合作和政治协商制度,深入开展政治协商、民主监督、参政议政,发展独具特色的社会主义协商民主。其四,努力建设了解民情、反映民意、集中民智、珍惜民力的决策机制,保证了决策符合人民利益和愿望。其五,改革干部人事制度,建立健全广纳群贤、人尽其才、能上能下、充满活力的用人机制,为各方面优秀人才建功立业开辟了广阔渠道和发展空间。其六,确立和贯彻依法治国基本方

略,形成和完善以宪法为统帅的中国特色社会主义法律体系,坚持法治国家、法治政府、法治社会一体建设,全社会法治水平不断提高。其七,建立健全权力运行制约和监督体制机制,形成惩治和预防腐败体系,保证党和国家领导机关和人员按照法定权限和程序行使权力。实践证明,"中国社会主义民主政治具有强大生命力,中国特色社会主义政治发展道路是符合中国国情、保证人民当家做主的正确道路。"

(二)发展社会主义民主政治必须做到"6个坚持""6个防止"

发展社会主义民主政治,是推进国家治理体系和治理能力现代化的题中应有之义。党的十八届三中全会提出的全面深化改革总目标是"完善和发展中国特色社会主义制度、推进国家治理体系和治理能力现代化"。这个总目标是由两句话组成的一个整体,前一句规定了根本方向,即中国特色社会主义道路;后一句则规定了在根本方向指引下完善和发展中国特色社会主义制度的鲜明指向。

习近平总书记在讲话中明确指出,发展社会主义民主政治,关键是要增加和扩大我们的优势和特点,而不是要削弱和缩小这些优势和特点。因此,在发展社会主义民主政治过程中必须做到"6个坚持""6个防止",即:第一,要坚持发挥党总揽全局、协调各方的领导核心作用,提高党科学执政、民主执政、依法执政水平,保证党领导人民有效治理国家;切实防止出现群龙无首、一盘散沙的现象。第二,要坚持国家一切权力属于人民,既保证人民依法实行民主选举,也保证人民依法实行民主决策、民主管理、民主监督;切实防止出现选举时漫天许诺、选举后无人过问的现象。第三,要坚持和完善中国共产党领导的多党合作和政治协商制度,加强社会各种力量的合作协调;切实防止出现党争纷沓、相互倾轧的现象。第四,要坚持和完善民族区域自治制度,巩固平等团结互助和谐的社会主义民族关系,促进各民族和睦相处、和衷共济、和谐发展;切实防止出现民族隔阂、民族冲突的现象。第五,要坚持和完善基层群众自治制度,发展基层民主,保障人民依法直接行使民主权利;切实防止出现人民形式上有权、实际上无权的现象。第六,要坚持和完善民主集中制的制度和原则,促使各类国家机关提高能力和效率、增进协调和配合,形成治国理政的强大合力;切实防止出现相互掣肘、内耗严重的现象。只有这样,才能不断推进社会主义民主政治制度化、规范化、程序化,更好地发挥中国特色社会主义政治制度的优越性,为党和国家的兴旺发达、长治久安提供更加完善的制度保障。

反腐倡廉进行时

▶ 杜利平

2014 年春节刚过，三位省部级高官——海南省副省长冀文林、陕西省政协副主席祝作利、山西省人大常委会副主任金道铭因涉嫌严重违纪违法，相继被立案调查。由此可见，中央"老虎苍蝇一起打"的反腐新政，没有丝毫的停顿和减力，而是呈现出"有案必查、有腐必惩"的常态化趋势；反腐没有停留于"敲山震虎"，而是向"深入虎穴打虎"推进。中国共产党、中国政府正以实际行动显示从严治党、从严治吏、取信于民的坚定决心。

一、反腐决心坚定，继续保持高压态势

十八大报告用"亡党亡国"来警示腐败问题的潜在危险。中共中央总书记习近平在当选后的首次亮相中，以"打铁还需自身硬"来表露反腐决心。以十八大为新起点，反腐败斗争进入新的阶段。

2013 年，党中央、中央纪委高度重视党风廉政建设和反腐败斗争，坚持以解决突出问题为切入口，强化查办腐败案件，扶正祛邪，取得明显进展；坚持"老虎""苍蝇"一起打，形成了对腐败分子的高压态势，反腐败斗争持续推进，不断深化。

2014 年新年伊始，习近平总书记在第十八届中央纪委第三次全体会议上，在肯定反腐败斗争成绩的同时发出振聋发聩的最强音：

"我们也要看到，滋生腐败的土壤依然存在，反腐败形势依然严峻复杂，一些不正之风和腐败问题影响恶劣、亟待解决。全党同志要深刻认识反腐败斗争的长期性、复杂性、艰巨性，以猛药去疴、重典治乱的决心，以刮骨疗毒、壮士断腕的勇气，坚决把党风廉政建设和反腐败斗争

进行到底。"

"反腐败高压态势必须继续保持,坚持以零容忍态度惩治腐败。"

"不能让制度成为纸老虎、稻草人……有纪必执,有违必查,不能把纪律作为一个软约束或是束之高阁的一纸空文。"

中央政治局常委、中纪委书记王岐山强调:各级党委和纪委要担负起党风廉政建设的主体责任和监督责任,深入落实中央八项规定精神,坚决纠正"四风",加大惩治腐败力度,坚决遏制腐败蔓延势头,坚定不移把党风廉政建设引向深入。

查阅中央纪委监察部网站《案件查处》栏目发布的信息可以发现,2014年春节至2月28日一个月时间,该栏目已发布立案、查处信息35条,涉及省部级、地厅级、县处级干部44人。

正可谓:反腐正未有穷期,"打虎"仍在进行时。

二、反腐顺应民心,百姓满意仍然充满期待

2013年年底和2014年年初,国内多家机构发布的民意调查对2013年党风廉政建设和反腐败斗争成效做了盘点,一组组数据和鲜活语言,彰显人民群众和社会对党风廉政建设和反腐败斗争的满意度提升、信心增强,但仍有担忧和期待。

(一)满意度提升

国家统计局2013年11月在21个省(区、市)开展的民意调查显示,87.3%的群众认为不正之风和腐败问题与以往相比有下降,77.1%的群众认为查处领导干部违纪违法案件有力度。人民网进行的网络问卷调查显示,78.9%的受访者认为中央实施八项规定以来,身边党员干部的工作作风有明显改进或有所改进。

中国社科院廉政研究中心对151个县(市、区)、604个村(居委会)进行的城乡居民问卷调查显示,82.4%的普通干部和76.9%的专业人员认为党和政府惩治和预防腐败非常坚决和比较坚决,较2012年分别上升4.5%和19.9%;89.1%的普通干部、87.2%的企业人员、89.2%的专业人员认为党和国家反腐败非常努力和比较努力,其中企业人员

和专业人员的认可度分别比 2012 年上升 12.9％和 10.2％。

2013 年 12 月 26 日,凤凰网在首页显著位置刊发文章称,中央和中央纪委一系列禁令、新规出台,一系列措施综合运用,加强执纪监督、纠正"四风"从点滴做起,有腐必反、有贪必惩,"打虎拍蝇"高潮迭起,使官场浪费、腐败多发的势头得到有力遏制。

搜狐新闻客户端一位网友说:"中央反腐力度越来越强,国家更有希望了,人民更有盼头了,我们对党越来越信任了。"

65 岁的上海市长宁区华阳路社区居民李慧芬说:"看到一个又一个大贪官被查处,我们党确实是顺应民意。"

(二)信心增强

中国社科院社会学研究所对覆盖全国 31 个省(区、市)7388 人的调查表明,对未来反腐败具有信心的群众超过 73.7％,其中,25.5％的人表示很有信心,48.2％的人较有信心,比 2011 年分别增长了 37.8％和 22.8％。

(三)仍有期待

中国社科院廉政研究中心所做的民意调查显示,66％的普通干部、72％的企业管理人员、89.3％的专业人员、75.3％的城乡居民认为腐败现象还很严重或比较严重,反腐败斗争是一个长期、艰巨和复杂的过程,必须脚踏实地,一件事情一件事情抓,一股风一股风刹,一个案子一个案子查,积小胜为大胜,直到取得最后的胜利。

在 2014 年"两会"前和"两会"期间,反腐再度成为网民和公众期待的焦点,希望新一年继续紧握反腐之拳,并由"标"及"本",在治本层面有新突破。网民"雨中石"说:"随着腐败官员的纷纷落马,人们在拍手称快的同时,也在思考:如何进一步铲除'老虎''苍蝇'滋生的土壤?"

网友"云林禅士"说:"强烈建议,2014 年各地、各基层同步加大反腐力度,多查揪一些基层百姓身边的'老虎''苍蝇'。"

诚可见:百姓信心之增,期待之切。

三、反腐任重道远,必须标本兼治持之以恒

从 2014 年年初中纪委全会上的反腐宣示和春节后反腐成果来看,反腐败斗争任重道远。无论省部级高官,还是地方政府官员,或是国企负责人,都有腐败案件发生。继续反腐势在必行,任务仍然非常艰巨。

反腐触及一条条复杂的利益链和错综的人事关系,无论打"老虎"还是拍"苍蝇"都不是轻易可以完成的。腐败总是和权力分不开,只要有权力存在的地方,就会有腐败产生的可能。腐败让少数人尝到了甜头,具有很强的惯性,稍有松懈就会反弹,极易伤害百姓的反腐信心和期待。所以,反腐必须标本兼治,必须经常抓、长期抓。

要坚持以法治思维和法治方式反对腐败,提高依纪依法惩治腐败的能力。加强反腐败国际合作,加大国际追逃追赃力度,决不让腐败分子逍遥法外。

要注重抓早抓小,对党员干部身上的问题要早发现、早提醒、早纠正、早查处,防止小问题演变成大问题。

反腐,不仅要巩固现有的成果,还要预防腐败的发生。要全面深刻总结以往反腐败斗争和党风廉政建设实践,学习借鉴香港"执法、防贪、教育"三管齐下,炼成廉洁之都的成功经验,扎扎实实推进"教育、制度、监督"并重的惩治和预防腐败体系建设,坚定不移、坚持不懈铲除滋生腐败的温床和土壤,使领导干部对党纪国法、职业岗位、人生事业心存敬畏,在不敢贪、不易贪的基础上,追求和实现不想贪的境界。

"基层反腐无死角、高层反腐无禁区",反腐正在深化进行时。我们有理由相信,经由声势强大的廉政风暴,经由持之以恒、更加法治化和科学化的党风廉政建设,我们终将迎来政治清明、政府清廉、干部清正、社会风清气正的朗朗乾坤。

2014 两会审视:吹响全面深化改革的号角

▶ 张万杰

2014 年的两会——中国人民政治协商会议("政协")和全国人民代表大会("人大")已于 3 月 12 日和 13 日胜利闭幕。2014 年的全国两会是党的十八届三中全会后的首次两会。处在这样一个历史坐标位置,全面深化改革无疑是贯穿 2014 年两会的主要基调。

一、全民共识促进全面深化改革

从 2013 年 11 月召开的中共十八届三中全会到本次全国两会,全面深化改革已然成为鲜明的时代标识。全国上下,从中央到地方,全面改革的全民性共识更加凝聚,全面改革的积极氛围更为浓烈。处于历史转型期的当代中国,正被一种强大的全面改革共识所笼罩。

党的十八届三中全会突破性地提出"全面深化改革"的新主张,审议通过的《中共中央关于全面深化改革若干重大问题的决定》中"改革"一词被提到了 137 次,绘制出了全面深化改革的蓝图。在利益藩篱日趋固化的当下,展示出执政党深化改革的坚定意志。由此从上到下再次进入全民热议改革、推动改革、投身改革的历史新阶段。2014 年 1 月底,设立了习近平主席任组长、国务院总理及其他党中央核心人物为组员的"中央全面深化改革领导小组",展现出乘风破浪的改革雄心。

在 2014 年初各地召开的两会上,"全面深化改革"亦成为最热的主题词。各省区市的政府工作报告中,提及"改革"的平均次数超过了 50 次,一些地方还在报告中将"全面深化改革"单列,作为政府工作的首要任务。改革新思路、新实践也在各地纷纷亮相。

3月5日，李克强总理在全国人大作了本届政府的第一份工作报告，其中，"改革"一词出现77次。在3月13日第十二届全国人大二次会议闭幕后举行的总理记者会上，"改革"也成为答问环节中的关键词，在不到10分钟的时间内就有13次提及。他在谈到全面深化改革时说道："改革会触动利益、会动'奶酪'，但是为了释放改革红利，尤其是让广大人民受惠，我们义无反顾。"

二、拉开全面深化改革的大幕

今年的政府工作报告有一些非常鲜明的特点。报告只是简明扼要地谈到了已经取得的成绩，而重点放在了阐述未来改革的方向上。同时，这份政府工作报告语言生动，文风朴实，贴近生活、生动活泼的语句在报告中随处可见，诸如，"让失信者寸步难行，让守信者一路畅通""要更大规模加快棚户区改造，决不能一边高楼林立，一边棚户连片"等。

报告的最大亮点之一是将改革作为主基调贯穿始终，并且，这是第一次把改革作为政府工作的首要任务，意义非凡。尽管从1978年改革开放以来，"改革"一词一直都是中国政治的重要话题，但本次提出的背景很是特殊，是在原有发展模式在很大程度上遭遇瓶颈、需要探索新发展模式的情况下被提出来的。

随着国家新任领导班子执政实践的全面铺开，2014年被称为"全面深化改革元年"，在十八届三中全会发出全面深化改革的动员令后，以本次两会为起点，中国改革的新版本业已拉开大幕。

学习政府工作报告，深化改革的热点主要包括行政体制改革、财税改革、金融改革、国企改革、城镇化、环保等方面。深化改革的规划大致分为九大重点任务，即：推动重要领域改革取得新突破，开创高水平对外开放新局面，增强内需拉动经济的主引擎作用，促进农业现代化和农村改革发展，推进以人为核心的新型城镇化，以创新支撑和引领经济结构优化升级，加强教育、卫生、文化等社会建设，统筹做好保障和改善民生工作，努力建设生态文明的美好家园等。可以看出，中国的新一轮改革改变了以往仅限于单项领域、局部地区的"碎片"式设计，而是涵盖领域较为全面，并以自下而上的问题为导向，直面社会转型过程中的问题,尤其注意切中时弊、击中痼疾。

一年多来,改革的持续大动作主要是反腐整风和简政放权。

在反腐整风方面,习近平主席多次强调要"老虎""苍蝇"一起打,"把权力关进制度的牢笼",并持续重拳出击。从出台"八项规定"到开展群众路线教育实践活动,新式"整风"横扫官场。根据中央纪委公布的反腐"成绩单",2013年有31名涉嫌违法违纪的中管干部已结案处理或正在立案调查。其中,十八大后落马的省部级高官有18人。反腐风暴仍在持续,春节后至今,又有多名省部级领导干部接连落马。

在简政放权方面,李克强总理表示,进一步简政放权是政府的自我革命,今年要再取消和下放行政审批事项200项以上;同时,深化投资审批制度,取消或简化前置性审批,基本完成省市县政府机构改革。此前,国务院机构改革实施后,已分批取消和下放了416项行政审批等事项。这样,原定本届政府任内削减1/3行政审批事项的目标有望在2014年提前完成。

当前,全面深化改革的"全面"性凸显,在以经济体制改革为重点的同时,司法体制、社会管理体制、文化体制等各项改革正展现出齐头并进的势头。在经济"蛋糕"日益做大的同时,解决社会公平公正的问题的重要性日益突出。可以看到,推动实现社会正义的利器、民众热切期盼的司法体制改革正在"浮出水面":从人财物管理的根子上入手,破除司法地方化藩篱;明确让审理者裁判、由裁判者负责,向司法行政化开刀;以司法公开保障审判公正,让正义以人们看得见的方式实现;涉法涉诉信访改革已在全国推开,逐步形成涉法涉诉信访依法终结制度;等等。在环境保护与治理方面,本次两会上提出的响亮口号是:"将像过去对贫困宣战一样,也会向污染宣战",2015年,我国政府投入近9000亿人民币治理环境污染问题。

截至成文,十八届三中全会《决定》所涉及的15个领域60项任务中,已经有至少23项陆续出台了相关措施或已着手细化改革内容。根据世界各国现代化的普遍经验及中国社会主义改革的某些教训,接下去要通过全面深化改革,尽早建立起有效而健全的制度,推动实现执政党、国家、社会事务的制度化、规范化、程序化,尤其要注意排除地方主义、长官意志、瞎指挥等问题。

三、全面改革面临现实挑战

当前的中国正处于社会转型的关键时期，2014 年距离 1978 年中共开启改革开放、"杀出一条血路"也有 36 个年头了，改革所面临的风险、问题及来自社会各方面的利益诉求等都要远大于此前从低收入国家向中等收入国家迈进的历史时期。在近年来的改革过程中，出现了"改革疲劳现象"，"好吃的肉都吃掉了，剩下的都是难啃的硬骨头"。改革面临的不是"啃不啃"的问题，而是"能否啃得动"的困境。全面深化改革势必将触动既得利益者的利益，而正如李克强所指出"触动利益比触动灵魂还难"。

中国正面临后发国家现代化过程中可能陷入的两大陷阱——"体制转型陷阱"和"中等收入陷阱"。一个国家在发展中陷入"体制转型陷阱"会致使经济社会的畸形化发展、经济社会问题不断累积并爆发。很多发展中国家在人均 GDP 达到 3000 美元附近时，前期高速发展中集聚的社会矛盾集中爆发，自身体制机制的革新进入临界，发展中的矛盾难以克服，一旦遭遇发展战略失误或外部因素冲击，随即就会出现经济增长回落或开始长时期停滞，陷入"中等收入陷阱"。我国能否跨越这两大陷阱，在很大程度上要看全面深化改革能否取得实质性效果，实现平稳的、较为成功的转型。

李克强总理在记者会上说"干一寸胜过说一尺"，这充分说明，落实才是关键。落实得好不好，也不是仅看当下执行如何，而要注重长时段的效果。对于许多政府部门和官员来说，已长久习惯了"权力无限大、监督无限小"的风光日子，简政放权触及自身利益，无异于拿刀子割自己的肉，每推进一步都非常不易。改革过程中，尽管有上层积极推动，但还极有可能形成梗阻。目前，政府所面临的困难和问题没有减少，包括经济增长的压力、就业压力、部分行业严重产能过剩、财政金融风险以及日益严峻的环境污染问题等。在经过强势推进过后，能否建立起长效机制，确保各种问题的逐步解决，也是面临的严峻挑战。

纵观 2014 中国两会，全面深化改革已经迈出了坚实的第一步，社会主义改革在中国再度起航。世界社会主义运动史上有一条重要经验——唯有不断改革才能增强社会主义的生命力。中国三十多年社会主义改革的历程也启示我们，社会主义改革须是全面的改革。要切实汲取苏共拒不改革、延迟改革、小修小补、盲目整改，导致苏联解体的深刻教训。要通过全面深化改革，不断赋予中国特色社会主义新的生命力。习近平总书记在新一届中共中央政治局第二次集体学习时指出："必须坚持全面改革，在各项改革协同配合中推进"，"更加注重各项改革的相互促进、良性互动，整体推进，重点突破，形成推进改革开放的强大合力"。在下一步的改革中，必须使这些要求真正落到实处。

反恐防暴任重道远，须警钟长鸣

▶ 王华英

一、昆明暴恐事件经过

2014年3月1日晚9时20分，一伙手持刀具、统一着装的歹徒冲进昆明火车站广场、售票厅，对无辜民众进行疯狂砍杀。在民警、特警及广大群众的努力下，4名暴徒被当场击毙，1人被抓获。此次事件造成29人死亡、140余人受伤，其中2名保安殉职、7名民警受伤。经公安部组织云南、新疆、铁路等公安机关和其他政法力量40余小时的连续奋战，该案已于3月3日下午成功告破。该案是以阿不都热依木·库尔班为首的暴力恐怖团伙所为，是新疆恐怖分裂分子一手策划组织的严重暴力恐怖事件。

二、各方反映

昆明火车站暴恐案发生以后，我国政府和民众极为震惊，联合国及多国政府与媒体都对此次事件进行了强烈谴责，但也存在一些西方媒体违反人道主义原则的声音。

(一)正面声音：严惩暴徒，安抚群众

暴恐案后，中共中央总书记习近平高度重视，要求政法机关迅速组织力量全力侦破，依法从严惩处暴恐分子。精心做好受伤和遇难群众的救治、善后工作。要深刻认识反恐形势的严峻性、复杂性，强化底线思维，以坚决态度、有力措施，严厉打击各种暴力恐怖犯罪活动，全力维

护社会稳定，保障人民群众生命财产安全；并指派中央政法委书记孟建柱、公安部部长郭声琨和有关同志连夜赶赴云南指导处置工作，看望受伤群众和遇难人员亲属。李克强总理指出，坚决打击一切亵渎国家法律尊严、挑战人类文明底线的暴恐犯罪。

时任外交部发言人洪磊、时任云南省委书记秦光荣、中国伊斯兰教协会副会长郭承真都认为，昆明"3·01"暴恐袭击滥杀无辜，灭绝人性，必须予以严厉打击。

联合国安理会强烈谴责这一恐怖袭击事件，重申一切形式的恐怖主义都构成对国际和平与安全的严重威胁，是不可开脱的犯罪行为；重申决心打击一切形式的恐怖主义，强调必须将此次恐怖袭击事件的实施者、组织者、资助者和支持者绳之以法，敦促所有国家就此与有关国家政府积极合作。

阿富汗总统卡尔扎伊、白俄罗斯总统卢卡申科、古巴国务委员会主席劳尔·卡斯特罗及德国、西班牙等国家都表示强烈谴责，表示支持中方为打击一切形式恐怖主义所做的努力。

国内民众在朋友圈、QQ 群、微博上，纷纷强烈谴责暴徒，并为遇难者和伤者祈祷。

（二）居心叵测的反面论调

一片谴责声中，有外媒却居心叵测，表现反常。美国有线电视新闻网将恐怖分子打上引号，并挑拨中国国内民族矛盾。美联社加上中国"官方所称的恐怖分子"前缀；《纽约时报》《华盛顿邮报》及路透社等媒体将恐怖分子称为"攻击者""激进分子"等。英国广播公司不仅将暴力恐怖袭击加上引号，还强调其所引用的中国官方报道"未经证实"，不乏"所谓昆明恐怖袭击""中国声称的暴力袭击"及"中方所谓的新疆分裂势力"的描述。

三、事件警示

从昆明火车站暴恐案的发生、各方反应及善后处理的情况看，我们可以得到一系列启示。

(一)反恐防暴是国际社会的共同责任,需加强国际合作

此次暴恐活动有着复杂的时代背景与国际因素,与国际"大气候"、国内"小气候"有关,与西方反华势力及"世维会"的境外洗脑、境外训练、境外操控密切相关。美国"9·11"事件及中国昆明"3·01"暴恐事件都漠视人的基本生存权,手段残忍,危害极大,是对人类社会秩序和文明底线的挑战,其本质是反人类、反文明、反社会的。暴力恐怖分子是人类的公敌,必须依法严惩,坚决打击,决不能手软,不能姑息、纵容。但个别国家出于私心和意识形态目的,包庇暴恐分子,违背基本的人道主义原则。如在对待乌鲁木齐"7·15"事件和昆明暴恐事件的幕后策划者热比娅问题上,个别国家完全无视中国民众受"疆独"暴恐分子残害的事实,为其开绿灯,让其逃匿;并为其提供演讲平台。因此,制止暴恐案发生、制裁暴恐分子,绝不是单一国家的任务和责任,而是世界各国共同的职责,必须加强国际合作。

(二)反恐防暴任重道远,须警钟长鸣

近年来,疆独活动猖獗,制造了系列暴恐事件。2013 年 10 月 28 日的吉普车撞击金水桥事件,无论从性质上还是形式上都与昆明暴恐事件类似,是新疆分裂势力严密策划、有组织、有预谋的暴恐袭击事件。客观上,我国地域辽阔,人口众多,流动性极大,暴恐分子活动范围变化并不断扩大,增加了实时监控的难度。因此,反恐形势严峻而复杂,需下大力气提升公共场所、人口密集区的防暴力量,切实提高突发事件下的应急反应能力。正如知名军事评论人朱江明所言,在专业化的恐怖活动面前,中国内地大部分地区的情报和警务体系显得相当脆弱。时任云南省委书记秦光荣也认为,我们的情报信息工作有问题,事先没有得到信息。铁路系统的保卫体制因其自成系统也有问题。恐怖主义是威胁社会安全稳定的毒瘤,打击恐怖主义既是一场持久战,也是一场攻坚战,反恐防暴任重道远,须警钟长鸣。必须根据实际情况查漏补缺,制定完善的应急预案,提高安保意识。

(三)反恐防暴必须两手抓,两手都要硬

反恐防暴须两手抓,强硬打击与思想教育结合,两手都要硬,并辅

之以切实有效的安全防卫。只有防范意识过硬、安保措施过硬、思想道德过硬、打击力度增加才能使恐怖主义无处发展、无缝可钻。在强硬打击方面，对待暴恐分子毫不手软，完善反恐法，加强执法力度；在思想教育方面，积极培育和践行社会主义核心价值观，公众媒体旗帜鲜明地弘扬真善美，贬斥假丑恶，树立正确是非观，凝聚共识，提高群众价值判断力，增强道德责任感。

（四）坚持民族团结的原则，公平对待维吾尔族同胞

昆明暴恐事件后，部分民众情绪激化，将新疆分裂、暴恐分子与维吾尔族同胞混为一谈，打出了不利民族团结的旗帜，这种情绪化的反恐间接帮助了民族分裂分子。新疆分裂分子头目热比娅借机在国外大造声势，将政府依法对暴力恐怖分子的打击抹黑成对维吾尔人的镇压，极力挑拨民族矛盾，让外界对中国少数民族政策产生误解和错觉。《人民日报》及时发文，提醒民众要保持冷静，不要把对恐怖分子的愤怒，扭曲成对一个民族的敌意。要切实把握好国家的民族政策尺度，反暴恐不能情绪化，更不能把昆明暴恐分子与维吾尔族同胞画等号。否则会陷入恐怖主义分子的陷阱，加剧民族的紧张关系。我们必须始终高举民族团结的旗帜，紧紧团结和依靠广大维吾尔族同胞反对分裂主义、反对暴力恐怖主义。

（五）认清西方国家双重人权标准的本质

在主流媒体对昆明暴恐事件进行强烈谴责的同时，国外有些媒体直接或间接地对此事进行低调处理甚至错误引导。美联社别有用心地指出，鉴于袭击者使用简朴手段及低科技含量的武器——长刀，说明他们没有得到外界帮助。路透社3月4日报道，"疆独"头目热比娅在加拿大议会称，不认为新疆激进分子应为此负责。在国际公认"3·01"案是恐怖主义行为背景下，西方舆论对此处理相当低调，未加批驳，并为其提供活动舞台。一向在反恐和人权问题上叫得最响、标榜客观真实的部分西方媒体集体"失明""失语"，甚至为恐怖分子的残暴行径辩护、寻找托词。与"9·11"后的舆论差别如此之大，令人震惊。这明显是双重标准，违背客观公正原则。正如新华社社论所称，美国政府及一些媒体对恐怖主义所持的双重立场，实质是对恐怖行为的默许和纵容，是在

助长他们的嚣张气焰。

　　总之，"3·01"昆明暴力恐怖事件是有组织、有预谋的恐怖主义行为，反映了反恐形势的严峻性、复杂性，也表明了反恐的国际合作必要性。我们一定要吸取教训，保持高度的警惕，坚持两手抓，两手都要硬，系统地做好反恐防暴工作，最大限度地避免类似事件的再次发生。

新疆暴恐案与有效反恐的思考

▶ 戴道昆

2014 年 5 月 22 日 7 时 50 分许,新疆乌鲁木齐市发生严重暴力恐怖案件,两辆汽车在中心城区一个早市冲撞群众后爆炸起火,造成 30 多人死亡,90 余人受伤。这是 2013 年以来天安门金水桥汽车撞击事件、云南昆明"3·1"暴力恐怖案件、乌鲁木齐"4·30"爆炸案之后又一恐怖袭击事件。系列暴力恐怖事件表明:恐怖主义已成为中国国家安全的一大威胁,需要全体国民一起积极面对。

5 月 23 日,新疆维吾尔自治区宣布开始为期一年的"严厉打击暴力恐怖活动专项行动"。25 日,经中央批准、国家反恐怖工作领导小组决定,以新疆为主战场,其他省区市积极配合,开展为期一年的严厉打击暴力恐怖活动专项行动,有效应对当前严峻复杂的反恐怖斗争形势,全力维护社会大局稳定、确保国家长治久安。26 日,中央政治局召开会议研究进一步推进新疆社会稳定和长治久安工作。

反恐是一场事关国家安全,事关人民群众切身利益,事关改革发展稳定全局的斗争,是一场维护祖国统一、社会安定、人民幸福的正义之战。这场全局性的反恐斗争,无疑引起了社会舆论的关注,也得到了全国人民和国际社会的支持。但是,为了夺取反恐斗争的最后胜利,我们必须坚持以下几项基本原则。

一、依法治疆

反恐斗争以新疆为主战场。只有将新疆治理好、建设好,才能真正根除恐怖主义的根源,取得反恐斗争的胜利。那么,如何治理好建设好新疆呢? 最根本的原则就是"依法治疆"。

"法，国之权衡也，时之绳尺也，权衡，所以定轻重；准绳，所以取正直。"法是治国之本。习近平总书记在第二次中央新疆工作座谈会上强调要把"依法治疆"放在首位，这充分说明"依法治疆"是维护新疆社会稳定和长治久安，团结各族人民建设社会主义新疆的首要措施，具有全局性、基础性和战略性地位。

　　"依法治疆"必须充分发挥社会主义政治制度的优越性。立法工作是依法治疆的重要基础，必须进一步提高地方维稳立法的质量，实现治疆各项工作法治化。坚持按照宪法和法律规定，在各民族中牢固树立国家意识、公民意识、中华民族共同体意识，切实以法治的思维和方式、法治的体制和机制、法治的程序和实体保证党领导各族人民有效治理新疆。比如中央提出加快南疆发展，实行特殊政策，实现特事特办，更需要通过法律层面予以保障实施，将其常态化、长效化。

二、严厉打击恐怖分子

　　在接二连三的暴恐袭击中，暴恐分子精心选择时机，以残害无辜群众的暴恐行径，制造恐怖气氛和轰动效应，以此向党和政府示威施压。恐怖势力是全人类的共同敌人，恐怖行为是对人类文明底线的挑战。与暴恐分子的斗争，是一场正义与邪恶、进步与反动、法治与犯罪的较量，没有丝毫妥协、退让的余地，必须对他们"亮剑"，通过严厉的打击，坚决消灭他们的嚣张气焰。除了坚决打击、依法严惩之外，别无他法。只有通过打击，才能阻止他们再次为恶。习近平指示，"对恐怖活动和恐怖分子必须警钟长鸣、重拳出击、持续保持严打高压态势"。

　　痛定思痛，暴恐分子的残忍行径，动摇不了各族人民维护国家稳定、促进社会发展的坚强信念。全力打击暴力恐怖犯罪、坚决依法惩处暴恐分子，为人民群众创设安定有序、繁荣和谐的社会环境，既是民心所盼，也是众望所归。任何蓄意破坏行为，任何暴力恐怖行径，必将难逃恢恢法网的严惩重惩！

三、全国联动共同反恐

长久以来，新疆一直面临着暴力恐怖、民族分裂、宗教极端这三股势力的侵害，恐暴案的发生地一般也在新疆。但是，近年来的暴恐案，如北京金水桥事件、昆明"3·1"暴恐案，已扩展到新疆以外。这传递了一个信号，即反恐不仅仅是新疆一地的事情。这也让内地和中央意识到暴恐形势的严峻性和反恐的重要性。早在 2013 年两会期间，尹卓少将接受媒体专访时就曾指出，"内地没有一座城市能够摆脱恐怖主义威胁"，他呼吁应将反恐上升到国家安全战略的高度。

之前我国各地各单位大多都建立了反恐怖工作领导小组，但反恐活动的开展却不尽如人意。当前我国面对的反恐形势愈加严峻，只有充分调动各方面力量，整合各方面资源，切实形成反恐怖工作的整体合力，才能高效地形成打击暴力恐怖犯罪的合力，确保国家安全和社会大局稳定。

对暴恐分子要先发制敌，将恐暴案控制在最低限度，就必须尽快建立和形成部门合力和社会合力的联动机制。在这一工作中，公安、司法、检察、国家安全等多个部门均守"土"有责，因此，这些国家各部门之间应尽速建立完善的沟通协作，尤其是信息共享机制。这无疑将大大提高反恐工作的效率。我们相信，只要我们下决心把反恐当作这个国家的优先任务之一，动员全国全社会力量向反恐投入更多资源，并对这些资源加以整合，反恐的成效将大大提高。

四、警惕民族对立情绪

连续多起暴力恐怖事件发生后，有些人将愤怒矛头对准了新疆人民，在网上晒图、发帖，对新疆同胞进行谩骂和攻击。有些新闻报道，在篇首加重"新疆"二字，报道内容中则频繁出现"新疆暴徒""新疆恐怖袭击"等字眼。有些网络评论看了更让人心寒，"新疆人滚出我们的城市"……这一系列骇人听闻的恐怖袭击事件，将已伤痕累累的新疆推上了风口浪尖，以点盖面的评论和情绪，让所有新疆人似乎成了破坏社会安定和发展的"钉子户"。

　　制造恐慌、挑起矛盾、煽动仇恨才是恐怖分子的真正目的。正如那些维吾尔族学生所说："敌人害怕我们团结,说明团结最有力;敌人越是要破坏团结,我们就要更加团结!"暴力恐怖行径和暴力恐怖犯罪分子将永远被钉在历史的耻辱柱上。法律和正义,不会轻易放过任何一个犯罪分子。但是,反恐,我们更需要理性。排斥和仇恨对于真正深爱着这片土地的新疆人是多么的不公正,他们不该受到全国各族人民的"排斥",不该被某些同胞硬生生地打上"暴徒"的烙印。

　　团结稳定是福,分裂动乱是祸。民族团结犹如空气和阳光,受益而不觉,失之则难存。社会需要正能量,我们能做的就是团结一致,同仇敌忾,坚决打击"疆独"势力,让他们无处遁形。头顶同一片天空,脚踏同一方土地,各族干部群众都要像爱护自己的亲人一样爱护民族团结,不要害怕或者带着敌视的态度对待大部分维吾尔族同胞。

五、避免恐慌与反恐扩大化

　　形式各异的反恐手段引起社会广泛关注。辽宁的反恐专项行动中,特别提出加强民爆物品、枪支弹药、管制刀具、剧毒化学品以及烟花爆竹、硫黄、火柴等制爆原材料的管理。北京选择社会全面反恐模式,每天有85万名平安志愿者巡逻,22个进京检查站实行一级查控,逢车必查;10万人收集涉恐涉暴信息,街头的修鞋匠、报亭员发现可疑情况第一时间上报……

　　恐怖主义犯罪为恶,伤害社会,社会必然要拿出应对措施。随着暴恐活动的嚣张和危害程度的加大,反恐措施也必然升级,可能包括针对"超限"作恶而做出的"超限"反应。也就是说,在反恐的非常时期,有可能出现一些非常的手段,这些手段可能对正常的社会秩序产生一些影响,甚至有可能在文明价值上有一些倒退。"9·11事件"后,全世界都同情美国平民的遭遇,几乎都支持美国打击恐怖主义的行动。但是,美国却犯了反恐扩大化的错误,严重伤害到美国以至于全球穆斯林的人权,美军更在反恐战争中伤害、杀害了众多无辜民众。

　　面对一时暴恐猖獗,各地做出适度反应是必需的,是政府的责任所在,民众的希望所系。但是,面对穷凶极恶的暴恐分子,任何时候我们都不能失去理性。无论是辽宁的物品管控,还是北京的全面反恐,都在很大程度上得到了民众的响应和支持,但防止部分措施走过头仍是必要的。北京的全面反恐,显然可织起一张防恐大网,但如何防止过度猜疑,避免恐慌情绪,防止民众互为沟壑互不信任,因而扰乱社会信任基础,也必须予以重视。

"在愤怒、悲伤、不满等各种情绪大潮中,应当清醒而理性地看待问题和做出选择。"时下正在开展的打击恐怖主义专项行动中,有必要认真听一听这声音。

反恐斗争虽然过程很艰难,但是对于最后斗争的胜利,我们要有信心,必须坚信:和强大的国家和人民对立,恐怖主义只有败亡一途。

公务员涨薪就该挨骂？

▶ 崔　杰

在中央"八项规定"等文件对公务员的纪律约束越来越严格的背景下，"公务员涨工资"的呼声也时隐时现。但凡提公务员涨薪，必会挨骂，似乎已经成为一个舆论规律。2014 年 3 月 1 日，全国政协委员、中国作家协会会员何香久提交了建议提高公务员工资的提案，立即引起热议，网上"2 万多网友跟帖"，"骂声铺天盖地"。其实何委员有严格的界定，是建议"给基层公务员逐步涨工资"，可愤怒的网友不管这些，只盯着刺激自己的字眼。站在不同的立场，社会公众对"公务员涨工资"的观点不一致，这可以理解。但对"逢公务员必反"的"乱骂"现象，着实需要作一番客观的分析。

一、公务员工资高不高？

对于这个问题，笼统地说高或不高都是不准确的。公务员基本工资偏低这是大家都知道的，但因此说公务员收入低却未必。2014 年 3 月 20 日腾讯教育频道刊登的新京报讯显示，北京石景山区八宝山街道办人均年工资福利支出达到了 21.42 万元，金顶街街道办 19.73 万，按照前日市级一些部门公布的多数部门为人均 10 万元上下。但因此就说公务员收入高，那也不是事实。云南省勐海县布朗山乡乡长赛勐算了一笔账：一个月拿到手的工资是 2984 元，最近在县城买了一套商品房，总价 30 万元，贷款 20 多万元，每月还贷压力巨大。有人将乡长的话贴出来说，"谁信一个乡长的屁话"，网民"刀客 1"跟帖说："乡长的话还是可信的。"网民"谷峰"说："这个我信的，我们老家的书记县长就是两千来元，如果没有灰色收入的话将是挺可怜的人，不要一提公务员就和仇人似的。"

所以，这里有两个问题：一是公务员的基本工资高不高？对于这个问题，总的情况是一致的：公务员的基本工资不算高，基层公务员的基本工资是偏低的。二是公务员的收入高不高？这个问题不能一概而论，福利好的地区和部门收入高，反之就会低。正如全国人大代表、重庆市律师协会会长韩德云所说："不同区域、岗位的公务员工资（应该是收入——引者注）差异大，尤其是中西部地区和一线岗位的收入水平偏低。"因此，何委员建议"给基层公务员逐步涨工资"是有其合理性的。

二、为什么网民反对给公务员涨工资？

既然基层公务员工资不高，为什么许多网民对公务员涨工资的呼声这么不感冒呢？大致说来，应该是以下这几个原因：

一是质疑公务员的收入和福利，特别是反感公务员的灰色收入和隐性福利。除国家规定的工资外，有些地方或机关有各种名目的津贴、补贴等工资外收入，这应该算是合法收入，但却未必透明和公平。公务员的显性福利如住房福利是明摆着的，有些则是隐性的，比如某公务员网上晒的"公务员晒4元2荤1素1汤工作餐"。全国政协委员、南京大学教授高抒认为："老百姓不相信网上'晒'的公务员工资单，很多时候质疑的并非工资单上的数字，而是依附在公权力上的隐性福利甚至灰色收入。比如，有些机关单位，一顿工作餐只要1块钱。"有网友说"哼！部分有权力的公务员难道就账上这点收益？还有收礼等等灰色收入！对某一部分公务员来说，这些（工资）只不过是零花钱罢了！"有网友说："公务员的灰色收入已经比普通工人多出几倍了，还要给他们涨工资，工农大众能不反对吗？"在这里公务员与特权阶层、强势群体、高收入阶层之类的符号画上了等号，自然成为"务工人员"质疑的对象。

二是有些公务员状态不佳，人民群众心存不满。我国公务员队伍规模庞大，加上教育、管理、监督的缺陷，难免有害群之马，公务员队伍中一定程度上还存在着官僚主义、形式主义、享乐主义和奢靡之风。对这些问题，群众自然是看在眼里，记在心里。有网友说："如果同私人企业的管理体制和工作效率比，现在公务员人数就是砍掉三分之二，也足够了。就现在各地政府机构这种办事效率，还提案给他们涨工资，这不纯粹是乱拍马屁吗？"这反映了当前一些政府机关和事业单位的工作和工作人员不能得到人民的认可，群众意见很大甚至深恶痛绝。在这种氛围下提公务员涨工资的建议显然有点不合时宜。何香久委员很伤心地说："我不怪那些网友。他们骂醒了我，让我意识到，现在群众和公务员这个群体之间的对立情绪有多严重。我们必须要改变自己的公众形象了。"

三是部分网友对公务员成见太大。公务员中存在一些问题是事实，但毕竟是一小部分人的问题，不代表全体公务员都有问题。有些网民不管这些，一股脑儿将怨气撒在公务员身上。工作可以以点带面，促进工作成效，但批评人却不适合以点代面打击一大片。何香久委员说："多数网民都认为公务员有灰色收入，欺负百姓，可是，大多数公务员不是这样的。""他们对公务员群体的成见太大了，甚至有网友把公务员写成'公恶猿'。""这也难怪，现在落马高官，抓出来的腐败分子，都出自公务员队伍。可是我觉得，广大的国家公务员群体，不应为少数的腐败分子'埋单'。"

三、如何看待"公务员涨工资"挨骂问题

公务员是否涨工资、何时涨工资以及如何改革和完善公务员制度等问题，相信中央会综合各方面因素包括公众的态度统筹做出安排。但是从公众对这个话题那么容易上火的情况看，需要跳出这件事情本身来冷静地看待这个现象，理性对待此类问题。

首先，不要以偏概全。我国公务员队伍规模庞大，基层和上层、东部和中西部、不同的单位的公务员之间存在巨大的差别，别说不同地区不同系统，甚至同一个办公室的区别都很大，"三个闲成猪，两个累成狗"是有些单位的写照。个人收入也因级别、地域等有不小差别。如果把灰色收入和非法收入当作公务员的普遍现象，就会出现以偏概全的问题。要实事求是、一分为二地来看待问题，不应不加区分地乱骂一通，一棍子打倒一大片。

其次，要允许公务员发声。网络是一个公开、公平的平台，不同的

意见应该都可以比较自由地表达。但是，在舆论出现一边倒的情况下，往往忽视和压制了另一方的意见表达。在对待公务员涨工资问题上，公务员群体在舆论上其实是一个弱者，是一个沉默的群体，很少真正听到来自他们的声音。偶尔有公务员晒晒工资单或要求涨工资，很快就被一片骂声所淹没。恐怕这也违背公平公正的原则，也是一种网络的不平等。许多的网民包括在校大学生将来也会成为公务员当中的一员。如果要享受公平的网络待遇，每个人都应该从现在开始就尊重网络公平的原则。既珍惜自己的发言权利，也尊重别人的发言权利。所以，还是听听公务员们的心声吧，让他们也可以有话直说，而且把话说完。

最后，网民应客观理性地表达自己的意见。站在不同角度对一些问题会有不同的看法和意见，每个人的认识水平、分析判断能力不同，表达的意见也会有不同的层次，这都很正常。因此，尽量客观、理性、平和地表达个人意见，是每个网民应该共同遵守的文明守则。网民发表的意见可以水平低，可以不成熟，但不可罔顾事实，不应该乱骂，更不能造谣生事。知识分子作为具有较高文化修养和思维能力的网民，应该发挥网络生力军的作用，带头营造和维护良好的网络生态，让网络成为社会进步的工具，让更多正能量在网络上飞。对各种的社会问题，可以通过合适的渠道包括网络讨论，提出我们的建设性意见和建议。例如，对公务员收入问题，全国人大代表、上海社会科学院院长王战表示："从国际比较来看，我国公务员工资水平不高，但实际收入不低，存在结构不合理的现象。""在当前推进收入分配制度改革进程中，必须推动公务员工资制度改革，构建合理有序的收入分配新格局。"再如，对公务员的隐性福利问题，网上对养老金双轨制问题、公务员保险金问题等等的讨论，已促使国家陆续提出了公务员养老金并轨、补交保险金等问题的解决思路甚至是实施方案。这表明网络是畅通的，要相信正能量终将产生正效应。

反思苍南城管事件

▶ 夏金梅

一、事件回顾

2014年4月19日上午,浙江省温州市苍南县灵溪镇发生了一起最初由城管打人后来戏剧演变成城管被打的事件。此事起因较为简单,却引发了社会各界的高度关注,源于事件发生期间,大量触目惊心的照片被网友发布上网:被城管殴打吐血的拍照者、成千围观的群众、被群众围堵攻击的城管,血肉模糊……

苍南城管事件,据调查,起因于当天上午9时许,当地城管在灵溪镇一路口整治占道经营时,与一女菜贩发生争执。此时,路过此地的黄某用手机拍照留证,城管发现后与黄某发生冲突,结果城管殴打黄某致其倒地吐血、抽搐。随后,随着谣言"黄某被打死"等的传播,引发了民众的聚集。5名打人城管随后被周围群众围攻,5人均受伤。

近年来,城管暴力执法事件层出不穷,但城管被打似乎较少发生。那么民众为何如此愤怒呢? 在城管打人和城管被打后需要我们反思什么呢?

二、民众何以出奇愤怒?

长期以来,城管在人民心目中的形象不佳,名声较差。曾有人对城管的暴力执法做了如下调侃:"借我十万城管,一夜收复台湾;剑指天山西,马踏黑海北,贝加尔湖张弓,库页岛上赏雪,中南半岛访古,东京废墟祭祖,拳打欧洲诸侯,脚踢北美花旗。"此次苍南事件中,从城管打人到城管被打，聚集的数千名群众绝大多数是非直接利益相关者。他们从旁观者的身份加入到行动中来，有些是为了"伸张正义"，有些则是借机发泄不满。中国社科院学者于建嵘将这类事件称之为社会泄愤事件。这类群体事件，其发生机制背后都有某些相似性。在短短的时间内聚集如此多的人，我们需要探寻暴力形成背后的机制。

首先，对政府和法律信任程度低是暴力生成的重要原因。苍南城管事件中，有个值得注意的细节：在发现城管队员暴力执法时，黄某立即想到的是用手机拍照，而不是拨打 110 报警。他的这一举动带给我们什么样的反思呢？显然，在潜意识中，涉及城管伤人或寻求维权帮助时，民众认为发信息上网要比报警管用。"上访不如上网"，从侧面反映了民众对政府、对法律的信心严重不足。

其次，谣言在群体聚集、激发群众不满中起到了广泛动员的作用。苍南城管事件中，黄某被打死的谣言借助手机短信、微信、微博等多种渠道加以流传。谣言轻易地完成对社会情绪的动员，最后引发民众的围观与暴力。民众轻信谣言的背后折射出执法公信的缺失。

最后，群众诸多的不满，仅仅以一件小事为导火索爆发，其根源还在于长期以来对民生、对社会治理诸多不满的累积。而这种不满又缺乏有效的渠道表达，逐年累积，易于形成负面的情绪。2009 年贵州瓮安事件的发生，其深层次原因也是如此。这类事件说明，我们的基层政府在社会治理方面、在关注民生方面、在提供公共服务方面，工作还有许多不足，不令人满意，离人民的期望还有相当的距离。

三、走出以暴制暴逻辑，建立城市现代治理体系

苍南事件说明，暴力执法必然引发暴力抗法。苍南事件背后所透露出的，是社会治理的危机，应引起我们的高度重视。建立城市现代治理体系，需要走出以暴制暴的思维模式。此次苍南事件带给社会诸多反思。

首先，基层政府部门应进行反思。

作为事件直接牵涉者的城管部门应反思。某些城管人员无视人民利益，以粗暴的方式执法，其带来的后果必然是社会情绪的不满，导致

政府相关部门公信力丧失。近年来,新闻媒体上充斥着城管暴力执法的案例。这些案例揭示,缺乏法治和民主精神的执法城管,不仅容易使自身成为"人民公敌",而且这样的尴尬处境更增加了其社会治理的困难。

基层政府的其他部门也应事后反思,总结教训。回顾事件发生前后,我们可以看到,苍南政府部门的回应存在着不少问题,民众并未买账。例如,政府发文中,把城管打路人界定为"冲突",语词表意显然不合适。事后监控视频显示:城管暴力打人在先,黄某几乎毫无还击。城管众多,殴打黄某吐血、抽搐倒地,这岂能用冲突来定义?再如,事件发生后,政府声称:打人城管系非正式员工,似乎想以此来为暴力执法推脱责任。事实上这是画蛇添足的行为。谁都知道,即使是临时雇佣的城管,他们代表的也是城管的形象,这并不能推脱掉其暴力治理的责任。另外,苍南城管事件中,民众对私力救济的认同度在某种意义上高于对公力救济的期望。这也凸显了民众对政府相关部门的严重不信任。

其次,参与事件中以暴制暴的民众也需要反思。

苍南城管事件中,当黄某被城管人员殴打致伤,多数围观群众的选择不是相信警方,而是选择以暴制暴。城管被围殴也让我们看到了以暴制暴所带来的恶果。据监控视频显示,当天下午 16∶42 分当救护车来到现场准备救护被打的城管时,群情激愤的现场群众开始转而围攻救护车,把救护车掀翻,并且在掀翻后许多群众鼓掌庆贺。不管之前的城管暴力如何恶劣,推翻救护车这是何等不理智的行为。暴力无助于解决问题。在群情激愤中,群体理性无从谈起。法不责众的心态助长了部分民众的暴力行为。正如《新京报》在《苍南冲突事件追责要一碗水端平》的评论中指出的那样:"只要是暴力,无论是哪一方对哪一方的,都没有借口和理由,都应当受到法律的追责。"此次事件发生后,苍南公安部门秉承公平公正的原则,对涉案人员进行了及时调查抓捕,对 4 月 19 日当天在现场参与挑头滋事的 15 名嫌疑人员,以及参与殴打黄某的 3 名违法城管工作人员依法依规进行严肃处理。只有依法处理犯法人员,才能在整个社会奠定法治治理的基础。

再次,苍南事件同时也说明,适应我国社会的现代治理体系必须尽快建立。

其实，党中央早已提出了这一目标。党的十八届三中全会通过的《中共中央关于全面深化改革若干重大问题的决定》提出，"全面深化改革的总目标之一是推进国家治理体系和治理能力现代化"。在国家治理体系中，基层治理是一个重要的维度。基层治理的有效性、科学性直接关涉到社会的稳定，关系到民众对执政党的政治信任。那么，经过三十多年高速发展后，中国的社会治理应该如何走向现代化呢？我们应该建立什么样的国家治理体系呢？

学者何增科指出，国家治理能力现代化的衡量标准至少有三条：一是民主化，二是法治化，三是文明化。国家政权的所有者、管理者和利益相关者参与国家治理的行为，都应纳入法治化的轨道进行；国家公共权力的运行也应受到宪法和法律的约束；规则和程序之治要代替人治。国家治理应是"更少的强制，更多的同意""寓管理于服务之中""更多的对话协商沟通合作，更少的独断专行"。

依照上述标准，我个人认为，就城市治理现代化来说，首先应构建规范的社会治理体系。对于这一点，城管应首先从自身检讨，改变以往的暴力执法状况，要依法执法、文明执法。其次，从政府层面，作为社会治理的主体之一，政府部门的社会治理应秉承法治、公正的原则，应主动接受社会监督。城管队员殴打用拍照方法记录执法过程的旁观者，其行为已不仅仅是暴力犯罪，它还直接威胁了民主法治的基本精神，似乎在警告民众自己的执法权力不容监督。以暴制暴的方式，能否使中国走向现代治理呢？答案是很明显的。从这个意义上说，城管这个群体，对城市治理的水平代表着城市社会治理的高度，城管更应规范执法、文明执法。

当然，城管担负着城市治理的艰巨任务，他们的工作非常困难，他们为城市的良好秩序做出重要贡献。对此，民众应该感谢他们，被管理者应该尊重他们，但是，无论是城管还是民众都没有任何理由暴力相向，城管要文明执法，市民要文明经商、文明生活。

严治"裸官"，民心所向

▶ 杜利平

所谓"裸官"，是指配偶和子女非因工作需要而在国（境）外定居或加入外国国籍，或取得国（境）外永久居留权的公职人员。由于"裸官"身份特殊、利益关系复杂、负面影响较大，因而备受公众关注。

一、严治"裸官"，调整职位动真格

2014年5月19日《人民日报》官方微博消息：中共广东省委决定，佛山市委书记李贻伟同志接替方旋同志出任广州市委副书记，方旋同志此前因"裸官"原因辞去广州市委副书记一职，提前五个月退休。

5月29日《人民日报》第1版报道：广东"裸官"岗位调整基本完成，其中调整市厅级干部9名。在毗邻港澳的东莞，共对127名干部任职岗位进行了调整；侨乡江门则有128人被调整岗位。根据广东省委组织部制定的工作方案，"裸官"要么把家人迁回来，要么限时从重要岗位调整下来，两者只能选其一。

6月6日广东省委发布通告：在全面清查的基础上对866名"裸官"进行了任职岗位集中调整，其中厅级官员9名、处级官员134名、科级及以下官员723名。另有200多名"裸官"选择迁回家人。

近来，"裸官"成了网络热词，治理"裸官"也成为热议话题。《郑州日报》新闻时评版发表专评指出：防微杜渐，需要对"裸官"的管理更加严格。但是，"裸官"换岗，不能让广东孤身奋战，还需要全国行动！对"裸官"的治理也似乎已有"星星之火，可以燎原"之势。《华西都市报》载：5月29日，成都市纪委常委、预防腐败局副局长李彬介绍，已"对全市配偶子女移居国（境）外的领导干部进行了专项统计，摸清了底数"，将对"裸官"实行"职位限入和提拔限制"。

二、严治"裸官"，公众支持再表诉求

方旋因"裸官"提前退休的信息在媒体上披露后，引发广泛关注。5月24日，"京报调查"发布调查结果显示，过半受访者赞同"裸官"提前退休。

网友"淡淡的奶香味"说：早该如此。

安徽黄山手机网友说：早就应该这样了，能有效防治腐败。

网友"魔头蓝精灵"认为：提前退休可以，但10年内不得离开中国，发现问题随时随地查询。

网友"Wyq1491"认为：应质疑"裸官"对祖国的忠诚度，是否适合担任领导职务。

网友"上海能时翻译"说：党的书记，一个最应该相信这个制度的人，却把家小都弄走了，……

网友"风清随境"担心：关键是退休前有没有清查其资产啊？否则此政策反而成了某些人的保护伞。

《新京报》评论员佘宗明撰文说，方旋"被退休"引发广泛关注的原因是他的"裸官"身份，而非建立在被查实有违法违纪行为的基础上，这释放出从严治吏的信号，也契合廉政诉求和民众期许。诚然，"裸官"不等于贪官，也未必是"预备潜逃"的前奏，但基于对公权僭越的预先防范，严格治理"裸官"，合乎现代行政伦理。

国家行政学院公共行政教研室主任竹立家认为，让官员"提前退休"是地方探索"裸官"管理的新举措之一，应该看到其积极意义。

把"提前退休"作为对"裸官"管理的重要手段，相关环节需要进一步细化，具体工作需要深化和跟进。多家媒体发表评论指出，公众对于关乎公共利益的重大事项有知情权。有关部门应告知包括方旋在内的"裸官"是否涉嫌贪腐，其个人财产及亲属海外生活费用来源是否正当。只有把这些清楚明白地告知公众之后，才能办理退休、辞职等事宜。

中央党校党建部教授高新民也认为，"'早退'是本人意愿还是组织决定，其裸官身份是如何认定的，这些疑问需要有明确说法。"如果有证

据表明其涉嫌违纪违法,则更需要严肃追查,不能"一退了之"。

三、严治"裸官",任重道远未有穷期

(一)严治"裸官",必须完善制度

我国"裸官"现象存在已久,对"裸官"的监管起步较早,并多次出台规定。

1997年1月,中央办公厅与国务院办公厅联合印发《关于领导干部报告个人重大事项的规定》,要求领导干部向组织报告配偶、子女出国(境)定居的情况。2006年及2010年,中办、国办又两度发文对领导干部报告个人事项规定进行调整,明确配偶、子女在国(境)外从业的情况和职务情况也应报告。

2010年2月,监察部网站发布《国家预防腐败局2010年工作要点》,首次把监管"裸官"作为预防腐败局的工作重点。2011年3月,时任中央纪委副书记、监察部部长的马馼表示,将会对"裸官"进行登记管理。

2014年1月,中共中央印发《党政领导干部选拔任用工作条例》。该《条例》规定,配偶已移居国(境)外,或没有配偶,子女均已移居国(境)外的官员不得被列入考察对象。这一条款基本堵住了"裸官"在党政领导职务上提拔的可能性,成为截至目前国家层面对"裸官"最严格的预防制度。

"不再提拔"作为严治"裸官"的第一步非常必要,它可以让"裸官"们惊醒,不能一心一意,只能就此停步。那么,此项规定是否还有加大力度的空间呢?笔者非常赞同西南政法大学社会法学教授陈布雷的观点:对"裸官"应该一律辞退。"一是他们对国家的忠诚度是不可靠的,二是他们的配偶出去了,其个人的财产也可能跟着一起出,为什么还允许他们继续当公务员呢?"笔者也很赞同安徽芜湖政协常委、"裸官"一词首创者周蓬安对"裸官"的判断。他指出,让那些对国家忠诚度相对不高的"裸官"当政,百姓肯定不满意。相比其他官员,"裸官"更容易和贪污、生活腐化联姻,造成腐败盛行,影响社会稳定。

因此,严治"裸官"应该有更严厉更完善的制度,或者让"裸官"放弃公职,或者明确规定哪些岗位与"裸官"无关。

(二)严治"裸官",必须严格监管

严治"裸官"的重要前提是必须尽早了解和发现"裸官"的存在。

应当充分肯定"提前退休"的"治裸"价值,但也要清醒意识到,这一做法其实既非"治裸"的全部,更不具备治本的性质。因为无论是必须"提前退休"还是"不得列入考察对象",事实上都只是事后"惩戒",而非事前防范。要想全面有效"治裸",显然不能仅局限和满足于此,更要进一步在源头上强化提前防范。

一是要通过能充分涵盖官员家庭成员财产的信息公开制度,将官员家庭信息置于阳光之下,一旦官员欲"裸"或出现"裸"的苗头,便能被及时察觉。防患于未然,"裸官"治理势必能事半功倍,"裸官"将真正被关进制度的笼子里。

二是必须切实坚持领导干部个人事项报告制度,扩大对领导干部个人申报事项抽查的覆盖面,强化抽查核实的频度和力度,使监管制度更缜密、更紧致,具有更强的约束性。对无正当理由不按时报告、不如实报告或隐瞒不报的,根据情节轻重,给予批评教育、限期改正、责令做出检查、诫勉谈话、通报批评或者调离岗位、免职等处理;构成违纪的,依照有关规定给予纪律处分。

三是充分发挥群众举报、媒体监督的作用,严查"裸官"背景。

(三)严治"裸官",必须加强国际合作

目前全球追逃一直面临"调查取证难、人员引渡难、资金返还难、追逃成本高"等问题,在这种情况下,加强国际合作就显得非常重要。要充分借鉴国际防止腐败官员出逃的经验,充分利用《国际反腐败公约》中打击腐败官员、司法协助、执法合作、资产追回等条款,积极与有关国家签订引渡协议,或者通过外交途径,采取一事一议的方式,进一步堵住贪官特别是"裸官"出逃的途径,有效制止"裸官"腐败和出逃的发生,让"裸官"无处藏身。

虽然"治裸"任重道远,但是中央及地方各级党委和政府的态度和采取的措施让我们看到了希望,也使我们对党和政府更加充满信心。

政治开明乃时代之幸

——从领导人漫画形象亮相动漫节说起

▶吴太贵

据新华网报道,2014 年 4 月 28 日—5 月 3 日,中华人民共和国五代领导人漫画形象亮相于杭州举行的第十届中国国际动漫节,引起了不少媒体和网友的关注。网友们纷纷点赞,亲切留言"又帅又萌""感觉好亲切""太形象了"……与此同时,五代领导人漫画形象的肢体语言也被不少网友精心研读:毛泽东是经典的开国大典上的挥手造型;邓小平怀抱一只黑猫一只白猫,"不管黑猫白猫,能捉老鼠的就是好猫";江泽民右手比着一个"3",有网友解读是象征"三个代表"重要思想;胡锦涛在打乒乓球,表现了北京奥运会期间领导人参与体育运动的场景;习近平则手提一个笼子,笼子里装一个图章,很好地诠释了"把权力装进笼子里"的治国理念。一时之间,领导人漫画形象成为社会讨论的焦点。

但是,从历史上看,过去我们在很长一段时间里,国内媒体几乎是不刊登领导人的漫画像的。不仅不刊登,甚至连画这些都是难以想象的。在这一问题上我们过去是存在一些观念误区的,总以为涉及领导人的报道,其形象必定是要正襟危坐的,讲话必定是要不苟言笑的。这样虽然能够保证宣传形象上领导人的严谨缜密,但是也稀释了亲切感,制造了隔阂感。在过往的媒体报道中,对领导人照片使用都有着非常严格的规范,多以刊发新华社照片为主,使用照片也不能随意拼接,更不用谈漫画、动画形象了。1986 年似乎是个意外。这年的 8 月 15 日,《解放日报》刊登了邓小平等领导人漫画像,引起轰动。次日,该报发表言论说:"漫画有多种功用。揭露、谴责只是一种。人们习惯于看到这种功用,而不习惯于漫画的幽默感和人情味。特别是党和国家的领袖竟然上了漫画,不少人在感情上就受不了。这种感情是可贵的,但气愤是不必要的。"

从某种意义上说，漫画中的领袖比标准像上的领袖显得更加有血有肉。如今，新一届领导人对涉及自身的卡通漫画形象更为包容。十八大后，习近平、李克强等国家领导人的漫画相继被发布……甚至彭丽媛随习近平出访刮起"丽媛 style"，也有相应卡通形象在网上流传。2013 年网络上爆红的《领导人是怎样炼成的》动画视频，习近平以卡通形象出现，并以他的晋升之路为例介绍了中国领导人的选拔过程，其语言幽默诙谐、画面形象生动，仅两天时间其点击量就超过了 100 万次。而此前千龙网制作的名为《习主席的时间都去哪儿了?》的图表新闻也被网友疯狂转载，成为网上热议话题。在这则新闻中，习近平也是以卡通形象出现的。而今，中华人民共和国五任领导人的漫画形象集体亮相国际动漫节，再次引爆了公众的热情，受到社会各界的广泛赞誉。

领导人的形象以漫画卡通的形式出现并在网络、微博等自媒体工具上传播，这样的传播方式以及引发的舆论反应充分说明，在当前以民众为"主场"的舆论格局下，要更有效地对接群众期待，适应时代变化，不仅要积极提升政治新闻报道的技巧，还要创新政治传播的理念，以更加通俗亲民的方式，拉近党和国家领导人与民众之间的心理距离。"二战"后法国第一任总统戴高乐信奉"没有距离就没有名望，没有名望就没有权威"的政治美学观念。然而在微博、微信等互联网工具大行其道的自媒体时代，此种观念已然过时。自媒体时代一个基本特征就是时空距离的缩小甚至消失，人们政治权利意识的不断觉醒，社会大众对于开放时代的开明政治就有了更多的期盼和要求。孙中山先生说，"政治乃众人之事"，因此，作为众人之事的政治本来就应该具有最广泛的开放性和包容性，不应该也不可能将广大民众排除在外来封闭运行。只有最广泛的参与，与民众形成良性互动，将政治运作的全部过程公开在阳光下面，才能拉近民众与领导人的距离，实现最大的社会认同。政治是一门创造同意的艺术。创造同意，就需要政治传播者在传播理念上与时俱进。如今利益多元化、诉求多样化，政治传播方式也理应多元化，紧紧扣住中国社会脉搏，方能显示智慧和大度。国家行政学院教授汪玉凯说:"只有广泛选用大家喜爱的方式进行传播，才会更有传播效果。那种高高在上、端着架子板着脸的传播，拒人于千里之外，是典型的脱离群众。"而动漫以其天生的亲和力、符合"读图"时代的直观简洁等特点，以简明生动的效果直抵人心，当然会成为人见人爱的"小清新"了。

正如有网友指出的那样，漫画"打破了领导人给大家的神秘感，这是中国社会更自信和更开放的一种姿态"。笔者认为，中华人民共和国五代领导人漫画像亮相国际动漫节，是中国国家领导人的卡通形象更进一步的大众传播，是领导人政治生活公开、透明、亲民的体现。就普通民众而言，国家领导人总带有或多或少的神秘感，漫画形式则大大减少了这样的神秘感，这体现了政治社会化、世俗化程度的提高。当然，更应该看到，受欢迎的领导人漫画背后，是更受欢迎的党和国家领导人坚持走群众路线、为民务实的优良作风。庆丰包子铺排队与市民共进午餐，展示着可亲可敬的平民情怀；"鞋子合不合脚，自己穿才知道""打铁还需自身硬"等充满口语化的表达方式，彰显着举重若轻的政治魅力。正是在党和国家领导人的身体力行带动之下，我们的宣传工作有意识地用老百姓喜闻乐见的形式，来传播政治理念、表达施政思路、展现政治情怀、公开更多信息。这样的方式，少了高高在上，多了亲民随和；少了神秘莫测，多了自信开放。空前拉近了党和国家领导人与民众的心理距离，赢得了民众的认同喝彩。

以历史为参照，我们生活在这样一个时代无疑是幸运的。以杭州国际动漫节上亮相的领导人漫画像的作者朱自尊为例，据他自己介绍，在特殊年代，那时他身边因为画作而被打成反革命、被批斗游街的朋友和例子太多了，不管是谁，作领袖画时必须"毕恭毕敬，内心颤颤巍巍、诚惶诚恐"；后来这些年里，"漫画界一直在搜索和关注积极的社会信号"，带着去试、去触碰的心态，当发现国家领导人以更多生活化、平民化的形象示人时，当各种"高层领导干部并不喜欢神秘主义"的信息传递出来时，漫画家"出手"了——不仅画出了几代领导人的肖像漫画，而且"可以完全投入到作画的过程中去，享受这一种活泼、幽默的乐趣"；不仅在画室里完成了领袖肖像漫画，还拿到国际性展会上参展。这不仅是漫画家的幸运，更是一个国家的幸运。

领导人漫画的高调呈现，既是领导人走亲民路线、社会不断开放的"果"，更应成为推动社会持续深入开放、进一步拉近领导人与民众距离的"因"。我们社会的很多所谓"禁忌",是一些莫名其妙的因素与莫名其妙的力量构筑起来的。领导人努力展示开放、亲民、谦谨、互信的一面,但某些抱残守缺的力量或思维惯性,总会以种种手段阻碍大家对于教条意识、神秘权威、盲目崇拜的扬弃。在情势不停变化的新时代,试图用人造神秘、制造禁忌这种老办法,去获得公民对于执政的支持,去获得国家认同与社会聚合的力量,这种办法早已不合时宜,必须改变甚或抛弃。"明者因时而变,智者随事而制。"我们只要顺应历史的潮流,把握时代发展的趋势,以更开放、更宽容的心态去坦然面对一切,整个社会必将形成一股最为强大的合力,这样又何愁中华民族伟大复兴的中国梦不能实现呢!

论周永康的倒掉

▶ 崔 杰

2014 年 3 月初，全国政协发言人吕新华在回答记者有关周永康的提问时说："我们严肃查处一些党员干部，包括高级干部重大违纪违法的问题，向全党全社会表明，我们所说的，'不论是什么人不论其职位有多高，只要是触犯了党纪国法，都要受到严肃的追查和严厉的惩处'，绝不是一句空话。我只能回答成这样了，你懂的。""你懂的"一时成为坊间的流行热词。7 月 29 日，终于传来新华社消息：鉴于周永康涉嫌严重违纪，中共中央决定，依据《中国共产党章程》和《中国共产党纪律检查机关案件检查工作条例》的有关规定，由中共中央纪律检查委员会对其立案审查。一个庞然大物就这样瞬间土崩瓦解、轰然倒塌。

作为前任政治局常委的周永康被立案查处，有评论说其意义不亚于 1976 年粉碎"四人帮"，自然是一件大快人心、值得庆祝的大事，但"康师傅"的落马并没有引起太大的反响。这一方面是因为之前对相关案件的查处，已经做好了铺垫；另一方面，似乎也反映了人们一种难以言表的复杂心境。位及高层、官至常委的周永康结党营私、徇私枉法、践踏法纪到如此地步，着实让广大党员干部群众很难理解和接受。关于周永康的各种传闻终于尘埃落定，中央和司法部门一定会对其违纪违法行为进行彻底的调查和严厉的惩处。无论是党组织还是党员干部群众都有必要从周永康案件中进行反思，吸取教训，引以为戒。

一、周永康案说明反腐败非常必要

中国共产党是代表最广大人民利益的政党，从理论上和本质上来说，是反对腐败的，党的宗旨和党的纪律与腐败分子是水火不相容的。

但是，由于现实中利益的存在，腐败问题就不可避免地存在着。如果党和国家在管理制度上存在薄弱环节，腐败现象就会滋生蔓延。在我国的政治现实中，共产党的执政地位必然成为投机分子和意志不坚定者觊觎和利用的对象。他们千方百计地混进党内，逐步地攫取和占据一定的权力和地位，并伺机行事。一旦有机会他们就会不顾党和国家、人民的利益谋取私利。由于有共同的利益和需要，腐败分子还往往结成利益共同体，寻求相互支持和配合，沆瀣一气。在三十多年的改革开放中，伴随着市场经济的发展，一些领域消极腐败现象没有得到有效的遏制反而日趋严重，一些重大违纪违法案件令人触目惊心，严重损害了党在人民群众中的形象。

党的十八大以来，以习近平同志为核心的党中央，以猛药去疴、重典治乱的决心和勇气，采取一系列强有力措施，查处了一大批重大特大案件，直到对周永康进行立案审查。这一方面说明了中国共产党与腐败水火不容的根本立场，同时也说明中共看到了党被腐败分子严重侵蚀的严峻现实，认识到如果不坚决清除腐败，将会面临失去根基、失去血脉、亡党亡国的危险，因而更加坚定了反腐败的决心。

二、周永康案预示反腐败是一项长期任务

面对生死存亡别无选择。防止党在长期执政条件下腐化变质，是我们党面临的政治任务。邓小平同志曾告诫全党"在整个改革开放过程中都要反对腐败"。现在看来，过去反腐的力度和效果并不理想，需要克服困难，加大反腐力度，增强反腐效果。十八大以来，党中央拿出破釜沉舟的勇气，坚持"老虎苍蝇一起打"的策略，取得明显成效，大小腐败分子陆续现形。

在拿下周永康这个超级大老虎之前，有人怀疑中央是否有这个胆魄打大老虎；之后，又对中共下一步的反腐势头有很多的猜测担忧。有的猜测，中共打大老虎的反腐运动很可能告一段落或被终止；有的担忧，中共继续深挖、继续猛打可能引起大老虎联手反扑；有的撰文，断言中国反腐已有"封顶之作"，言下之意是中共高压反腐不会再持续下去。总之，对中央反腐的决心存在动摇与不信任。

就在人们疑虑摇摆之际，3 月 15 日传来中央军委副主席徐才厚因涉嫌违纪接受组织调查的消息。8 月 29 日，中纪委一日连打三只大老虎，山西省委常委、统战部部长白云，山西省副省长任润厚，原云南省委书记白恩培被查。《人民日报》评论部微信公共账号"党报评论君"8 月 30 日称：中纪委很忙。在"老王"的带领下，反腐保持了高压态势，"打虎"完全停不下来。十八大以来落马"大老虎"的人数增加到了 48 名。

周永康之后不久中纪委一日连打三只大老虎，彰显了党中央把反腐败的硬仗进行到底的决心和信心。王岐山书记"反腐永远在路上"的表态，绝不是戏言，它正通过不断地变现，生成中共反腐的公信力。网民"上善若水 698"在网上跟帖发言称："宜将剩勇追穷寇，不可沽名学霸王！"正反映了网民和人民群众对深入持续打击腐败分子的期待和鼓励。

三、周永康案凸显加强党的建设的重要性和紧迫性

堡垒最容易从内部攻破。周永康案的发生说明党的建设上特别是在反腐败的制度和工作机制上还存在薄弱环节，在干部的教育、管理和使用上存在漏洞，让腐败分子有了可乘之机。邓小平同志南方谈话时就指出："中国要出问题，还是出在共产党内部。对这个问题要清醒。"中国这样一个大国，已经没有什么外部力量可以摧毁它，但如果内部出了问题，就会自毁长城。这不是危言耸听，苏联党亡国破就是活生生的例子，咱们中国、中华民族经不起这样的折腾。唯有把党管好、把国治好，中华民族才有伟大复兴的前途。当前反腐败是否坚决、是否彻底成为党取信于民的关键标志，直接关乎着国家的发展进度、党的执政生命，以及老百姓切实利益。把反腐败斗争和廉政建设作为党建工作的重中之重十分必要、非比寻常。

两年来的反腐风暴，在治标问题上已经取得了明显的效果，下一步除了继续对腐败分子穷追猛打外，还要在治本上找到更有效的措施。从长远来看，关键还是要建立起有效的管理制度和机制，使每一个掌握一定权力的领导干部、公务人员都能自觉地遵守法律法规和党纪国法，真正地树立起为人民服务的宗旨意识和公仆意识，忠于党、忠于国家、

忠于人民。必须既重视完善制度、严格执行制度，又强化文化引领、净化风气，重点在建立健全体制机制上下功夫。习近平同志指出：在全面深化改革的进程中，健全和完善党内监督、民主监督、法律监督和舆论监督体系，强化对权力运行的制约和监督，形成不敢腐的惩戒机制、不能腐的防范机制、不易腐的保障机制，铲除腐败现象滋生蔓延的土壤。习近平同志的系列讲话为加强党的反腐倡廉建设指明了方向。

四、周永康案警示人们：遵纪守法人人有责

反腐败是一个长期的斗争，它更需要社会的每一个人的参与。有的人认为反腐败是官员的事，跟自己没有关系。其实，腐败有深刻的思想根源和社会根基。在中国社会中还遗留着许多封建社会、资本主义社会的残余思想，多多少少存在于每个人的思想意识和观念当中。如果人们不注意"去其糟粕"，一些不健康的思想就会成为人们行动的主宰，成为腐败滋生的土壤。比如，现实生活中，有些人一方面谴责腐败行为，一方面期待自己也能有更多谋取利益的权力和机会，一旦有机会，这些人就会毫不犹豫地加以利用，成为贪腐的成员或者帮凶。一些人办事不喜欢走正常程序而喜欢找熟人、拉关系、通路子等，这些虽然不一定够上腐败，但也是腐败的前兆。许多的腐败分子正是这样走向贪腐道路的。

无论是"苍蝇"还是"老虎"，都是信念丧失、私欲膨胀的结果。周永康被立案审查后，《人民日报》连发三篇社论，其中写道："在社会主义中国，不存在制度笼子之外的权力，也决不允许有党纪国法之外的党员。""谁都不要心存侥幸，计算'不出事'的概率；谁都不能藐视法纪，存有进了保险箱的幻觉。"有句电影名言："出来混总是要还的。"周永康的案件说明，无论曾经是多么高贵的名门望族，无论是多么的官位显赫，只要触及腐败，必然会受到法律的惩罚。"不是不报，时候未到"，任何人都不要对腐败行为抱侥幸心理。每一个人都有必要以周永康为鉴，加强思想修养，多用马克思主义的世界观、人生观武装自己，多用党纪国法约束自己。领导干部要牢记自己肩上的责任，不要辜负党的信任和托付，共产党员要争做优秀的党员，不要忘记自己的誓言，即使是普通

老百姓也要坚守遵纪守法的底线，不要见利忘义、以身试法。只有这样，才能营造一个风清气正的良好社会氛围和环境，共同为追寻中华民族伟大复兴的中国梦贡献力量。

多管齐下，铲除邪教

——从 2014 年 5 月 28 日招远麦当劳血案谈起

▶ 王华英

生命是可贵的，但当生命被冠以所谓"邪灵""恶魔"而遭肆意践踏时，践踏者必须遭受社会谴责、法律惩罚，全社会必须构筑天罗地网令践踏者无容身之地。

一、案件经过

2014 年 5 月 28 日 21 时左右，山东省招远市一麦当劳快餐店内发生一起命案。为发展邪教组织成员，"全能神"教成员向一陌生就餐者索要电话号码，遭拒后，邪教组织成员张帆、张立东、吕迎春、张航、张巧联等对之进行殴打，导致被害者死亡。警方迅速出动，将 6 名嫌疑人抓捕。烟台中院 8 月 21 日上午 8 时公开开庭审理被告人张帆、张立冬、吕迎春、张航、张巧联故意杀人，被告人吕迎春、张帆、张立冬利用邪教组织破坏法律实施一案。张帆、张立东、吕迎春三人均不认罪，其余两人认罪。法院将择期宣判。这是一起严重的邪教危害人民生命安全、破坏社会秩序的案件，社会影响极为恶劣。

二、各方反应

案发后，多方表达了对凶手的愤慨，对围观者冷漠的失望、对公安机关秉公执法的呼吁，公安机关对此也进行了呼应。

央视著名主持人水均益说："看了视频，太残暴了！这 TM 还是人吗？"

360董事长周鸿祎说："现场那么多人袖手旁观，为什么无一人是血性男儿出手制止，为什么能看着一个无辜的女孩被活活打死？打人的是什么来路为什么如此凶残？这不是口角打架而是故意杀人，强烈呼吁司法机关严惩这魔鬼一家人！"

三农学者、管理学博士陈里认为，这个事件必须引起高度重视，尽快弄清事实真相。

《环球时报》官方微博发微称："@山东公安，网民叫你！前日山东招远发生残暴杀人案，6名凶徒竟将一无辜女子围殴致死，只因她拒绝给这群陌生人电话号码！舆论哗然，但招远公安发出的通稿并未回答网友质疑；上级"@山东公安"更是一直沉默。作为人民政府部门，你们有职责尽快回复网友，微博是用来互动的，不是用来刷闲篇通稿的！"

《青岛晚报》官方微博转微发评称，建议招远市政府、公安局连夜加班彻查真相，回应公众关切，抚平群体情绪！关键是排除一切干扰，严格依法办事。

公安部治安管理局、公安部"打四黑除四害"专项行动办公室在官方微博通报"山东招远故意杀人案"时指出，当地警方已开展打击邪教专项行动。随后，再次发微博表示，邪教通过制造散布迷信邪说发展、控制成员，残害人们肉体，不择手段敛取钱财。他们往往打着拯救人类的幌子，但无论如何掩盖不了其反人类、反社会的狰狞面目。当今社会，邪教仍有其生存土壤，全世界邪教组织数以万计。中国警方将一如既往依法严厉打击邪教违法犯罪活动，绝不手软！

麦当劳（中国）有限公司就招远事件发布微博，深表痛心，对事件中遇难的受害者表示沉痛哀悼，并对因上前阻止而受伤的员工深表关切。

三、认清邪教的本质

"全能神"教编造"世界末日"等邪说，把自己打扮成"救世主"，向成员吹嘘"治百病，保平安"，要求成员纳财"奉献"。他们采用坑蒙拐骗的手段危害信众，并用特定方式发布指令，在一定地区扰乱社会治安、危害社会，具有邪教的典型特征。

（一）邪、恶的本质

"全能神"教公然残害生命，从事非法活动，内部成员绝对服从邪教头目，严禁脱离背叛邪教组织，教义荒诞不经，曾在多地散布宣扬"世界末日"等谣言邪说，制造多起惨案和引起社会恐慌。1998 年 10 月 30 日至 11 月 10 日，河南唐河县"全能神""护法"在短短 12 天内，接连制造了多起抢劫、殴打事件，受害人被打断四肢、割去耳朵。2012 年 12 月发生在河南光山的校园伤害案，犯罪嫌疑人闵拥军受同村一"全能神"信徒影响，闯入校园，砍伤 23 名小学生。招远事件再次暴露了"全能神"的邪教本质。正如全国政协委员、宗教问题专家王树理所讲，邪教跟宗教没有任何关系，它偏离人性，背离人性，是反人类的、也是反宗教的。

（二）破坏力极大，影响极为恶劣

招远案中，被害人家属心理矛盾，一方面希望严惩犯罪分子，另一方面忧虑和担心邪教其他成员报复。这体现了邪教不仅在其内部具有威慑力，还在广大群众中具有相当大的破坏力。

（三）软硬兼施，精神控制

在被访及庭审过程中，被告张帆的话让人难以理解。受邪教的精神控制，她痴迷于邪教的歪理邪说，不能自拔。邪教组织软、硬结合，威胁、利诱结合，首先将民众蛊惑为信众，接着，加入"全能神"教的信徒要发毒誓，不能背叛，并建立了等级森严的组织机构。

（四）违背社会伦理道德

"全能神"教践踏亲情、友情、爱情。从涉案的六名邪教成员看，女儿张帆、张帆的朋友吕迎春属于邪教组织上级，其余四人包括张帆父亲张立冬是下级。张帆自认为是"神长子"，虽受父供养，但父亲要绝对听从其指挥。严格遵从等级森严的教会规矩，下级完全服从上级。对于不同信仰的母亲，张帆视之为"恶魔"，鼓动家人疏远她，甚至扬言杀害她。这类视亲人为"恶魔"并用残忍手段"驱魔"的例子在邪教组织中屡见不鲜。正如中国人民公安大学教授武伯欣所讲，邪教组织成员被邪教操纵，没有一点负罪感，把人类最起码的道德、伦理、负罪感都丢掉了。

四、铲除邪教是一项系统的社会工程

铲除邪教必须深挖其产生的土壤。邪教的产生既有历史原因、外部原因，也有信仰者原因，还有邪教自身的原因。从社会历史看，中国传统文化中的糟粕包含了迷信巫术；从外部看，改革开放后的洋邪教乘虚而入；从信仰看，邪教信仰者法律道德意识、自控力、科学精神及宗教观等有待提高；从邪教本身看，由于其编造在世的教主代替神，具有很强的威慑力和欺骗性。因此，铲除邪教是一项系统的社会工程。

(一)区分宗教与邪教，树立正确的宗教观

邪教是反宗教的，民众必须擦亮眼睛，辨识宗教与邪教，切不可鱼目混珠，误入邪教歧途。宗教崇拜神，邪教崇拜教主，以利精神控制；宗教依法公开活动，有固定的宗教场所，邪教违背法律，活动隐秘；宗教有完整的教义、仪式、经典，邪教要么歪理邪说，要么教义自相矛盾；宗教与社会基本适应，推崇道德，遵守法律，劝人向善，维护社会和谐，邪教反社会，反人类，反政府，蔑视法律，蛊惑成员仇视社会，危害社会，甚至鼓吹、煽动推翻政府和现行体制；宗教禁止接受信徒奉献，邪教敛财无所不用其极。因此，应多渠道、全方位向民众普及反邪教宣传材料，组织民众学习、观看，揭批邪教本质，宣传识别和防范邪教的方法，增强邪教的识别抵制能力，帮助民众树立正确宗教观，自觉抵制邪教侵蚀。

(二)崇尚科学，发扬科学精神

洗脑和控制是"全能神"教从事非法活动的主要方式，活动范围主要在农村和城乡接合部，现已开始向城市延伸。他们用登门宣传、走街串巷、上街打横幅、发传单和利用扩音器等方式煽动人们入教。发展对象多为弱势群体，要么经济条件不好，被社会竞争淘汰，要么受其他村民排斥与打压，生活不顺畅，要么生活遭受重大挫折，无所适从。这些人科学素养不高，一旦误入邪教，便会奉献钱财，有工不做，有田不种，有家不归，导致家庭不和，甚至倾家荡产。因此，既要发展经济，提高人民生活质量，又要发扬科学精神，提高民众科学素养，让邪教无机可乘。

(三)树立法律的崇高地位

招远案中,邪教犯罪嫌疑人一直称被殴打者为恶魔,邪灵,且不考虑法律,不惧怕法律,表现了邪教组织成员法律意识淡漠,漠视法律的现状。当个人置法律于不顾、不屑甚至凌驾于法律之上时,其举动往往带来负面社会影响。因此,必须普及法律,在全社会树立法律至上的风气,让法律深入人心,让民众遵守法律,敬畏法律。

(四)各部门联合,全民行动,加大打击力度,消灭邪教于萌芽中

"全能神"教的上、下级单线联系,每条线路设一交通员,通过人力方式传递消息,且所有信徒都用编造的假名,隐蔽性极强。因此,各部门须联合起来,加大打击力度,拓展监控范围。全民须行动,举报邪教成员,营造共同抵制邪教的浓厚氛围,打造安全的生活环境,尽早彻底根除邪教。

总之,邪教骗取钱财,戕害生命,扰乱社会秩序,危害极大,必须铲除。铲除邪教是系统工程,需要各部门,全社会联合,需弘扬科学精神和人文精神,需文化、法律、科学、社区、家庭全方位参与。唯有此,邪教才能在当代中国无法生存、无处遁形。

黑龙江杀警越狱案引发的几点思考

▶ 于希勇

美国电视剧《越狱》曾一度热播。近些年来，中国在多地上演了现实版的"越狱"。从当时的网络舆情来看，主要聚焦于逃犯如何早日归案，并对遇害的警察表示同情。但是，发生在 2014 年 9 月 2 日黑龙江延寿县公安局看守所的杀警越狱案，所体现出的舆情却复杂得多。

一、事件始末

事件发生在黑龙江延寿县公安局看守所。2014 年 9 月 2 日凌晨 4 点 19 分到 4 点 20 分之间，一名警察去"提审"犯人。但是，他并没有锁住监舍的门。然后，同一监舍的另外两名犯罪嫌疑人跟着出来了。后来，在民警办公室内，高玉伦突然勒住他的脖子，并与李海伟和王大民合力将其杀害。随后，三人不慌不忙地走出看守所的玻璃门。

哨兵见状，鸣枪示警。听到枪声，三人急忙向看守所西北方向窜逃。事后，警方在进出延寿周边道路设立了检查岗，整队的荷枪武警配备警犬对周边山林进行搜索。延寿辖区和尚志境内基本处于全城戒严状态，警方在各主要街路布控巡逻。

2014 年 9 月 3 日、4 日，在武警官兵、公安干警和当地民众的合力围捕下，逃犯李海伟和王大民先后落网。9 月 11 日，在延寿县青川乡合福村西王家屯，最后一名逃犯高玉伦落网。

2014 年 9 月 5 日，哈尔滨市人民检察院对延寿县看守所所长张阁群、副所长范德延立案侦查。近日，检察机关以延寿县公安局副局长张秀利涉嫌玩忽职守犯罪对其立案侦查。

二、各种评论

截至成文时,在百度搜索引擎中,以"黑龙江越狱"为关键词搜索,显示有 335 万多条信息。

案件发生后几天,中央电视台《新闻1+1》栏目曝光了现场监控视频,并对其中一些细节进行了点评。例如,在凌晨"提审"时间不合适,监舍的门洞开不合程序,AB 门不合规定,看守所配备警察数量过少,等等。主持人白岩松讽刺道:"看"没有看住,"守"也没有守住,这是一个什么样的看守所呢?

也有专家认为,在一名嫌犯仍在逃的情况下公布此视频,会让其他罪犯产生侥幸心理。使他们误以为其他的监狱和看守所都存在管理不严的现象,不利于威慑罪犯。

据说是一名监狱警督的人的分析文章,在网络上被大量转载。该文章发出若干质疑:事发时其他警察在哪里?逃犯穿的警服从哪里来?重刑犯的手铐脚镣如何打开?逃犯如何逃脱层层关卡?等等。

法律学者、"网络大 V"王刚桥在"搜狐评论"中指出:"亡羊"之后,勿忘"补牢"。他认为,查漏补缺、启动问责是善后此次脱逃事件的必要工作。

杭州《都市快报》专稿则以"越狱,击穿的不是监狱高墙而是人性弱点"为主题进行了剖析:后半夜 4 点 40 分,看守人员容易犯困;看守所管理人员对越狱者事前的越狱心理、准备和动态都不掌握;等等。

中国人民公安大学 2006 级研究生吴广明在一篇网络文章里,概括了看守所在押人员脱逃案的几个特征:突发性、预谋性以及隐蔽性。文章指出,看守所在押人员的脱逃行为呈智能化状态:由过去简单的脱逃,转变为先赢得管教人员的信任,然后利用有利条件进行脱逃。

众多网友也发出了与主流媒体和专家相似的质疑,画出了一系列问号——三名重刑犯为何会被关押在同一监舍内?为什么民警和在押犯交谈如此亲密?为什么民警在带走第一名在押犯后没有锁上监舍的铁门?监舍外的铁门为什么没有民警把守?整个监区怎么只有一名值班民警?监控室里是否有人在监控?这名民警把在押犯带到值班室干什么?死刑犯是如何打开的脚镣?……

三、几点思考

综合观之,各方较少对遇害警察表示同情,较多关注逃犯落网情况,更多地则是对看守所未尽看守职责以及出现的各种制度漏洞,表达出各种各样的质疑与反讽,这值得我们深思。

(一)"热处理"也是一种舆情应对方式

著名媒体学学家麦克卢汉曾经做出一个论断:媒介即讯息。关于此次事件,《新晚报》新浪微博账号在9月2日9时33分率先进行报道,迅速受到舆论高度关注。此次"越狱"事件之所以出现舆情"一边倒"的现象,与现场监控视频的曝光不无关系。正是在视频曝光之后,一时间,监狱管理制度的漏洞成为众矢之的。

在以往的类似事件发生后,一部分地方政府部门以及媒体采取了"捂"的"冷处理"方式,也就是往往采取暂时不回应、不公开的拖延手法,试图等待公众转移视线来平息舆论。这种消极的舆情应对手法,我们称之为"冷处理"——通常也是舆情应对的饮鸩止渴之法。结果往往适得其反,导致谣言满天飞。而在此次事件发生后不到3天,中央电视台便曝光了黑龙江越狱杀警画面,可谓"热处理"。然而,正是这种"热处理"的方式,引发了众多网民以及评论人员的理性思考。舆论虽然对当地监狱管理部门抨击有加,但是政府的公信力却并未因此而减弱,整个执法队伍的形象反而提升。事件发生之后数日,媒体报道了相关人员停职、检察机关介入渎职犯罪调查、搜捕武警中秋荒山啃月饼等动态新闻。相当一部分网友跟帖道:"搜捕官兵太辛苦,中秋都过不好""检察机关介入速度很快,希望查案也一样迅速"等——这在相当程度上传播了"正能量"。

从事件的前期到后期,舆论的总体走势是理性的思考和反思。随着最后一名逃犯的落网以及对相关人员的查处,此次事件告一段落。而当初的信息公开,并没有导致我们常说的"火上浇油"。从本起舆情中我们也可以看到,网民的质疑之声并未扩散到其他部门、其他领域,这在类似的负面新闻中较为罕见。而积极应对网络舆情,相当于忍痛挥刀将"坏死组织"切割出来。这虽然会导致"坏死组织"短期内遭到相当高的关注度，甚至引发大量的负面言论。但是从长期来看，不会留下以讹传讹等隐患，甚至收到"起死回生"之效果。在某种意义上，相关部门以及主流媒体进行了一场精彩的舆情应对，对网络时代的舆情引导具有借鉴意义。

（二）舆论监督是生动的公民实践

此次黑龙江延寿县看守所"越狱"事件的舆情进一步表明：网民即人民，网络的力量深存在于民众之中。在此次事件中，有的网友冷嘲热讽，更多的网友进行了理性反思，还有一些网友提出了一些对策建议。而众多议论的焦点，指向了警惕制度性麻痹及完善制度层面。诸多网友将此次"越狱"事件与影视剧《越狱》进行比对，指出被关押人员之所以能够突破铁网高墙，总有偶然中的必然。

推而广之，此次事件与近些年来"越狱"事件叠加在一起，引发了加强监狱、看守所等执法机关制度建设的强大呼声。在2009年呼和浩特越狱案中，监狱就被指存在管理漏洞。此次"越狱"事件中，看守所的层层防线悉数"失守"也令人费解。对于监所而言，其安全性固然依赖于墙、门、网等硬件设备及以安防系统和信息管理系统为主的软件系统，更有赖于运转上述设备和系统的制度。相关舆论正确地指出，我们似乎越来越注重软硬件的建设，而忽视了制度的建设。在此意义上，"越狱"击穿的往往不是高墙，而是制度。

孟子曰："徒善不足以为政，徒法不足以自行。"制度由人而立，再好的制度也要由具有美德的人去执行。当然，不完美的人不可能创造完美的制度，监管制度也是如此。但是，我们却可以通过制度创立、遵守及监督等实践，让制度趋于完美。而媒体、网民及专家学者对此次事件的关注与点评，发挥着舆论监督的功能，上演着一场生动的公民参与实践。这种实践，不仅有助于提高执法机关的工作效能，也对相关部门完善制度形成了必要的压力，更有助于公权力机关集思广益、破解制度性难题。

（三）法治中国，看守所有责

孔子在《论语·季氏将伐颛臾》中追问道："虎兕出于柙，龟玉毁于椟中,是谁之过与?"他的结论是:"吾恐季孙之忧,不在颛臾,而在萧墙之内也。""祸起萧墙",责任不在"萧墙",而在把守"萧墙"的人,"萧墙"之内的人。在"躲猫猫"事件发生后,犯罪嫌疑人的权利引发舆论广泛关注。而他们的人权之所以遭到侵犯,在于"牢头狱霸"对法制的践踏。而如今,在"越狱"事件屡屡发生后,相关责任人对犯罪嫌疑人似乎太"宽容"了,导致"虎兕出于柙"。前者为"过",后者"不及"。如何达致两者之间的平衡状态?答案只能是:法治。

法治关乎治理能力,关乎制度改革与完善。习近平在谈到法治时,将其与推进国家治理体系和治理能力现代化结合在一起进行思考。他指出:要适应时代变化,既改革不适应实践发展要求的体制机制、法律法规,又不断构建新的体制机制、法律法规,使各方面制度更加科学、更加完善,实现党、国家、社会各项事务治理制度化、规范化、程序化。要更加注重治理能力建设,增强按制度办事、依法办事意识,善于运用制度和法律治理国家,把各方面制度优势转化为管理国家的效能,提高党科学执政、民主执政、依法执政水平。

因此,只有落实法治,才能既确保犯罪嫌疑人的权利,又能督促相关人员履行职责;才能确保相关人员按程序办事,按规范操作,按法律执行。在此意义上,看守所的窗口,是法治落实的"窗口";通往"法治中国"之门,必须守护好看守所的大门。

中国特色社会主义政治建设

事后追责与平时尽责

——高楼扔砖砸死准新娘事件的思考

▶金　兵

一、事件回顾及社会反应

2014年9月中旬，一起特殊的高空抛物致死案件在江苏省江阴市开庭审理。在这起案件中，一名22岁的年轻女子经过该市璜土镇桃花源小区一幢高楼时，被顶楼扔下的砖块击中头部，当场身亡。不幸遇害的女子——王某事发前两个月刚办过喜宴（尚未来得及领证），是一位准新娘。抛砖肇事者——小明和小亮竟然是当地小学二年级年仅8岁的男孩。事发时，两个贪玩的孩子爬上24层楼的天台，把上面堆放的杂物往楼下扔着玩。女同事骑电动车载着王某路过该小区时，祸从天降，王某被扔下的砖块砸中身亡。事发后，死者家属将肇事的孩子及其监护人，还有小区物业公司一起告上了法庭。庭审中，被告小亮的父亲坚称，孩子应该是受到玩伴的诱导，才会做出如此荒唐的行为。被告小明一方则认为，警方的笔录已经证明不是小明扔的石头砸中死者，所以自己不用承担赔偿责任。小亮的代理律师说，物业公司没有及时清理楼顶砖块等杂物，给孩子实施危险行为提供了方便；两个孩子扔东西有较长一段时间，物业公司如果早点从监控里发现孩子的行为，那么悲剧就能避免。而物业公司则认为自己不存在过错，被告小明的爸爸在小区经营超市，孩子可以随意进出小区；楼顶堆放砖头，只是为了方便住户安装太阳能热水器，并无不妥。三方各执一词，相互推卸责任。

案件开庭后，江苏城市频道、《扬子晚报》等媒体进行了报道，相关的案情也随之引起了社会的广泛关注。社会讨论的热点主要集中于两个问题:一个是在此事件中未成年人该不该被追究责任,另一个是家长和物业公司谁该承担主要责任。对于第一个问题,一些人觉得应该追究肇事男孩的责任,如凤凰网上叫"风清V"的网友说:"凭什么就因为你孩子小,就不负责任呢,强烈要求法律制裁。"也有许多人认为未成年不应该被追究责任,如网易一名西宁网友在帖中说道:"逝者如斯,不要打扰孩子,无心之失,不要让幼小的心灵再背上终生的恐惧与仇恨。"比较而言,大家对于第二个问题争论得则更加激烈。许多网友认为孩子家长应被追究主要责任,新浪网一名合肥的网友说道:"熊孩子,孩子犯了错……监管不力就是家长的责任。"搜狐网一名上海网友说道:"见过不少这样的熊孩子,很大程度上是因为缺乏家教。"而一名网易上海的网友甚至评论道:"子不教父之过,应该让他爹妈去蹲(坐)牢。"同时,也有一部分人认为在该事件中物业公司应负主要责任,如新浪网一名无锡网友认为:"物业要承担主责,因为楼顶的石块是哪来的?楼顶的消防门是要人管的,谁管?同样是物业管。这不就简单了吗?物业要承担责任的 90%!"

国内知名的青少年心理教育网站——重庆心灵家园指出:"'熊孩子'在不少孩子身上带有一定程度的普遍性,它的形成也不是偶然的,多数情况下是儿童心理特点和父母教养方式同时作用的结果。"江苏城市频道在报道此事时也无奈地指出:"说起高空坠物伤人伤物的事件屡见不鲜。"

二、应有的思考

当下,网络上网民争论的两个焦点问题,从本质上来看,还是怎样追责的问题。笔者认为,与事后"追责"同样重要的,还有一个平时"尽责"的问题。近些年来,在建筑用地供应量有限、建筑技术提高的背景下,城市里的楼房是越盖越高,高楼抛物伤人、死人的事件频发。2007年8月21日,南充顺庆区团结小区3个年龄最大才6岁的小孩,在楼顶玩耍时扔下一水泥块,将楼下正在打扫卫生的70多岁老人砸伤,造成老人左前臂粉碎性骨折。2009年4月18日,广州海珠区东风村马基大街一名12岁的男孩在天台上与6岁的堂弟及1岁半的亲弟弟玩耍时将半块红砖扔下楼,一妇女抱着三个月大的女儿经过时,怀中女婴被从高空飞坠而下的红砖砸中头部死亡。2012年11月11日,四川隆昌某小区三个在楼顶玩耍的小孩将一块砖头抛下,砸中正在楼下玩耍的另一个孩子小宇,致其脑部受伤……将前述这些事件联系起来看,这次发生的江苏省江阴市高楼扔砖砸死准新娘事件,并非是孤立的个案。笔者认为,每次事件发生后的"追责"固然必要,但平时社会各方如何"尽责"的问题同样不可忽视。事发后追究责任、惩罚肇事者固然必要,但社会各方如果在平时就能尽到自己的职责,防患于未然,岂不更好。

家长平时在子女安全教育方面需要尽到责任。在我国计划生育政策的大背景下,由于家庭中子女数量的有限,大部分家长在疼爱孩子的同时,较之以往也更重视对孩子的安全教育。但问题是,目前多数家长对孩子的安全教育仅仅是"自我避险"式的。这种"自我避险"式的安全教育,主要是让孩子防范可能对自身造成伤害的潜在危险。相对而言,家长对于孩子可能做出的危害他人、危害社会的另一种"危险"则重视不够,平时的教育及提醒也相对欠缺。家长平时在子女安全教育方面需要多尽一些责任。这种责任不仅要让孩子"自我避险",还要让孩子"防害社会"。家长不仅要教未成年人怎样认识有可能危害自身的危险,还应该教未成年人认识有可能危害社会的危险;不仅要教未成年保护自己,还应该教未成年人防止自己的行为危害别人。

物业部门平时在小区安全管理方面需要尽到责任。在这次江苏省江阴市准新娘被高空抛物砸死的事件中,两个男孩能有机会爬到住宅楼的顶层,说明小区物业公司并不是每幢楼都锁好了楼道通往天台的门。而如果物业公司平时能够及时清理天台上的杂物,两个男孩也没有可利用的杂物向楼下扔。20世纪90年代后期以来,我国在推动商品房建设的过程中,引入了社会化物业管理的理念。这是我国住宅小区管理的一大进步。但就现状来看,我国各地小区物业管理水平参差不齐。许多城市小区的物业公司还把自己的职能定位于"保洁式""看门式"的较低层次上。在安全管理上,许多小区物业公司的注意力集中于防盗方面,对其他安全问题预见性不足。物业公司平时在小区管理方面需要多尽一些责任。在安全管理上,物业公司需要开阔视野,认识安全问题的多样性;需要防微杜渐,注意排查安全隐患并及时加以整改,以真正让业主放心、让住户放心、让社会放心。

另外,在高空抛物问题上,需要尽到责任的又岂止是家长和物业公司。避免高空抛物伤人,学校不需要尽到教育上的责任吗?如果学校在灌输知识之外,能够加强安全教育;如果学校的安全教育中,能够在上学时不要乱穿马路、校园里不要追逐打闹等传统内容基础上,融入高层建筑上不要向外乱抛东西等城市现代化发展过程中的新内容,是否就能够少一些惹是生非的"熊孩子"。避免高空抛物伤人,社区组织不需要尽到责任吗?如果社区组织在卫生检查、计划生育等传统项目之外,能够加强安全宣教;在安全宣教方面,能够经常搞一些避免高空抛物伤人的专题活动,是否能对家长、儿童、物业公司起到警示作用,是否也会减少一些惹是生非的"熊孩子"。答案应该是肯定的。

还需要指出的是,近些年发生的高空抛物伤人的肇事者又岂止是无知的儿童。成年人由于社会责任感缺乏而高层抛物的事件也不在少数。虽然成年人较多的是为了偷懒而向楼下乱扔垃圾,污染了环境,但也曾发生过高空抛物而致人死亡的事件。2013 年 11 月,连云港市连云区日出东方小区就曾发生工人在为住户装修时,在 16 层楼顶收取晾晒的衣服,随手将两块红砖抛向楼下砸中路人,致路人范某因开放性颅脑损伤而死亡的事件。这样,即使是成年人也同样要增强社会责任感、约束相关的危险行为。笔者认为,如果每个人都能够增强社会责任感,对社会尽到自己应尽的责任,小则自我约束、大则监督他人,那么社会上的安全事故一定会大大减少。

当然,社会各界要负起责任来,一方面我们要自觉提高自身的责任意识,另一方面也要建立相关制度,用制度倒逼的方式推动各界责任意识的提高。高楼扔砖砸死准新娘事件是一出悲剧,我们在事后追责的同时,必须要加强反省,社会各界在平时就要尽到相关的责任,这样才能避免类似悲剧的再度发生。

党的十八届四中全会亮点解读

▶ 崔华前

改革开放以来，中国共产党一贯高度重视法治。党的十八大进一步强调，要更加注重发挥法治在国家治理和社会管理中的重要作用。现在，全面建成小康社会进入决定性阶段，改革进入攻坚期和深水区。中国共产党面对的改革发展稳定任务之重前所未有、矛盾风险挑战之多前所未有，依法治国在党和国家工作全局中的地位更加突出、作用更加重大。为此，2014年1月，中共中央政治局决定，党的十八届四中全会重点研究全面推进依法治国问题。10月，党的十八届四中全会审议通过了《中共中央关于全面推进依法治国若干重大问题的决定》（以下简称《决定》），提出了全面推进依法治国的总目标及其重大任务。

《决定》颁发后，引起了社会各界的关注和热议。

网友"Ivychen"说：公平正义有时候比财富更重要。法治能给每个人带来更加公平的机会，能让社会变得更加和谐、理性。

网友"默默＊_＊"说：公报的内容，字字真切，让人振奋。法治关乎国家治理更关乎百姓福祉，它与经济是紧密相连的。法治健全了，经济才能健康发展，百姓生活水平才会进一步提高！

网友"ln"说：没有规矩不成方圆。只有法治才能遏制权力的滥用，才能遏制和消除腐败，才能真正实现公平正义！

网友"李沁"说：在我们这样一个13亿人口大国，要实现政治清明、社会公平、民心稳定、长治久安，最根本的还是要靠法治。

网友"良心9999"说：全会提出，依法治国，重在落实，有了大的方向，有了好的政策只是第一步，落实才是关键，让老百姓看到党和政府言必信，行必果，才能够长治久安，社会稳定，人民幸福。

学者们也纷纷发表了自己的看法，中国社会科学院马克思主义研究院研究员金民卿指出，全会公报有 13 处强调"党的领导"，以前所未有的方式突出了党的领导地位。

武汉大学马克思主义学院教授梅荣政强调："突出党的领导反映了中国特色社会主义事业发展的客观规律。"

清华大学马克思主义学院教授刘书林表示，"全面推进依法治国，是完善和发展社会主义制度，实现社会主义制度成熟定型的题中之义"，"全面推进依法治国，必须坚决拒斥几度炒作、不断泛起的'西方宪政民主'思潮"。

复旦大学国际关系与公共事务学院教授苏长和认为，《决定》有利于牢固树立中国特色社会主义法治的道路自信。

可见，《决定》得到了社会各界的普遍认可、拥护与支持，但是也有人对《决定》能否得到真正的贯彻落实、如何贯彻落实《决定》等问题，仍存有一定的疑虑，因此，将党的十八届四中全会的亮点与精神实质进行系统的提炼，具有重大的理论意义与现实价值。

一、确立宪法实施监督与宣誓制度

宪法是国家的根本大法，凝聚了国家最重要的制度、人民最基本的权利，以及对国家机构的职能划分，维护宪法的权威性需要强有力的实施监督机制，但是在我国过去恰恰缺乏强有力的宪法实施监督制度。因此，党的十八届四中全会确立的宪法实施监督制度，对于维护宪法的权威性，非常必要、意义重大。中央党校党建部副主任张志明认为，全会提出的宪法实施监督制度的问题，即违宪了怎么办、谁来判定违宪、什么机构来管，必将进一步推动宪法的实施、更好地维护宪法权威。

宪法宣誓制度是世界上大多数有成文宪法的国家所采取的一种制度，在 142 个有成文宪法的国家中，规定相关国家公职人员必须宣誓拥护或效忠宪法的有 97 个。《决定》提出的"建立宪法宣誓制度"，规定凡经人大及其常委会选举或者决定任命的国家工作人员正式就职时公开向宪法宣誓，既是新提法，也是中国共产党践行依宪执政的承诺，同时也符合国际惯例。习近平在就《决定》所做的说明中，强调了"公职人员就职时向宪法宣誓，旨在通过仪式上的庄严感，让官员对宪法有敬畏之心,通过任职承诺增强其宪法意识、维护宪法权威"。

二、建立重大决策终身责任追究制度及责任倒查机制

我国过去不时出现决策失误和失误以后无人负责的情况,给党和国家、老百姓带来损失,各方权利得不到保障,说明行政决策中存在一些问题。这与行政官员决策的能力有关,更重要的是缺乏一套保障科学决策的法律机制。由于我国法律条文存在着不完善的方面,因此,全会提出依法决策的五个程序、重大决策合法性审查机制、终身责任追究制度及责任倒查机制等内容,有助于在行政管理活动中树立法治思维,可以有力地规范行政决策行为。中共中央党校中共党史教研部主任谢春涛认为,建立重大决策终身责任追究制度及责任倒查机制,将促使各级政府和领导干部谨慎决策,提高科学决策的水平。清华大学法学院公法研究中心主任余凌云认为,这意味着,如果滥用决策权或失职渎职导致重大决策失误,决策者都要对错误决策付出代价,这体现出重大决策有法可依、依法追责的思路。

三、确立依法独立公正行使审判权和检察权的制度

为了确保审判机关与检察机关依法独立公正行使审判权和检察权,党的十八届四中全会建立领导干部干预司法活动、插手具体案件处理的记录、通报和责任追究制度,实行办案质量终身负责制和错案责任倒查问责制,这将有利于司法人员依法独立公正行使审判权和检察权,减少司法不公和司法腐败现象。中央党校教授林喆认为,对案件终身负责,会给司法人员带来很大压力,所以审判时会更加谨慎、小心,避免冤假错案的发生。

四、积极推行政府法律顾问制度

长期以来,政府决策在合法性审查方面是有所欠缺的,因为很多公务员并不懂法律,因此在决策时,就有可能做出一些违反法律规定的错

误决定。《决定》提出"积极推行政府法律顾问制度"，就是为了充分发挥法律顾问在制定重大行政决策、推进依法行政中的积极作用，使政府在决策时更加科学、合法，从制度上保证决策的合法性。中国社会科学院法学研究所副研究员支振锋说："四中全会特别强调了政府重大决策的法律程序，在决策环节引入政府法律顾问，就是为了保证依法决策、依法行政。"

五、建立法官、检察官逐级遴选制度

我国法律职业人群的素质在整体上还是有所欠缺的，从而影响了他们在执法和司法过程当中的水平。针对这种状况，《决定》提出，建立法官、检察官逐级遴选制度，并明确，"初任法官、检察官由高级人民法院、省级人民检察院统一招录，一律在基层法院、检察院任职。上级人民法院、人民检察院的法官、检察官一般从下一级人民法院、人民检察院的优秀法官、检察官中遴选"这一制度，有利于保证立法工作者、法官、检察官的质量，进而提高立法、司法工作的质量和水平。

六、确立政法委员会必须长期坚持的原则

一直以来，政法委的工作范畴没有清晰界定，一些基层政法委在协调办案的名义下插手案件办理，从而影响了司法独立。为了规范厘清政法委职能、明确"依法治国"与"党的领导"之间的关系，《决定》指出，加强和改进党对全面推进依法治国的领导，并强调"政法委员会是党委领导政法工作的组织形式，必须长期坚持"。《决定》提出，各级党委政法委员会要把工作着力点放在把握政治方向、协调各方职能、统筹政法工作、建设政法队伍、督促依法履职、创造公正司法环境上，带头依法办事，保障宪法法律正确统一实施。这些规定，具有现实针对性。

除了上述亮点外，全会的亮点还有很多，如探索委托第三方起草法律法规草案、对重要条款单独表决、编纂民法典、首次关注重大决策久拖不决、变立案审查制为立案登记制、把法治建设纳入政绩考核、设立巡回法庭与跨区划法检两院等。

"猎狐2014":反腐追逃重拳出击

▶ 杜利平

2014年7月22日公安部网站消息:公安部召开电视电话会议,部署全国公安机关集中开展"猎狐2014"缉捕在逃境外经济犯罪嫌疑人专项行动。力度之大前所未有的中国境外反腐追逃追赃风暴由此掀起。

一、"猎狐2014"100天,阶段性成果不断扩大

法制网8月13日消息:"猎狐2014"行动20天缉捕18人,两名重大经济犯罪嫌疑人被成功劝返。

华商网9月21日消息:"猎狐2014"行动两个月来,公安部协调国际刑警组织发布红色通报28个,先后派出境外缉捕行动组32个,从40多个国家和地区抓获在逃境外经济犯罪嫌疑人88名,其中10年以上逃犯11名,超过去年全年抓获在逃境外经济犯罪嫌疑人总数的一半。

《深圳特区报》10月22日报道,截至10月10日,"猎狐2014"行动先后从40余个国家和地区抓获在逃经济犯罪嫌疑人128名,已终结不少犯罪嫌疑人的潜逃之路。

10月22日央视《新闻1+1》报道,公安部海外追逃3个月拘捕155人,4成为主动自首。

11月3日《人民日报》报道,截至10月29日,"猎狐2014"专项行动开展100天,已从40余个国家和地区缉捕在逃经济犯罪嫌疑人180名。其中,缉捕104名,劝返76名,涉案金额千万元以上的44名,缉捕数已超过去年全年总数。专项行动开展以来,派出的40余个境外缉

组,逐人逐案重点突破,无一失手。

"猎狐2014"专项行动开展100天,法网恢恢,利剑出鞘,所向披靡,成效显著。

二、中央加大国际追逃力度,助推 "猎狐2014"取得更大成果

2008年以来,全国公安机关持续开展缉捕外逃经济犯罪嫌疑人工作,先后从54个国家和地区成功将730余名重大经济犯罪嫌疑人缉捕回国。2013年,公安部针对东南亚地区部署了第一次集中的"猎狐行动"。经过40多天的前期工作,收网时只用了10天,就带回10名在逃犯罪嫌疑人。

2014年以来,中央多次召开会议,布置国际追逃追赃相关工作,不断加大国际追逃追赃力度。

1月,中共中央政治局常委、中央纪委书记王岐山在十八届中央纪委三次全会上明确提出,强化与有关国家、地区的司法协助和执法合作,加大国际追逃追赃力度,决不让腐败分子逍遥法外。

3月,最高人民检察院下发《关于进一步加强追逃追赃工作的通知》,强调无论犯罪嫌疑人逃到哪里,也无论逃了多长时间,检察机关都要坚持不懈地将他们缉捕归案,决不允许任何人逍遥法外。

3月中旬,中央纪委公布的内部机构调整中,将外事局与预防腐败室整合为国际合作局,进一步加强国际追逃追赃的协同配合。

5月,中纪委会同最高法、最高检、公安部、安全部、外交部、央行等部门召开中央国家机关有关部门国际追逃追赃工作座谈会。中央纪委副书记、监察部部长黄树贤强调,努力营造有利于国际追逃追赃的氛围,让外逃贪官无处遁形。

7月25日,最高人民检察院公布的数据显示,2014年前半年,全国检察机关通过加强反腐败国际司法合作,运用劝返、引渡、移民遣返、执法合作等措施,共抓获潜逃境内外贪污贿赂犯罪嫌疑人320名。与此同时,中国公安部启动"猎狐2014"行动。

10月,黄树贤首次以"中央反腐败协调小组国际追逃追赃工作办

公室负责人"的身份亮相。作为办事机构的国际追逃追赃工作办公室，将由中央纪委国际合作局承担具体工作。

据悉，下一步，中国将通过建立动态的外逃人员数据库、加强国际反腐败执法合作等方式压缩外逃官员的生存空间。

三、"猎狐 2014"备受关注和好评

"猎狐 2014"雷厉风行、步步深入、节节奏凯，彰显了党中央反腐追逃追赃的坚定决心和治国能力，赢得了社会各界和广大群众的一致赞誉。通过以下几位网友的博文和言论，可以直接感受到百姓的关注、期待和赞许。

网友"新疆竹子"发表博文《猎狐 2014 引发的思考》说：过去的 6 年半 78 个月，一个月缉捕的外逃贪官和经济犯罪分子平均不到 10 人，而今年开展专项活动以来，一个月平均缉捕 44 人，是过去的 4 倍多。这个成绩的确让人喜悦。但相对 3 万至 5 万之多的外逃贪官和经济犯罪分子来说，"猎狐 2014"专项行动只有 6 个月，最多缉捕数不到外逃数的百分之一。从"猎狐 2014"专项行动的时间界限看，这是突击性的一项运动，希望这种缉捕行动制度化和常规化。要充分发挥我国与有关国家和地区广泛建立执法安全合作机制的优势，深化国际警务合作，对外逃嫌疑人较多的国家和地区，适时组织集中缉捕。

网友"王业美"赋诗一首，《赞"猎狐 2014"》：追逃风暴起，打虎又猎狐。贪官躲海外，环球大搜捕。惶如丧家犬，急似屠场猪。早知有今日，何必恋当初。

网友"阿诚_50627"发表博文《海外追逃贪官 4 成主动自首令人振奋》说：央视报道的《公安部海外追逃 3 个月拘捕 155 人 4 成主动自首》这一消息令人振奋。首先是海外追逃初见成效。其次，铁拳反腐震撼外逃贪官。3 个月拘捕 155 人，有 4 成是主动自首，这 4 成，虽还不到一半，但更令人欣喜。要是在多年前，这如同做梦想都不敢想。再次，使反腐有了连锁效应。

网友"狗狗飞了"说：猎狐的此次行动效果极好！有效地彰显了法律的威严！

网友"熊怪嘎嘎"说：不错不错，干得漂亮，尽量把所有贪官都抓回来，没收其财产，收缴国库，用于国防建设！

网友"ip"跟帖说：猎狐2014行动非常好，中央好给力啊。行动100天抓获嫌疑人180名，大快人心的消息啊！"跑到国外就没事了"这是一些贪腐分子的幻想。某一个贪腐分子外逃成功，这是很坏的"示范"。不把"外逃幻想"打碎，反腐就不能进行下去。猎狐行动就是杜绝"退路"。加强对外逃贪官的国际追捕只是一个补救措施，要想法让贪官无法出逃才是关键。

四、"猎狐"任重道远未有穷期

"猎狐2014"已经取得重大成果，但"猎狐"是防腐反腐和依法治国的重要组成部分，任重道远、未有穷期，需要做到以下几个方面。

（一）确立反腐追逃战略理念

缉捕在逃境外经济犯罪嫌疑人，事关国家法律尊严，事关社会公平正义，事关人民群众利益。"猎狐2014"只是反腐追逃的阶段性战役，反腐追逃不可能毕其功于一役。执法执纪部门要认真贯彻落实党的十八届四中全会精神，进一步增强战略意识和全局观念，以更加坚决的态度、更加果断的行动、更加务实的作风，切实将"猎狐2014"专项行动持续向纵深推进。将海外缉捕常规化、制度化，对腐败分子和外逃者形成强大的心灵震慑，打消其侥幸心理。

（二）形成反腐追逃整体合力

加强反腐败国际合作，加大海外追赃追逃、遣返引渡力度。相关职能部门要明确追逃缉捕重点，加强协同配合，针对当前打击经济犯罪工作出现的新情况、新特点，进一步改进措施、堵塞漏洞，建立健全防逃控逃追逃工作长效机制。综合运用引渡、遣返、异地起诉、劝返等手段，尤其要把在逃嫌疑人家属的规劝工作真正做到位。

（三）广泛发动群众积极参与

要通过各类宣传载体，广泛深入发动群众，建立和落实有奖举报制度,对检举外逃嫌疑人线索、追逃控逃贡献特别突出的,由中央执法执纪部门直接奖励。

(四)提升工作队伍素质能力

反腐追逃意义重大、任务艰巨、情况复杂。需要建设一支具有全局意识和宽广视野,勇于责任担当,甘于牺牲奉献,善于沟通协作,能够突破案件的高素质工作队伍,为建立健全防逃控逃追逃工作长效机制提供组织和人才保障。

"猎狐2014"境外追逃追赃攻坚战,已经取得良好开局。但反腐追逃形势依然严峻复杂,思想和工作丝毫不容松懈。通过织密制度天网,从源头防止腐败的产生,构建一个官员不敢腐、不能腐、不想腐的体制机制,反腐追逃才能从治标走向治本。

全面推进依法治国：社会主义现代化的必由之路

▶ 张万杰

2014 年 11 月召开的十八届四中全会，在党的全会历史上首次以"依法治国"为主题，描绘出了建设法治中国的宏伟蓝图。四中全会通过了《中共中央关于全面推进依法治国若干重大问题的决定》，对立法、司法、执法等领域的重大问题做出了全面部署，这对中国的法治现代化进程必将产生重大而深远的影响。回顾三十多年来的法治建设进程，从"文化大革命"年代的"无法无天"到改革开放之初的"依法办事"，到1997 年党的十五大确立"依法治国"基本方略，再到本次四中全会明确提出"全面推进依法治国"，中国的法治进程在持续而有序地推进。从世界社会主义的历史实践和近代以来世界多国的现代化经验的角度来看，可以说，全面推进依法治国是实现社会主义现代化的必由之路、创新之路。

（一）社会主义国家法治建设的实践

第一个社会主义国家苏联建立后，在列宁时期曾初步构建起法制治理国家的框架。列宁在 1891 年获得彼得堡大学法律系最优等毕业学位，随即注册为律师助理，后来他又在西欧多个国家生活 15 年之久，在他领导执政时非常重视法治问题。1918 年 7 月举行了全俄苏维埃第五次代表大会，大会制定出俄罗斯苏维埃联邦社会主义共和国宪法，宣布"俄国为工兵农代表苏维埃共和国"，"俄罗斯共和国为俄国全体劳动者自由的社会主义社会"，国家"最高权力属于全俄苏维埃代表大会"。在列宁领导执政的 6 年期间，苏联还颁布了《婚姻法》《劳动法》《土地法》《民法》《刑法》《民事诉讼法》等法律，初步形成了较为完整的社会主义法律体系。这都为布尔什维克党依法执掌新生的工农政权提供了良好条件,通过依法执政,布尔什维克党在社会主义建设中取得过很大成就。

中华人民共和国成立后,我国的法制建设也很快起步。1949年第一届政协会议通过的《共同纲领》,起到了临时宪法的重要作用。1953年2月11日,中央人民政府委员会审议通过了《中华人民共和国全国人民代表大会及地方各级人民代表大会选举法》,3月1日,《选举法》颁布施行;该《选举法》的主要特点是选举权具有普遍性和平等性。1954年9月15日至28日,第一届全国人民代表大会第一次会议在北京举行。毛泽东致开幕词,刘少奇做了《关于中华人民共和国宪法草案的报告》。刘少奇指出:中华人民共和国宪法草案,是对100多年来中国人民革命斗争的历史经验的总结,也是对中国近代关于宪法问题的历史经验的总结,是我国人民利益和人民意志的产物。大会经过充分讨论,通过了《中华人民共和国宪法》《中华人民共和国全国人民代表大会组织法》《中华人民共和国国务院组织法》和人民法院、人民检察院、地方各级人民代表大会和地方各级人民委员会的组织法。毛泽东主持的中华人民共和国第一部宪法草案的起草,视野是历史的,也是世界的,参考了苏联和东欧人民民主国家立宪的经验,也注意吸取了西方资本主义国家宪法中一些值得借鉴的成果。它包括序言、总纲、国家机构、人民的基本权利和义务4章,共106条。至今,我国于1954年、1975年、1978年和1982年先后制定、颁布了四部宪法。

"文革"结束后,在拨乱反正期间,邓小平对社会主义法制的重要性有了更为深刻的认识,他讲道:"我们这个国家有几千年封建社会的历史,缺乏社会主义的民主和法制。现在我们要认真建立社会主义的民主制度和社会主义法制。只有这样,才能解决问题。"1978年12月,党的十一届三中全会在会议公报中明确提出,要"做到有法可依,有法必依,执法必严,违法必究","法律面前人人平等,不允许任何人有超越法律之上的特权"。1979年2月,全国人大常委会成立了法制委员会,专门负责研究、起草、修改法律草案,协调法律起草工作。同年7月的五届全国人大二次会议通过了《刑法》《刑事诉讼法》《中外合资经营企业法》《人民法院组织法》《人民检察院组织法》等七部法律。随后拉开了改革开放新时期大规模立法的序幕,很快重建了司法机关和司法系统,也重新理顺了执政党与司法机关的关系。1999 年 3 月 15 日,九届全国人大二次会议通过宪法修正案,正式把"中华人民共和国实行依法治国,建设社会主义法治国家"写入宪法。随着社会主义市场经济的不断发展,广大民众的权利观念愈益兴起,司法在维护公民和法人合法权益方面的作用也愈益彰显。改革开放以来,党的历任领导人都很重视法治建设,尤其现任领导人,在学缘结构上具备政治学和法学学科学术背景,将更有利于依法治国战略的全面推进。

越南在 20 世纪 80 年代中后期全面实行革新开放政策后,稳步推进了国家法治建设。越南执政党汲取了个人集权的历史教训,对国家权力配置进行了制约。其国家最高权力体制一般被称为"四驾马车"(党的总书记、国家主席、国会主席和政府总理分别由四个人担任),对党权、军权、立法权和行政权进行了分工与制约。这在世界社会主义运动发展史上,是对斯大林体制的改革,是对列宁体制的恢复与调整。越南国会的最高权力逐步得到强化,近年,国会代表审议法律草案时否决了不少条款,甚至也否决过由政府总理提出的高铁建设计划;国会代表有权就某一问题质询包括总理在内的任何一位政府成员,质询场面向全国直播。2012 年 11 月,越南国会通过法案规定,政府高级官员必须接受国会信任投票。越南的现行宪法是第四部宪法,于 1992 年 4 月15 日在八届国会第十一次会议上通过,它是越南 1946 年、1959 年、1980 年宪法的继承和发展,体现了越共七大提出的社会主义目标及国家实行全面革新的路线。2013 年 11 月底,越南十三届国会第六次会议以 97.59% 的赞成票正式通过了《1992 年宪法修正草案》,2014 年 1月 1 日正式生效。全面革新后,越南根据形势发展需要建立起新的法律秩序,完善法律体系,相继颁布了《刑法》《民法》《行政法》《经营法》《民间合同法》《劳动法》《保险法》《公司法》《私人企业法》《企业破产法》《银行法》《土地法》《投资法》等一系列重要法律、法规,力求通过法律来调整经济社会的关系,规范一切政治、经济组织和公民的行为。

(二)社会主义建设实践中的历史教训

社会主义建设实践历程中,也曾出现过法制缺失、严重破坏法治的惨痛教训。

苏联斯大林领导时期,苏共党内民主和苏维埃民主遭到破坏,法治出现严重问题。在 20 世纪 30 年代末的大清洗运动中,更是采用极端残酷手段消灭异己,使法治遭到严重破坏。正如毛泽东从赫鲁晓夫秘密报告中获知苏联大清洗运动状况后所说,"这样的事件在英、法、美这样的西方国家不可能发生"。所遗留下的体制问题,经赫鲁晓夫、勃列日涅夫、安德罗波夫、契尔年科、戈尔巴乔夫五任领导人三十多年执政,依然没有得到有效解决,最终苏联也没有能够通过法治途径重拾民心。苏联历史上虽然制定过四部宪法(1918、1924、1936 和 1977 年宪法),但是苏联并没有真正实现社会主义民主宪政、没有遵循宪法让人民享有社会主义自由、民主与法治。

中国在"文化大革命"时期大搞没有法制保障的"大民主"、严重破坏法治的教训也是异常深刻。"文革"期间,党和政府各级机构长期陷于瘫痪或不正常状态,全国人民代表大会停止活动达九年之久,中国人民政治协商会议长达十年没有召开。《中国共产党历史》第二卷(中央党史研究室编)这样讲道:"在长时期的动乱中,尤其是动乱最厉害的时候,作为人民民主专政柱石的人民解放军受到严重冲击,公安、检察、法院等机关被'彻底砸烂';本来不完善的民主和法制受到更加严重的破坏,蛮横批斗、私设公堂、刑讯逼供、随意逮捕、违法关押、任意抄家的现象极为普遍。"这样的惨重教训更应启迪我们对社会主义法治建设进行深入反思。

(三)世界多国现代化的普遍经验

从近代以来世界多国的现代化经验来看,建立起稳定的依法治国的制度并得以持续有效运作是各国实现现代化的必由之路。

英国和美国是世界上最早实现工业化的国家,其依法治国制度的确立在 19 世纪第二次产业革命时代真正保护了私有产权及企业家个人的决策自由权利,催生了大量的发明创造专利和高效率有活力的企业,极大地促进了国家经济持续快速发展、政治总体稳定及社会的良性发育。依法治国是它们在世界近代史上率先实现现代化的最重要制度保证。

而后,世界上追赶实现现代化的国家,最成功的是西欧、日本、韩国、新加坡诸国,其现代化历程也清楚地说明,法治是它们成功的基础要素。以新加坡为例,1965年独立初期的新加坡是一个殖民主义留下的烂摊子,政府主要抓住了三大法宝(法律、经济与教育),国家的法治建设居于首位。新加坡第一代领导核心中,李光耀是出身于英国剑桥大学法学院的特优生,并获执业律师资格,一直十分重视法治;吴庆瑞是毕业于伦敦经济学院的经济学博士,被誉为新加坡经济"奇迹"的主要设计师,是李光耀的得力助手。他们携手并团结了人民行动党的政治精英们,为创造一个政治稳定、经济繁荣的法治国家奠基。新加坡继承英式法治,把法律放在最高权威,任何个人或组织都不能凌驾于法律之上。崇尚"法律面前人人平等,法律之内人人自由,法律之外没有民主,法律之上没有权威"的法治精神,其法治模式将规制国家与规制社会兼顾起来。执政党治国依法,不凌驾于国家与法律之上;党不干政,党要管党,从严治党,是保证其法治成功的一个重要因素。法治是新加坡快速实现现代化的重要保障,也使新加坡多次成为亚洲最廉洁的国家。法治是治国理政的有效方式,不是资本主义的专利,社会主义国家也需要法治来治理国家,实现现代化。

　　综上而言,透过世界社会主义的实践历程和世界多国的现代化经验来审视,中国共产党全面推进依法治国的实践探索,是领导国家通往社会主义现代化国家的创新之路,是中国实现现代化的必由选择。

改革进行式之清单制度

▶ 王华英

李克强总理在出席 2014 天津夏季达沃斯论坛开幕式致辞时强调：中国全面深化改革未有穷期，政府应带头自我革命，开弓没有回头箭。他同时给制度建设开出三张清单——"权力清单""负面清单"和"责任清单"。三单制度建设的背景是什么？具体内涵是什么？具有什么意义呢？

一、清单制度建设的背景

我国权力清单、负面清单和责任清单制度建设借鉴了国际经济发展经验，是全面深化改革，建设社会主义市场经济的必需，是以习近平为核心的党中央领导集体"把权力关进制度的笼子"施政理念的具体体现。

(一)清单制度建设是国际经验的总结

清单式管理以其具体、明确和实操性强等特点，已成为国际上普遍流行的管理模式。以负面清单为例，投资自由化的推进使市场准入问题变成全球投资的中心议题，国际投资规则经历了从"单向保护东道国利益"到"保护东道国利益与促进外资进入兼顾"再到"准入前国民待遇＋负面清单管理"的模式演进。准入前国民待遇和负面清单的外资管理模式已成为国际投资规则的新趋势，是国际上广泛采用的投资准入管理制度。

(二)清单制度是全面深化改革、推进社会主义市场经济建设的必需

市场经济中,各类市场主体进入、退出市场是自由而平等的。但我国市场主体受制于行政权力的现象屡见不鲜,造成了政府与市场主体、市场主体间剧烈的利益冲突,市场的创造性活力得不到充分展现,违规违法经营滋生。政府与市场的矛盾已成为经济发展的瓶颈。正确处理政府与市场的关系,管住政府的手脚,放松企业的手脚,充分发挥市场在资源配置中的决定性作用,为市场主体营造公平竞争的发展环境,是亟须解决的问题。十八届三中全会《中共中央关于全面深化改革若干重大问题的决定》指出:"经济体制改革是全面深化改革的重点,核心问题是处理好政府与市场的关系,使市场在资源配置中起决定性作用和更好发挥政府作用。市场决定资源配置是市场经济的一般规律,健全社会主义市场经济体制必须遵循这条规律,着力解决市场体系不完善、政府干预过多和监管不到位问题。"政府应进一步简政放权,减少干预,加强服务监督。"市场机制能有效调节的经济活动,一律取消审批"。

(三)清单制度是新一届党中央领导集体"把权力关进制度的笼子"的施政理念

行政权力与其他权力一样,天然具有扩张性,运行中一旦偏离权力设置的本来面目,就会出现权力滥用、权力寻租、权力腐败等异化现象,导致政府职能履行不到位、行政效率低下、市场机制的作用不能充分发挥。把权力关进制度的笼子,是民心所向,也是以习近平为核心的新一届党中央领导集体的施政理念。十八大报告提出,完善"党务公开、政务公开、司法公开和各领域办事公开"制度,加强"党内监督、民主监督、法律监督、舆论监督"制度,就是要把权力关进制度的笼子,"让权力在阳光下运行"。十八届三中全会提出,推行地方各级政府及其工作部门权力清单制度,依法公开权力运行流程。推进决策公开、管理公开、服务公开、结果公开。继上海自贸区采用负面清单管理后,中央又提出在各级地方政府推行清单管理。

二、清单制度的内容

清单制度包括权力清单、负面清单和责任清单,是全面深化改革的"重中之重"。

(一)权力清单

权力清单是实现权力公开运行的前提和基础,所谓"权力清单",就是把各级政府和政府部门掌握的各项公共权力进行全面统计,并将权力的列表清单公之于众,主动接受社会监督,做到"法无授权不可为"。管住政府"闲不住、看不见的手",把政府权力置于阳光下,形成自我约束机制,依法行事。依法制权是其根本理念,阳光行政是其最大特点,权责一致是其基本原则。权力清单具有规范、透明、追责三大特征。

(二)负面清单

2013年8月,针对外商投资的"负面清单"管理制度在中国(上海)自由贸易试验区试水。十八届三中全会决定实行统一的市场准入制度,将负面清单管理推广到国内市场,平等地适用于公有制与非公有制经济、内资与外资企业。所谓负面清单是指政府以清单的方式明确列出禁止和限制投资经营的行业、领域、业务,清单之外的,各类市场主体皆可依法平等进入,企业只要按法定程序注册登记即可开展投资经营活动,实现"法不禁止即可为",为市场发挥作用提供了更大空间,利于企业公平竞争,激活市场潜在活力,促进要素流动更为顺畅、要素配置更为合理高效;对政府来讲,负面清单大幅度收缩了审批范围,有助于实质性推动政府审批制度改革,减少自由裁量权和相应的寻租空间,形成对政府权力的有效规范和制约。

(三)责任清单

权力和责任犹如一枚硬币的两面,密不可分。简政放权不等于放责,更不等于放任。有权力清单必有责任清单,只有承担权力赋予的责任,才能正确行使权力。责任清单就是针对不同岗位明确各自责任,分级细化责任归属、确定具体责任承担者,做到责罚措施具体化,责罚严格化。2014年7月浙江省在全国率先部署"责任清单"工作,2014年10月31日,浙江省43个省级部门的责任清单在浙江政务服务网上向社会公布。责任清单包括部门职责、与相关部门的职责边界、事中事后监督管理制度以及公共服务事项四部分内容。期望通过细化部门职责,实现精细化管理,明确管理事项的部门、职责分工、依据,解决部门职责不清、履职不规范,避免"踢皮球"现象,实现"法定职责必须为"。

三、清单制度的意义

清单制度意义重大,不同学者从不同角度给予了积极评价。

国家发改委宏观经济研究院教授常修泽认为,三张清单三位一体,具有清晰的改革逻辑。"负面清单"从经济改革切入,瞄准政府与市场关系,打破许可制,扩大了企业创新空间。"权力清单"和"责任清单"从行政体制改革切入,瞄准规范政府权力,做出明细界定,是自上而下的削权。

国家行政学院孙晓莉认为三张清单十分形象地对政府和市场、政府和社会的关系进行了界定。"责任清单"解决三个层次的问题:一是管什么?明确政府的责任,种好"责任田",当好"服务员";二是怎么管?创新完善政府管理方式;三是管不好怎么办?要有问责追究制度。通过简政放权,为市场主体"松绑",真正让市场在资源配置中起决定性作用。通过简政放权,政府为社会主体"加油",让社会创造力充分涌动。这是对政府与市场、社会三者关系的厘清,也是对中央和地方关系的明确,有利于真正让经济社会发展的内生动力充分释放,助推我国经济社会发展跃上一个新平台。

中央党校教授辛鸣表示,三张清单从限制权力、拓宽创新活力到明确各自主体的责任,一环扣一环,为创业、创新营造了良好的空间,形成了良好的氛围,并提供了很好的助力。三张清单背后的逻辑,就是激发活力、鼓励创新、推动发展的逻辑。只有划出了权力边界,权力才不会被滥用。给企业留出空间,创新就会更加有活力。明确各自的主体责任,整个社会的经济就会呈现良性发展。

三张清单分别解决的问题,用李克强总理的话说,政府拿出"权力清单",明确政府该做什么,做到"法无授权不可为";给出"负面清单",明确企业不该干什么,做到"法无禁止皆可为";理出"责任清单",明确政府怎么管市场,做到"法定责任必须为"。权力清单、负面清单、责任清单,分别从限制政府权力、赋予市场自由、减少微观干预、打造阳光政务、强化政府责任等五个维度,搭建政府全面履行职能的制度架构,形成推进政府治理现代化的总抓手,对于激发市场活力,遏制腐败,提升政府效率意义重大。

清单制度理清了政府与市场的关系,深化了社会主义市场经济体制改革。"三张清单"先给企业等市场主体松绑,再捆住政府乱作为的手,待政府责任明确后,研究如何发挥政府"有形之手"的作用,确立政府与市场的新关系、新秩序。负面清单、权力清单是针对政府乱作为现象,通过简政放权,转变政府职能,使市场在资源配置中发挥决定性作用,为市场主体营造公平竞争的发展环境,尽可能扩大公民、法人和其他组织行动的自由和自主选择面,激发市场活力。责任清单则针对政府不作为、乱作为问题,让政府从管理型转变为服务型,加强对宏观经济的调控。

清单制度是一场以清权、确权、制权为核心的权力革命,也是政府自身的一次改革。清单制度进一步明确了行政权力边界,政府的角色或职能,主要是公共服务、市场监管、社会管理和环境保护。权力清单让"该放的权放到底",主要目的是限权,实现"法无授权不可为"。负面清单消减了政府的审批权。责任清单规范了政府的监管责任,明确了监管范围,把"该做的做到位",解决不作为、乱作为的问题,实现"法定职责必须为",给行政追责确定了基础和依据,增强了政府调节经济社会的前瞻性、针对性和协同性,增加了市场活力。清单制度使政府权力从封闭到公开,有利于维护群众的知情权,推动民主决策、民主参与和民主监督,促进审批流程清晰透明,遏制政府官员的权力滥用、权力寻租、权力腐败,是建设法治政府和服务性政府的基础和前提。

总之,发展要紧紧依靠改革。过去发展取得巨大成就和成功应对复杂局面、实现良好开局,靠的是改革。今后实现经济持续健康发展,仍要靠改革。我们必须立足于我国长期处于社会主义初级阶段的最大实际,坚持社会主义市场经济改革方向,扎实做好经济体制改革各项工作,为经济社会发展提供动力和保障。正如习近平总书记所言,改革没有完成时,只有进行时;凡属重大改革必须于法有据。清单制度建设是我国依法制权,体制改革深化之路的一环,虽触及多种深层矛盾,涉及利益关系深度调整,但必须坚定不移地全面推进。另一方面,清单制度作为新事物,在体制、政策和方法上有一个学习、适应、调整的过程,必须讲究策略方法,渐进式推进,防止出现"新瓶装旧酒"、隐性壁垒难以消除等问题。

中国特色社会
主义文化建设

"东莞挺住"背后的思考

▶戴道昆

2014 年 2 月 9 日,央视几类节目接连曝光了东莞色情业问题,由此引起了公安部和广东省领导高度重视。东莞当地政府迅疾整治,拉开了又一次东莞扫黄的序幕。与此同时,在公安部严厉打击涉黄、涉赌、涉毒等违法犯罪活动的要求下,四川、浙江、江苏、湖北、山东、山西等地公安机关迅速行动,集中彻查娱乐场所、浴室、旅馆等公共场所。一场全国范围内的"扫黄"歼灭战全面打响。

对于这一事件,社会各界反响不一。官方的报道占据了舆论和道德的高地,但网络上却引发了不小的舆论旋涡。在很多网民力挺央视曝光丑陋社会现象的同时,也有一些网络名人和大 V 公然在自己的微博上发出"挺住东莞""东莞不哭""今夜我们都是东莞人"的所谓"悲情"口号,一些普通网民拍巴掌跟风、起哄。他们对卖淫嫖娼的丑恶行为公然表示支持,并对央视曝光此类行为极尽嘲讽,说央视的曝光行为超出了自己的职责范围,是利用色情从业者的特殊身份来博得公众的好奇,甚至是在给东莞做免费的广告,公开质疑央视将目光对准东莞的色情业。

当然,网上对央视报道的吐槽,也有一些诉求值得重视。比如镜头对着性工作者时并没有都在脸上打马赛克,对性交易的工具和方式有一些不恰当的渲染。此外,还有个报道程序问题。对于东莞色情业乱象,如果央视一开始就把矛头指向背后的保护伞,而不是过多地停留于揭露性工作者,网上就会少一些起哄的由头。如 2010 年 5 月 11 日北京警方突击查处"天上人间"等 4 家夜总会。当时中央电视台"新闻 1＋1"节目中,白岩松做出了这样的解读:北京警方高调查封天上人间"是向特权挑战",捍卫法律面前人人平等,改变了公众之前对这类丑恶现象的无奈和漠然,终于纠正了"默认当中的一些非常可怕的状况"。由于当时央视新闻报道锁定打击特权,因而得到了社会的广泛认同。

但是,对于卖淫嫖娼,我们必须厘清一个基本的问题:卖淫嫖娼在我国目前的法律界定中,是不是属于违法行为? 如果确定是,那么对法律已明确界定违法的行为进行鼓吹甚至是为其"打抱不平",这不仅是荒唐和无知,也是对神圣法律的藐视。

我国的相关法律其实早就明确规定,无论是卖淫行为还是嫖娼行为,都是属于违法行为,都是公安机关重点打击的丑陋社会现象。在社会公共舆论上,卖淫嫖娼者的个人道德评价也非常差。法律的天平、道德的准绳、社会的呼唤,无不要求我们敢于向这些丑陋现象说不,也要求我们果断剔除社会肌体上的毒瘤。然而,一些人却无视法治常识,模糊了道德界限,唱起了"卖淫有理、色情无罪"之类的反调。东莞扫黄,这样一个是非明确的事件,竟在网上掀起不小波澜、引发复杂舆情,的确发人深思。

央视记者暗访藏污纳垢涉嫌色情交易的场所,本是树正气、明是非、廓清浊之举,却冷不丁遭几名网络大V在背后施冷箭,克隆昔日抗震、抗泥石流等救灾口号,实在让人惊讶。这个驴唇不对马嘴的"网上哄闹",与自称"网络意见领袖"的大V身份实在不符。你要东莞挺住啥,难道扫黄不该进行? 为何要给东莞打气,娇憨地劝其擦干眼泪? 这看似戏说、搞笑、哄笑的行为,极易使一部分不明真相的人跟着"灰色狂欢"。

不知什么时候起,骂央视成了互联网上的一大乐子。央视主张什么,就同它反着来,这成了标准的舆论"逆导向"。央视揭东莞卖淫嫖娼黑幕是如此,之前央视质疑苹果、星巴克等在华销售政策也是如此。

央视是中国典型的主流媒体,它的采编实力、受众面以及真实的影响力都仍远大于任何内容型网站,也非任何中国社交网站所能匹敌。央视无疑在很大程度上反映了中国主流社会的面貌。如果有某些人和力量"凡是央视支持的就反对,凡是央视反对的就支持",那就意味着他们选择了中国社会的边缘位置。他们在与央视对立的同时,会滑向与中国主流社会格格不入的境地。

央视显然有缺点,中国主流社会亦不完美,国家转型时期也面临重重问题。如果一个人养成为唱反调而唱反调的习惯,并以此为乐为荣,尽管这样的选择可以用一些唬人的流行政治词汇来美化,但真实情形就是别人在做事,他们却只顾说风凉话,或者拆台。

现实生活中"反主流"的人很难有市场,但到了 13 亿人的中国,进入谁也不认识谁的庞大舆论场,情况就不同了。找茬挑毛病的人在互联网上很容易凑成一堆,俨然形成一股"力量"。他们互相挺,不再有孤独感,有时甚至会以为自己才是真正的"主流",他们就是中国的"民意"代表。

央视这样的主流媒体,有时确有一些顾忌,没能把中国的问题百分之百抖落出来。但这些顾忌通常反映了这个时代的某些局限。重要的是,主流媒体公开主张的,往往与这个社会的共同利益有着最短的距离。而按照"为了反对而反对"的逻辑行事,能切中社会共同利益的概率极低。

如今,有些人在网上讨论问题,往往不问对错、只看立场,让站队思维左右价值判断。凡是你赞成的,我就必须反对;凡是你反对的,我就一定赞成。似乎不发出点"杂音"就不足以证明自己会"独立思考",不嘲讽主流、不解构崇高就没法展示自己的聪明机智。在这种思维模式下,谈何承担责任、坚守底线? 又如何明辨是非、区分善恶? 从这个意义上,在新媒体时代,对价值尺度的把握、对社会底线的捍卫,尤其需要一种文明理性的议事规则。

在价值多元、观念多变的转型期中国,固然不能在所有问题上都求得一致,但在一些基本价值上,必须有起码的共识。守住法律底线,保持价值判断力,具备道德责任感,这是现代社会不可或缺的行为取向,也是每一个公民应尽的社会义务。是非不分、黑白颠倒,只会导致价值错乱、逻辑谬误,最终行为失当、社会失序。

令人欣喜的是,事件发生一个星期后,在"舆论狂欢"的浪潮中,一度被戏谑言论、偏激观点裹挟的网上舆论,出现了某种"反转"性的变化,越来越多人指出色情业是害国害民的"有毒产业",越来越多网友发出了"捍卫社会公序良俗"的声音,潜藏在人民群众心底的朴素认知,虽然不那么"醒目"、不那么"刺激",却如同宽广的大江大海,缓慢而坚定、沉着而有力。这正是当代中国的主流价值观,也是推动文明进步的强劲动力源。

邵逸夫何以令人铭记?

▶ 吴太贵

2014 年 1 月 7 日清晨,邵逸夫先生在家人陪伴下安详离世,享年 107 岁。消息公布之后,不仅引得很多明星在微博上发文悼念,表达不舍之情,而且吸引了全世界的目光。人们怀着十分崇敬的心情悼念这位百岁老人。

邵逸夫,原名邵仁楞,1907 年生于浙江省宁波市镇海镇,系香港电视广播有限公司荣誉主席、邵氏兄弟电影公司的创办人之一。1977 年,被英国女王册封为爵士。1990 年,中国政府将中国发现的 2899 号行星命名为"邵逸夫星"。

他生于清末,去世时已是 21 世纪,他的一生是一个传奇。"娱乐大王""传奇电影人""电视国王""全球最长寿上市公司 CEO"等诸如此类的表述,出现在许多媒体的报道中。更有人指出,"有华人的地方,就有邵氏电影和香港无线电视的节目"。邵逸夫一生对电视电影的贡献,相信没有人会提出异议。第 86 届奥斯卡颁奖典礼上进行了一个"缅怀离世影人"的单元,邵逸夫先生赫然在列,这也充分说明邵逸夫先生在国际影坛的地位。

但是,如果仅仅只是将邵逸夫一生的成就定格在"影视王国",这就是对邵逸夫的"傲慢和偏见"了。"我们心中,提到邵逸夫,可能不会讲 TVB(即香港电视广播有限公司,笔者注),但一定会讲到他的慈善。"香港人对邵逸夫的人生这样注解。而在中国内地,来自不同地域的年轻人则常常可以找到共同点——他们曾就读的某所小学、中学或者高校里有一座"逸夫楼"。

确实,邵逸夫先生不是世界顶级富豪,甚至也不是香港最有钱的人,但他却是世界级的大慈善家。据教育部提供的资料显示,自 1985

年以来，邵逸夫先生通过邵逸夫基金，与教育部合作，连年向内地教育捐赠巨款建设教育教学设施，截至 2014 年赠款金额已近 47.5 亿港元。捐款与项目单位资金相配套，建设各类项目 6013 个，涉及内地 31 个省份。邵逸夫先生仙逝后，一幅在网络上被网友争相转发的"逸夫地图"，则更为生动地向我们展现了邵逸夫先生的慈善之心。的确，相较于邵逸夫先生留下的"影视王国"，其拳拳的慈善之心更能令世人尊敬和敬仰。

当然，邵逸夫先生并不是天生的慈善家。早年他也和许多事业正在起步的商人一样，注重对财富的积累和占有，对财富的分配和使用也是小心翼翼的。有报道称，邵逸夫曾是著名的"守财奴"，最初一笔慈善捐款只是给了一所老人院 100 港币的支票，当时就被老人院退了回来，嫌他实在太过吝啬。但随着人生与财富观的变迁，此后数十年，邵逸夫逐渐从一个醉心于创造、占有财富的人，变成了一个懂得如何让财富更有意义的人。邵逸夫自己曾说过："一个企业家的最高境界就是慈善家。"而他自己的一生恰恰是对这句话最好的注解。

事实上，没有哪一个人不渴望拥有财富。在法治的底线内，任何努力创造财富的行为，都是值得尊敬的，而且党和国家现行的政策也是"允许一部人、一部分地区先富起来"。但是，先富起来的那部分人究竟应该如何使用和支配自己的财富呢？是陶醉于别人对自己拥有巨额财富的"羡慕妒忌恨"中，或是用于粗俗的炫耀上，还是负有社会责任感的用于回馈社会呢？

对此，不同的人可能有不同的选择。中国最大的慈善组织——中华慈善总会的统计数据显示，我们所获捐赠的 70% 都是来自国外和港台，国内富豪的捐赠还不到 15%。这个数据是不是令我们有些汗颜呢?！安德鲁·卡内基曾言："在巨富中死去是一种耻辱。"在某种程度上说，这似乎是对大陆富豪群体的某种批判。令人遗憾的是，大陆本土的富豪虽然如雨后春笋般涌现出来，但是其社会形象似乎还不高。相当一部分大陆富豪一方面过着穷奢极欲的生活，另一方面对社会公益事业吝啬得如同葛朗台，乃至社会上出现了相当严重的仇富现象。

改革开放这么多年来，这些"先富起来"的中国富人，如果他们在慈善问题上不倾心、不热心，这只能说明其精神上是瘸腿。在这方面，邵逸夫先生"兼济天下"的财富情怀无疑为内地富豪们做出了很好的榜样。邵逸夫先生将著名爱国企业家和教育家陈嘉庚视为榜样，他最大的愿望就是为祖国富强发展教育，"国家要富强，一定要把教育搞好，一定要培养人才"。正是这种对财富、对教育的态度，才让一座座"大庇天下学子"的"逸夫楼"拔地而起。邵逸夫也因此构建了一种润物细无声的慈善文化，树立起中国教育慈善的丰碑，更成就一段善用财富的佳话。

当然，也许有些富人会为自己辩解，找出诸如"国内慈善大环境差""慈善制度不健全"等一些理由。但一个是"做不做"的问题，一个是"能不能做得更好"的问题，并不能将二者混为一谈。而且，就"能不能做得更好"的问题，我们同样也可以从邵逸夫先生的慈善行动中得到一些反思和借鉴。当下国内的慈善究竟应该如何定位，在这一过程中如何处理好官方的角色？我们该怎样继承他的慈善事业？等等。搞清楚这些问题也许才是对邵逸夫先生最有价值的纪念。

对于政府来说，我们需要思考的是，邵逸夫的慈善捐助体系为何能够运行得如此顺畅？在慈善事业频遭质疑的当下环境中，这种独立操作的机制运作能给我们哪些启示？其实，翻检《香港邵逸夫基金向内地教育事业赠款项目管理办法》便不难发现，不管是其资助条件，还是其程序审批、项目建设与管理，抑或是项目验收等，都有着一套严格的申请、监督机制。这恐怕是保证慈善基金不被"注水"的前提。

对民间慈善来说，最好的纪念方式莫过于延续邵逸夫这种孜孜不倦的慈善精神。慈善本无大小，可贵之处在于坚持。这个坚持的过程，既磨炼自我，又考验着一个人怎样去理解慈善的意义。邵逸夫带给我们的，其实已在他的慈善情怀中给予了无尽的启示。

对于邵逸夫慈善事业的受益者来说，最好的纪念乃是用好这些资金浇筑成的一砖一瓦。比如在校学生要努力学习，用好那些来之不易的资源，并力求将来用类似的行动去回馈社会，让整个慈善事业得以薪火相传。

邵逸夫先生虽然走了，但其所代表的慈善精神还在。我们缅怀纪念邵逸夫先生，既要祝福他一路走好，同时更重要的是将他的慈善事业和慈善精神发扬光大。我们深信，只要人人都献出一点爱，这个世界终将变成美好的人间。国家富裕、民族振兴、人民幸福的中国梦也最终必将实现！

《新闻联播》卖萌值得称赞！

▶ 夏金梅

"2014 爱你一世""熊猫拜年""晒全家福""瑞雪兆丰年，风雪归乡人。离家出行的人，请放慢脚步，再看一眼雪中的家乡，明天就是假期的最后一天了，在返程的路上请多多注意安全"等这样的话语和画面并不是出现在网络上，而是出现在央视的《新闻联播》节目的结尾上。

2014 年以来，新闻联播一改以往的结束方式，以极具温情的关怀话语播出了史上最温馨的结束语。央视这种接地气的方式，让人耳目一新，引发了广大民众和网友的热烈讨论，也获得了广大观众的热烈赞扬。不少网友在微博、微信里表达了对《新闻联播》的赞赏。

曾几何时，老百姓中的很多人感觉《新闻联播》只传播党和政府的声音，高高在上，庄重严肃。节目里每天报道的多是党和国家的大事情，和普通老百姓的生活相关度比较低。因此，关于《新闻联播》的吐槽也不少。有人曾总结道："每当我伤心的时候，我就去看看新闻联播，看到别人生活在水深火热中，相比之下幸福感油然而生；新闻联播，下辈子我要去找你，记得请不要改名字。"另一个流传很广的吐槽是："前十分钟，领导们很忙。中间十分钟，全国人民都很幸福。后十分钟，世界上其他国家人民都生活在水深火热之中。"这些吐槽尽管不无情绪，不一定反映实情，但多少突显了《新闻联播》存在的问题。而此次《新闻联播》的"变脸"，无疑透露出新鲜的文风，充满了浓浓的温情。

让我们看一下网友们和媒体的最新评论。网友"雨田仁荣"表达了自己的希望：但愿在新的一年里，《新闻联播》中诸如此类的卖萌语言、卖萌故事会更多一些，能踏踏实实地做到"报喜与报忧同样神圣，风雨和雷电一并落地""与百姓心声合拍呼应，同社会阴晴适时相映"！"柠檬布丁"指出："萌翻了。可惜我没看到！不过这一举动让一向严肃的

欸乃一声山水绿

节目充满了暖暖的感觉，更贴近百姓的心、更人性化了。"另有网友提到："希望以后也这样，不要让新闻播报程式化。中国的很多新闻节目都已经程式化了，那样的新闻就算播了也不解决问题，新闻不是老百姓愿意看的，也就缺乏了新闻落地生根的能力。希望新闻联播以后能深入基层，了解基层，报道基层。"

除了网友的表态外，新华网、人民网也都就新闻联播的微妙转变给予了高度的评价，指出其关注百姓心声，放下架子，改变作风等值得赞扬。人民网发表评论指出，"卖萌"背后反映的是整个国家的综合竞争力和自信度。《新华日报》评论指出，这种变化反映的是国家的发展进步和由内而外散发出来的民族自信。

笔者来看，此次《新闻联播》的新变化凸显了政治话语的变化，是新形势下弘扬社会主义核心价值观，凝聚中国力量、传递中国精神，共创中国梦的需要。

《新闻联播》作为央视的核心品牌节目，宣传党和政府声音、传播天下大事是其主要职责和基本职责，但与此同时，不应忽视对社会、对民生、对基层、对百姓的关注。老百姓眼中的政治不仅仅是国家、国际的大事，在某种程度上可以说，柴米油盐才是他们理解的"政治大事"。实际上，近年央视已注意到该问题的重要性，多套节目从形式到内容都有了比较大的改善，除了大量报道领导人活动的情况外，更多将视角放到基层、转向百姓和民生，同时增加了舆论监督和批评的内容。像十八大召开前央视记者走基层百姓心声中，关于幸福的话题引发了全民对幸福的大讨论，取得了良好的社会反响。观众也在采访中听到了"你幸福吗？我姓曾"等这样的神回复。再如2014年春节期间央视策划的"家风是什么"，关注百姓眼中的家庭价值观，这无疑为加强社会主义核心价值观提供了强有力的基础。更多人从自己的家风中感悟到加强国家核心价值观的重要性，并将亲身践行之。"开往春天的北京地铁""春耕调查"等走基层的采访，关注的都是底层百姓的平凡生活。

以上这些来自基层的真实调查，无不透露出党和政府对民众、民生的深情关心。基层、大众和民生，无疑是新闻报道永不枯竭的源头活水。新闻战线开展"走基层、转作风、改文风"等活动，记者们深入厂矿社区、田间地头"蹲点"采访，他们"走下去"，用心灵倾听百姓心声、用双脚展开田野调查、用镜头捕捉时代变迁……为观众奉献接着基层"地气"的、带着记者情感体温的新闻报道。这样的报道更能震撼人的心灵,唤起人们对人生梦想、家庭梦想、家乡梦想,乃至中国梦想的关注。

此次《新闻联播》卖萌备受好评,还在于其话语方式的转变。作为党和政府的喉舌,在传递国家核心价值理念的方面,主流媒体采取了轻松灵活和群众喜闻乐见的方式,避免讲空话、大话,拉近了媒体与群众之间的距离,增强了民众对党和政府的信任感。轻轻松松地欣赏新闻,更适合普通百姓的接受心理。在网络时代,随着自媒体的发展,积极回应民生发展的诉求,关注民生政治,既是党和政府的责任,也是媒体的责任。伴随着民众参与意识的提高,增强网民与节目的互动,是《新闻联播》获得人们喜爱的努力方向之一。

中国改革三十多年来,发展成就举世瞩目。与中国经济实力增长伴随的应是中国在国际上话语权的提高。但是我们也不得不承认,中国在国际上的政治话语权仍有待提高。即使在国内,如何加强党的政策的宣传,增强民众对政治的认同,任务也十分艰巨。因此,创新政治话语的表达方式,丰富政治话语的表达内容,是增强国家文化软实力,增强国家话语权的关键。

增强国家话语权,首先应在国内话语权上站稳脚跟。我们不妨为此次《新闻联播》的创新之举点赞。郑板桥有诗云:"衙斋卧听萧萧竹,疑是民间疾苦声。些小吾曹州县吏,一枝一叶总关情。"作为主流媒体,作为党和政府的喉舌,在建构中国话语权方面,首先应做到的是密切联系群众,关心群众的疾苦,倾听民声,体察民意。其次,在创新政治话语方面,要适应时代发展的需求,改变以往不苟言笑的风格,用老百姓听得懂、喜欢听的话语来讲好中国故事,塑造和传递中国形象。只有这样,才能更好地加强主流舆论的宣传力量,传递正能量。在2014年的中央城镇化工作会议上,"让居民望得见山,看得见水,记得住乡愁"这样的表述,在政治报告话语转变方面做出了非常好的表率。央视《新闻联播》此次的"变脸",期待能坚持下去并有更多更好的创新。

时间都去哪儿了？

——一首歌曲引发的全民思考

▶ 姚月红

一、事件背景

《时间都去哪儿了》是一首由陈曦作词、董冬冬作曲的流行歌曲，是电视剧《老牛家的战争》的片尾曲，喜剧《私人订制》中的插曲。2014 年央视春节联欢晚会上，歌手王铮亮倾情献唱这首歌，舞台背景还展示了网络名人大萌子的 30 年父女合影。平实的歌词、真挚的演绎催人泪下，引爆观众的强烈共鸣，随即引发网络集体热议。

2014 年 2 月 7 日，国家主席习近平在索契冬奥会上接受俄罗斯媒体专访时谈到："今年春节期间，中国有一首歌，叫《时间都去哪儿了》。对我来说，问题在于我个人的时间都去哪儿了？当然是都被工作占去了。我经常能做到的是读书，读书已成了我的一种生活方式。"习主席的回答把"时间都去哪儿了"这一议论推向高潮。2 月 19 日，媒体首次发布的一组漫画版的"习主席的时间都去哪儿了"的图表新闻成为舆论焦点。至此，"时间都去哪儿了"成为当下一个流行词语和全民探讨的热门话题。

二、各方反应或评论

这首流行歌曲演变成热门话题，引起社会各界的广泛关注。

（一）网友的回应

网友纷纷转发分享这首歌,并称赞它是马年央视春晚最感人节目,还引发集体追忆,晒照片分享。网友"戴维"表示:《时间都去哪儿了》是一种情怀,是一种淡淡的忧伤,是一种温暖今生的记忆,鼓励大家敬最爱的父母一杯,备显孝心。

（二）媒体的关注

杭州电视台率先做了一次特殊的街头海采,问题只有一个,答案却五花八门。2月22日,中央电视台《新闻联播》"走基层·百姓心声"栏目开始推出特别调查"时间都去哪儿了",报道了随机采访的各个城市的路人。中国新闻网评论道:时间,具有让每个人都柔软起来的潜力。《甘肃日报》称:时间都去哪儿了,是每个人都应该自问自答的问题。《京华时报》表示:"时间到底去哪儿了"令人震撼,触动人心,应该催发人们去觉醒。《太原日报》评论道:现代人能够有意识地审视"时间都去哪儿了",这本身就是一种进步。人民网认为:面对"时间都去哪儿了"的叩问,我们有必要审视一下自己的精神状态和工作姿态,是不是真的做到了"朝食不免胄,夕息常负戈"。

（三）社会各界的评论

音乐教师李晓丹表示,歌曲太贴近人心了。词作家范远泰认为,《时间都去哪儿了》的走红是一种人性的回归、信仰的重拾。浙江省社科院杨建华提出,媒体做了一件很好的事情,引领思考这样一个问题,同时也引领人们更好使用时间。

三、话题背后的反思

一首流行歌曲为何能引发社会各界的持续关注,并成为一个全民热议、耐人寻味的新鲜话题?其中的缘由、内涵和启示值得探讨和反思。

（一）解读:"时间都去哪儿了"为何爆红?

究其原因,是真挚平实的歌词、深情震撼的表现形式、朴实感人的人生故事在合适的时机被放在了合适的舞台上动情演绎,直击人们内心最柔软的部分,从而引爆大众的共鸣和泪点。

共鸣点一:对温暖亲情的回忆与期盼。

这首歌用朴实的歌词、简单的旋律来演绎与歌颂亲情的可贵、家庭的温暖,唤起人们对亲情最温暖的回忆。歌曲所表达的是亲情之暖,但其最本质的精神内核和人文价值,实际上和当前的"空巢家庭"现象、"精神赡养"问题等社会热点话题有关。这首歌曲所体现出的人文内涵和现实意义,是它能感动观众的原因之一。

共鸣点二:对时间易逝的无限感慨和对人生的反省。

在当前快节奏、高压力的生活状态下,这首歌还激起忙碌的现代人对时间流逝的惶恐、对浪费时间的怨悔和对自我的观照。它引发人们反思自己的人生、追问过往的生活,是有所作为还是蹉跎岁月?是丰富多彩还是虚度光阴?这种反思体现出对美好精神生活的追求,对不健康生活方式的警醒,还有对心灵"诗意地栖居"的期待。这也正是这首歌曲的生命力和感染力所在。

(二)思考:时间话题的深层内涵是什么?

"时间都去哪儿了"是值得每一个现代人思考和反省的严肃话题。这一话题引发了很多人的共鸣,讨论也突破了"时间"本身。从最初多数人的迷茫,到后来的畅谈感悟,从最初对亲情的唤醒和共鸣,扩大到如今对工作、生活、人生发展的思考与梳理。话题的延伸讨论让更多人停下来反思自己的时间观和人生观,觉察自我的深层情感和人生期待。可见,时间话题内涵深刻。

第一,纵向角度:"时间都去哪儿了"和"时间应该去哪儿"。

笔者认为,从纵向(历时态)的角度看,包含了两个层面:一是回顾"时间都去哪儿了"——觉察流逝的时光是否有所作为,警醒人生是否后悔遗憾;二是追问"时间应该去哪儿"——展望未来的生命愿景,追寻生命意义和实现人生价值。相对而言,思考第二个问题具有更深远的意义。因为"时间应该去哪儿"问题本身隐含着"如何运用时间最有价值""怎样实现时间的最大价值"等命题,代表着一种新的"时间价值"观念,体现着一种自我意识和生命意识。每个人对时间都应该有自己独立的价值认知。每个人也都有必要审视自己是否具有积极向上的时间价值观，并以此引领自己的生活方式，让人生更有意义。

第二，横向角度："别人的时间都去哪儿了"和"我的时间都去哪儿了"。

笔者认为，从横向（共时态）的角度看，包含着两个问题：一是"别人的时间都去哪儿了"：在了解感悟父母、领导、同伴等他人的时间安排和人生历程中来审视和反观自己；二是"我的时间都去哪儿了"。我们既要考虑为社会创造公共价值，又需要实现自我价值，既要承担社会责任，也不能放弃应该拥有的个体情感体验，这样才能获得自己内心认同的生活方式和生命尊严。

（三）启示：时间话题带给我们什么感悟？

第一，珍惜时间，活在当下。

珍惜时间是一种人生态度，我们需要重新认识和把握时间。生命哲学家柏格森把时间视为构成生命的本质要素，生命在时间中流畅，时间就是生命。只有珍惜瞬间的生命，才能把握完整的生命。一方面，不浪费时间，有效管理和合理利用有限的时间资源；另一方面，活在当下，让时间去该去的地方，让时间为人生创造更大价值，让时间发挥最大效用。后者则是一种更积极的生命态度。虽然我们无法改变时间的长度，也不能像韩剧《来自星星的你》中都敏俊那样把时间停住，但我们可以改变时间的宽度，可以把每一天过得更有意义更加精彩。

第二，珍视青春，积极进取。

青年，总是与未来相联系；青春，总是和梦想相伴随。萨缪尔·厄尔曼说："青春不是年华，而是心境；青春不是桃面、丹唇、柔膝，而是深沉的意志、恢宏的想象、炽热的感情；青春是生命的深泉涌流。"大学生作为充满理想主义色彩的群体，要经常仰望星空，经常思考"我的青春谁做主"、我拿什么"致青春"。只有珍惜大学生活，以积极进取的心态为梦想而奋斗，才不会沉迷于游戏或手机，才不会辜负青春、虚度光阴。

第三，珍重亲情，入心且行。

《时间都去哪儿了》提醒我们要珍惜亲情，感恩父母。《礼记》中曾子曰："孝有三：大孝尊亲，其次不辱，其下能养。"最基本的孝是物质上的奉养，更高层次的孝是为父母争光，而孝的最高境界，则是在言语、行为、内心等方面做到尊敬父母。所以，我们要珍惜陪伴父母的时间，时常用心与家人交流，多关注家人的情感需求，不要留下"子欲养而亲不待"的遗憾。

第四，珍爱生命，追寻意义。

笔者认为，珍爱生命是一种对自己及一切生命兼具责任意识和人文关怀的积极生活态度。珍爱生命是立体的、多层次的，内含着保护生命、珍惜生命、发展生命等意蕴；同时也是多维度的，具有唤醒生命意识、激发生命情感、追寻生命意义、提升生命质量等特征。珍爱生命是一个由浅入深的动态进程。它不仅仅指不虚度年华、不消极对待生命，更重要的是要发挥生命价值、提升生命质量、促进生命成长。因此，珍爱生命是我们需要去学习的一种心理态度、内在素养和人生理念。

综上所述，"时间都去哪儿了"成为一个热门话题，本身就折射出大众对时间流逝的集体焦虑。人们的持续关注和强烈反应，不仅是对时间不知不觉间消逝的惊叹，更是一种生命意识的自觉，也是对自己是否有价值地运用时间的反省。在当下这一"情绪重负"的时代，我们更需要时常有意识地审视"时间都去哪儿了"。

"差生逆袭"与"学霸失落"背后的思考

▶ 刘晓梅

一、事件回顾

2014 年 3 月 18 日《法治周末》一篇名为《"差生逆袭"折射当下成功观》的报道，引起了广泛的社会关注。报道称，28 岁的北京白领沈童，在中学同学聚会中，得知当年的"差生"同桌潘皓如今已是老家三家网吧、两家宾馆的老板，不禁感慨："这次参加同学聚会，我觉得，三十年河东，三十年河西啊！""当初班级里的'差生'不少都已经小有成就了，相比自己，上学时成绩优异，如今却事业平平。我有点儿疑惑当初自己把全部身心都投入在学习上到底值不值得……"无独有偶，另外一位北京白领李昕说起同学王远也是感慨万千："高中时，我俩的成绩相差得不是一星半点。我是班里的前三，他是后三。高考我考来北京，他却因为成绩不理想而复读了一年。最后，他也只去了一所专科学校。可现在，他已经有房有车、娶妻生子，而我却还在温饱线上挣扎。""我甚至开始怀疑，自己这个名牌大学读的是不是有意义了。"

其实早前类似的报道就屡见不鲜了。比如：2014 年 2 月 2 日新华网题为《"学霸"的迷茫：曾经的"优等生"为何很多"一事无成"？》的报道；2 月 12 日《楚天都市报》题为《同学聚会变身攀比会 学霸事业平平屌丝多逆袭》的报道；甚至早在 2011 年 9 月 23 日，《楚天都市报》就有一篇名为《同学聚会伤不起 当年差生当老板优等生给人打工》的报道。这些报道内容大体一致，都是说当年成绩差的不少人混得很风光，开豪车带名酒来赴宴，而成绩好的多半灰头土脸，囊中羞涩，因而感慨"读书无用"。

近年来,每到节假日同学聚会多的时候,网络媒体上总少不了关于"差生"与"学霸"的话题,引发各种感慨和吐槽。"差生逆袭"与"学霸失落"俨然成了一种社会现象。

二、网友和媒体的反应

网友们对于"差生逆袭"与"学霸失落"的现象大致有以下四类评论。

(一)对"学霸"们的失落心理表示充分理解

有的网友认为这种"三十年河东,三十年河西"的反差,难免会让人感慨不已。甚至更有高姿态者,认为对于自己昔日同学的成功"逆袭",更值得我们为其鼓掌与喝彩。只要他们的成功是通过合法途径获得,是靠勤劳奋斗换取,我们都应该给予衷心的祝贺。

(二)认为学历代表不了能力,是应试教育的错位与悲哀

新浪天津网友认为:"应试教育使学生只知道学习而不知道为什么要学习,更可怕的是学生不知道什么是人生,不知道学习在整个人生中的位置和扮演的角色如何。"

"天山雪白"说:"所谓的错位,是学校教育落后于社会,让学生学而难致用,看看有多少学生隔行就业吧,简直是浪费。"

"1号幽灵"也说:"学霸们往往只专注书本,而不专注社会。所谓差生,他们比较专注社会。能够改变自己、完善自己、适应社会,这就是能力。在社会中生存与发展,靠的就是能力,而不是优秀的考试成绩。"

"2_88f8b9"说:"差生也许学习能力差,但不代表其他能力也差!学霸在学习能力上霸气,但不代表其他能力也霸气!"

(三)认为当今社会仅以金钱多少来衡量一个人是否成功是有偏颇的

"咸鱼与道":"当金钱成了成功唯一的衡量标准,搞飞机、火箭、卫星的科学家们看来都是失败者了!"

新浪河北网友:"大家都去赚钱都去创业,谁去搞技术搞研究? 一

个忽视'道'的民族注定成不了大业！"

（四）认为这种现象没代表性，肯定文化和学历的价值

新浪上海网友："如果100个差生里才出了一个成功人士，你能说差生是成功的吗？"

"火力全开"："难道超市收银员、电话客服、搬运工、保洁员都是当年的学霸？大企里的白领金领是当年的差生？"

"陈虎X"："总体来说，高学历肯定比低学历混得好，有文化的肯定比没文化的混得好，自认为自己是高学历就了不起的人永远混不好。"

网友们的各类评论观点中，不乏真知灼见。

对于近年来同学聚会中热衷谈论收入、汽车、住房的现象，《人民日报》撰文批评说："没有了真诚的嘘寒问暖、相互告慰，没有了同窗苦读、共同成长的追忆，混得好不好成了同学聚会的热门话题，同学聚会则成了找资源、攀关系、嫌贫爱富的名利场，这样的聚会还有什么意义呢？事业有成自然值得骄傲，但暂时处于人生低谷也不必感到自卑，因为诉苦也好，夸耀事业成就也罢，追忆学生时代的美好纯真感情才应该是话题的中心。"

三、几点思考

（一）正确看待"差生逆袭"的现象，不唯成绩论

应该把"差生逆袭"看作是一种正常现象。因为所谓的"差生"，只不过是一个在我们应试教育体系评价中的概念，学习差未必代表能力差。

其实，有些"差生"能够不拘一格，富有创造精神。他们有很好的人际交往能力，活动能力强，进入社会如鱼入水。他们因为更早进入社会，经历跌摸滚打之后，积累了更多的人生经验，也锻炼了顽强的意志，更能吃苦耐劳。正是这样一些品格与能力奠定了他们未来的成功之路。像网友说的那样："当学渣在积累创业资本时，学霸还往往要花家里一大堆钱才走出校门的。"差生逆袭学霸，还在于他们相对于学霸，拉得下面子，放得下身段。而学霸们多怕丢面子，患得患失。另外，差

生因为学历低，文化不高，一般不好找工作，多数只有通过创业来改变自己的命运，其中有些成功了，也是逼出来的。即使是真的差生，也不是一成不变的。相反，优等生们在毕业后多安于平稳的工作而不愿意折腾。上海交通大学 21 世纪教育研究院副院长熊丙奇表示，现在名校的"高才生"们，看到当初成绩不如自己的同学已经小有成就，肯定会心里不平。可是要让他们选择创业路，"十有八九不愿意"。

所以对于"差生"逆袭"学霸"的现象，我们大可不必惊讶。它至少说明了，读书成绩再重要，也不过是众多成功条件之一，且未必是最重要的。

（二）"学霸"们要调整心态，正确看待成功，不唯金钱论

对于"学霸"们的失落我们可以抱有同情的态度。但"学霸"们更应该去反思，是什么造成了今日的这种反差？为什么当年的"学霸"们今日多"一事无成"？我们自己要去做一些调整。

第一，要有进取精神。过去的学习成绩只能代表过去某一阶段的能力。"学霸"们不能躺在过去的成绩上不思进取，要不断地完善自己，提高自己的社会适应能力，以期能更好地生存与发展。特别是在当前中国教育偏重书本知识的情形下，社会适应能力培养不足，有时甚至出现背道而驰的情形，读书越多，社会适应能力越弱。有调查显示，高考"状元"鲜有职场"状元"。"学霸"们要勇于自我反思，勇于自我纠偏。

第二，要有良好心态。"学霸"们对于同学中的"差生"逆袭不能一味地失落。即使做不到如有的网友说的那样衷心地祝贺、鼓掌与喝彩，至少也应该看到"差生"们所付出的努力与艰辛。要认识到成功的"差生"可能只是读书考试能力差，他们的综合能力可能并不差。"差生"能够成功正说明他们具有成功的特质，可能正是"学霸"们所缺乏的，"学霸"们正好借机反思与学习。同时"学霸"们也大可不必自惭形秽，要相信在知识经济时代受过良好教育肯定还是一种优势。人生的路还长，不应以一时论高低。"学霸"们如若心有不甘，大可调整人生规划，扬长避短，继续拼搏一番。

第三，要有正确的成功观。不能单纯以拥有金钱财富的多少来评判人生是否成功，至少不能作为唯一标准。人生的价值与意义在于对

社会的贡献大小，不是单靠金钱能衡量的。很多成功的人生都不能简单地换算成金钱，比如一个人的社会贡献、学术造诣、家庭幸福与生活美满等。

（三）国家要加快教育、人事和分配制度的改革，不唯学历论

"学霸"之所以会失落，一定程度上是由于目前我国教育重知识轻能力的缺陷所致。长期应试教育体系下造成的"高分低能"现象必须尽快转变，要切实落实好素质教育。教育要因材施教，注重个性与特长，培养学生的创新能力。要引导学生关注社会与人生，培养具有健全人格、真才实学及有用于社会的人才。现在有些大学生甚至只为混一张毕业文凭而来，"严进宽出"或者"宽进宽出"的大学教育制度客观上助长了这一风气。殊不知文凭的含金量严重不足，很多毕业生走向社会无所适从。全社会要共同营造一种重视能力和业绩的氛围，在选人用人中不唯学历论。大学的人才培养要重视综合素质的培养，与社会的要求相适应。唯有如此，才不至于使学历与能力脱节。当然，要使成功的"学霸"们不再失落，改革收入分配制度，提高知识分子的待遇也必不可少。要让有成就的"学霸"们能获得与贡献相称的报酬和待遇，获得足够的社会地位和社会尊重。

公益 or 作秀

——透析"冰桶挑战赛"折射的价值观

▶张万杰

一、火热夏日源自北美的火热"赛事"

2014 年夏天,一个发源于北美的"冰桶挑战赛"在全世界如火如荼地开展,盛况空前。

在美国,各界名流踊跃参与:从微软的比尔·盖茨、Facebook 的扎克伯格等科技大佬,到 NBA 明星球员科比、足球明星 C 罗等体坛巨星,再到汤姆·克鲁斯、贾斯汀·比伯等演艺界明星,无一例外地加入挑战,可谓星光熠熠晃人眼。

所谓"冰桶挑战赛"是由社交网络上发起的活动,它旨在让更多人了解被称为"渐冻人"的罕见疾病,同时亦达到动员社会力量募款的目的。这个活动要求参与者将冰水浇遍全身的视频发布到网络上,并可邀请三个人来参与这一活动。活动起初规定,被邀请者要么在 24 小时内接受挑战,要么选择为对抗"肌肉萎缩性侧索硬化症"的患者(即所称的"渐冻人")捐出一百美元。

2014 年 8 月 18 日,"冰桶挑战赛"也浇入中国,一时间风靡大江南北,成千上万中国人上传浇冰水的视频。尤其如下人物备受瞩目:小米董事长雷军、百度 CEO 李彦宏、富士康 CEO 郭台铭、锤子科技 CEO 罗永浩,娱乐圈的刘德华、章子怡、周杰伦、黄晓明,房地产界的任志强、王石等。"冰桶挑战赛"在中国受到了狂热追捧。同时,被称作"渐冻人"的疾病逐渐进入中国公众的视线。

"冰桶挑战赛"的走红,反映了公益慈善活动的多样化。"名人""爱心""接力""冰水浇身""挑战""网络视频",一个个独特而新鲜的构词组合跳跃在人们眼前,在互联网的推波助澜下,"冰桶挑战赛"开始了病毒式蔓延。

"冰桶挑战赛"本身所具有的特点主要表现为以下几点:以公益为基础、简单易行有笑点有爆点、限时完成挑战、人人皆可参与或观望。强大的游戏内核为"冰桶挑战赛"带来了惊人的传播效力,"邀请他人接受挑战"的方式使得"冰桶挑战赛"产生多米诺骨牌那样的连锁效应。在公益性和娱乐性双重包装下,"冰桶挑战赛"让人们在快乐中做慈善,并让慈善贴近了普通百姓的生活。"冰桶挑战赛"的燎原之势离不开互联网这一媒介,它充满了"开放、平等、协作、分享"的互联网精神。在网络时代,每个人都生活在熟人圈中,对"冰桶挑战"的反应也暴露于公众的眼皮下,公众对于明星生活的好奇使得他们对平日光鲜的明星所呈现的狼狈模样颇感兴趣。从营销和传播角度来看,"冰桶挑战赛"以极佳的创意和极好的运作获得了前所未有的成功。

二、各方争议接踵而至

一半是冰水,一半是火焰。

"冰桶挑战赛"红火的同时也随即招来诸多质疑。如何看待冰桶挑战?公众呈现出两边倒的状况:一些人认为寓教于乐,达到了筹款的目的,公益和炒作一举两得;一些人认为现如今更多是作秀,远离了关爱的初衷,不仅浪费水、还误导青年。

"冰桶挑战赛"在中国,更是遭遇了其他地方难有的尴尬局面。

首先,国外大佬参与"冰桶挑战"多是简易拍摄,抱有理工情怀的比尔·盖茨,入镜头的也仅有他一人。而国内名人的"冰桶挑战"更像是一场场精心策划的"名人秀",助手挺多,过程杂繁。比如:费时费钱费力,往头上浇了 30 桶冰水,并在冰水里泡了近 30 分钟的陈光标。

其次,"名人"是"冰桶挑战赛"的关键词,没被点名就不算名人,"冰桶挑战赛"成为衡量知名度的标准。"小牛"们在没有邀约的情况下发起接力,打着公益的旗号,堂而皇之地自娱自乐。他们自告奋勇将冰水浇身的视频传到网上,随意点名接棒人。出现了美女脱衣挑战湿身诱惑，还有山东蓝翔技校点名北大清华接受挖掘机浇冰水。"冰桶挑战赛"似乎正演变为名利场的游戏，制造出巨大炒作的机会。

再次，"冰桶挑战赛"的原本规则是淋冰水和捐100美元各选其一，但中国名人在淋冰水的同时或因舆论压力或由于善心，捐款的具体数额从100到一万、百万，挑战的不是冰桶，而是规则。冰桶是道具，劝募才是目的。

然后，名人淋为落汤鸡的滑稽表演开启全民泼水节的序幕，在全民的狂欢中，"冰桶挑战赛"主题跑偏。中国的参与者鲜有在接受挑战前把"渐冻人"这类罕见病介绍一遍，而是更多强调自己对冰水淋过的感受，这使得公益活动因缺少理念的传播而在意义上大打折扣，很多人都在消费慈善。

最后，随心所欲的谩骂、批评和攻击充斥网络。在中国，和其他许多热点事件一样，"冰桶挑战赛"也尽享着网络时代热点焦点事件的"名人效应"："桶小，骂你不认真；桶大，骂你冰太少。只浇不捐，骂你作秀；只捐不浇，骂你没诚意。从国外传入，骂你崇洋媚外；从国内发起，骂你山寨……捐少了，骂你赚得多就捐这点儿！捐多了，又骂你炒作！最后发现骂的那些人基本都没捐。"人们在畅快淋漓地享受着网络便利的同时，尽情挥洒着自己的心情。

三、久违的热情与狂欢后的思考

"冰桶挑战赛"借助网络媒体的强大传播力，实效不容置疑，这主要表现在四个方面。

（一）筹集了大量善款

截至2014年8月29日，活动发起方"渐冻人联合会"筹款总额累计超过1亿美元，远远超过去年同期的280万美元；截至8月30日，中国瓷娃娃罕见病关爱中心接收到的捐款总额约815万元，其中捐赠意向为支持"渐冻人"群体的有550余万元，数量可观，该部分款项为渐冻症的服务和治疗做出了巨大贡献。

（二）普及了公众对罕见病的认识

随着"冰桶挑战赛"的深入开展，越来越多的人了解"渐冻人""瓷娃娃"等各种罕见病，有近5万新的捐款人加入了对渐冻症群体的帮助。

（三）丰富了公益形式，点燃了公众的慈善热情

在以往，公益多以悲苦的面目出现，参与者多为名人；而"冰桶挑战赛"让普通网民受到名人的感召而加入进来，让公益变得娱乐化、平民化。

（四）引起了政府的关注

面对"冰桶挑战赛"，政府应有所作为。对于罕见病，民间捐助固不可少，但将罕见病纳入医保和商业保险，才能给罕见病人最坚实的依靠，相关保障政策、法规的出台亟须政府的参与。

"冰桶挑战赛"在中国的开展状况，折射出当代中国人的价值观。价值观是人们对于社会事件与关系的是非判断，公益事业的核心价值观是爱心和责任。公益事业之所以长盛不衰，源于它担负着对社会价值观的积极引导。任何新生事物都有自我完善的过程，一个硬币还有两面，不能以偏概全。任何活动都不是无懈可击，对于公益形式的创新，我们应报以更多的宽容，营造积极的公益环境。"冰桶挑战赛"作为公益事业的一种形式，有正面引导社会价值观的一面，因此完全不必对其大加挞伐。但同时，我们也要注意辨别其中一些消极的东西，以存利去弊、扬长避短。具体来说，"冰桶挑战赛"过程中表现出的负面价值观是需要注意克服的。

首先，急功近利。对很多名人来说，他们本应是社会的榜样和楷模，在"冰桶挑战赛"中有些名人却打着公益的幌子为自己谋利，公益成了他们获得点击、获得关注、获得钞票的手段和工具，公益也成为他们的"生意"。

其次，缺乏理性认识、浮于表面。对于民众来说，"冰桶挑战赛"是时髦和流行，是他们围观名人的"困窘"和"美女湿身"的狂欢，何谓"肌肉萎缩性侧索硬化症""渐冻人"，我国有多少这样的病人，他们的生存状况如何？这些问题反而被民众的狂热自动屏蔽或淡化。

再次,社会责任感缺失。人文精神、平等观念和人格尊严是社会价值观的重要构成部分。对平等个体的爱和责任是一个社会发展健全的重要标志,在中国很多人奉行"事不关己高高挂起",对公益事业采取观望对策。

最后,严于律人宽以待己。中国不缺少善行义举,却缺少将善行加以弘扬光大的浓厚氛围。中国人的质疑和批判精神遍地开花,使得爱心和善意有时也多了些顾虑,不能得到社会的充分尊重和认可。捐钱做公益的人是需要尊重的道德高尚的人,只有公众形成这样一种共识,普及公益价值观,社会才能走向友善和良性和谐发展。

价值观的扭曲是当代中国公益事业面临的巨大挑战。公益理念传递的弱化,会降低公益活动的价值。在充满诱惑和竞争的商业社会中,我们要建构起积极健康的公益价值观。在这一方面,名人要以身示范,引导和教育公众,更多关注内容而不是形式,更多地提供人文关怀和实质性帮助而不是哗众取宠。"冰桶热"终将退却,关爱和救助却要持续。让我们培养全社会对弱势群体的爱,让这种爱成为社会公益事业的引擎和核心,成为践行社会主义核心价值观的载体。只有这样,"冰桶挑战赛"们在狂欢过后才不会销声匿迹。

"郭美美"式的网络审丑如何终结？

▶ 李梦云

　　郭美美，一个几乎家喻户晓的名字。如此高的知名度，不是因为她怎样的貌若天仙，也不是因为她对社会有多大的贡献，而是因为她足够的"炫"。从最初的炫富、炫干爹、炫不雅视频到炫赌，因为这足够的"炫"，让她像一道刺眼的亮光，一直在舆论的波海中翻滚跳跃。因为不同凡响的"炫富"，郭美美一夜成名；因为其捏造的"红十字会商业总经理"的头衔，令中国红十字会声誉不再；后因涉赌被抓，郭美美事件真相得以暴露。人们在惊叹之余，也开始反思类似"郭美美"式的网络审丑给社会带来了怎样的影响。

　　网络审丑即网民对网络热点事件中低俗、恶俗地示丑、露丑之人和事进行关注、审视、追捧的行为。审丑是对应审美而出现的新词汇，最初主要运用于文学艺术领域。"审丑"的美学价值主要是对"审美"的补遗，即通过对丑恶事物的厌恶，唤起对美与善的渴望与追求。但是现实中的网络审丑则完全走向了反面。从最初爱摆 S 造型的芙蓉姐姐开启"呕像"时代的审丑大门，到后面相继出现的凤姐、干露露、郭美美，这些"审丑模特"无底线地示丑、露丑，博取大众网民的眼球，成为其标新立异获取名利的方式，不断地拉低人们的审美观念、道德操守和文明水平，肆意颠覆着人们的价值观。部分商家媒体则将社会责任抛之脑后，让"审丑"效应掺杂着越来越多的利益驱动，推波助澜，成为网络审丑事件的幕后操手。在围观这些丑行之时，大众网民尤其是一些判断能力缺乏的青年网民，对其津津乐道甚至无知地追捧，以"丑"为美，陷入审美的误区；还有一部分人抱着一种凑热闹的好奇心，在围观丑行的同时，污言秽语，肆意谩骂，酿成网络暴力。更为可怕的是对一些价值观尚未形成的青少年造成混淆是非、颠倒黑白、不分美丑的不良影响。因为炫丑反而得到围观激赏,做丑态、行低俗反而成名得利,只会让更多的年轻人误入歧途,难以形成正确的价值观。长此以往,社会也会丑态横行、正气不彰,道德滑坡、价值沦丧事件会不断出现,善良的人们也将失去信心,善的社会基础都将受到冲击。如何抑制这种情况的蔓延值得深思。

第一,要有正确价值观的引领。在"郭美美"式的网络审丑中,可以说炫丑和审丑都是一种病态,其共同点就是在是非美丑善恶等基本价值观念上发生动摇、迷茫甚至错位。炫丑者以丑为美、以非为是,为了得名得利,为了过上奢华富裕的日子,可以说是不择手段,甚至以为这就是生活的价值和人生的成功。在审丑者群体中,有的人通过审丑来满足自己的低俗畸形的欲念,有的人借此扭曲式地宣泄自己的不良情绪,在面对纷繁复杂的世象中,他们失去对正确价值信念的坚守。在一场场畸形的网络审丑狂欢中,没有正确价值观的引领,他们在偏离真善美的大道上越跑越远。与真实社会需要设置基本的道德底线一样,网络作为真实社会的映射和延伸,也需要正确的价值观和理性的判断力支撑。

第二,要提高媒体的责任意识。媒体的角色与责任是价值观传播与引导不可忽视的力量。媒体伦理要求各媒体人努力做到客观公正并传播真善美的价值要求,而不是一味陷入功利误区,为功利而不择手段。南方周末报评论员笑蜀曾说:"关注就是力量,围观改变中国。"这本是描述通过媒体报道的关注效应,可以获得更多正义的监督力量,如今这句话却成了很多媒体扭曲的座右铭。为了引起围观和关注,他们蓄意炒作丑行,"关注度"成为其最为重要的传播目标之一,大众媒体应该秉持的独立和理性原则完全被"关注度"所架空,失去了媒体的真实性与正义性。加强对媒体伦理责任的培养,使社会舆论回归到正常秩序迫在眉睫。一方面,社会主流媒体要向大众提供积极健康向上的审美的理念;另一方面,也要通过对我国已有新闻法律法规的完善去引导媒体,促使主流媒体将社会公众效益与经济利益有机结合。另外,要加强对新闻传播者的职业道德教育,对一些丑行的炒作心存警惕,不报道、不评论、不转载,以免被炒作者利用。媒体必须有所为、有所不为,只有这样才能建立健康的媒体秩序,提高社会主流媒体的公信力与影响力,成为受大众欢迎与信赖的精神消费对象。

第三,要健全相关法律法规。现实中的网络社会的审丑逐臭现象,很重要的一个原因是缺少行业自律和法令监管的约束。为了扩大影响力,追逐利益,网络推手通过网络平台炒作特定人物、制造公共话题,甚至不惜向网友灌注低劣、恶俗,甚至违法的负面价值观。以郭美美为例,网络推手借助欠赌债2.6亿元的虚假信息,为某赌博网站增加点击量,明明是极为无耻的拜金言行,却一直吸引舆论关注甚至不乏网络拥趸,这种越骂越红的现象值得全社会反思。因此,立法或出台相关司法解释以填补互联网管理领域的某些法律空白,依法惩处各种违法事件,积极净化网络空间,成为当务之急。当涉嫌犯罪总能在第一时间进入司法程序,当恶名不但不能带来利益,反而还受到舆论道德的谴责与法律的制裁,"郭美美"们就会在网络的信息海洋中渐渐消退。

回归孝道，让每一个老人 都能安享晚年

▶ 刘晓梅

一、事件经过

2014 年 8 月 24 日，《法制晚报》记者马晓晴报道，因房租到期被房东赶出，年近八旬的老太王丽仙在东城区轿子胡同的公厕中住了一周时间，其间三个女儿无一现身。隆福寺街道办事处工作人员在得知老人的情况后，联系上她的大女儿和小女儿，劝她们来把老人接回去照顾，但姐俩谁都没有出现。无奈之下，工作人员只好联系民政部门，由于老人有退休金、住房和监护人，不符合救助站的救助条件，因此也没办法接收。

王丽仙老人的大女儿表示，母亲头脑不清，经常和邻居闹矛盾，喜欢捡破烂又不讲卫生，随地大小便，住在哪里都被房东轰，她对此很无奈；二女儿称没有地方安置老人；三女儿则未回应此事。25 日晚，街道和救助站将老人安置到东城区第一人民医院照顾。医院检查结果显示老人患有轻微的老年痴呆症。老人的遭遇经过媒体报道后，她的三个女儿成了众矢之的，被指不孝、虐待老人。一时网络舆论纷纷。

二、网友观点

(一)绝大多数网友深切同情老人的不幸，纷纷谴责老人的女儿遗弃老年痴呆症的母亲

他们认为为人子女当报答父母养育之恩，这是最基本的孝道，任何

困难都不能成为不尽赡养义务的借口。

厦门网友说："父母老了不能嫌,岁数大了难免脑痴呆,不管不问是良心问题,让一个白发苍苍的母亲流落街头于心何忍?!"沈阳网友说："谁都是被父母一把屎一把尿拉扯大的,谁也都会有老的时候。父母变成什么样都必须养,任何困难都是借口!"网友"阳光丽人 cyri"说："自古孝为先,一个人连自己母亲都不去爱,就是自私,不能原谅,要受到社会谴责。"

(二)面对网友们对老人三个女儿铺天盖地的谴责,部分网友也表示需要换位思考,多体谅老人女儿们的无奈

宁夏网友说："她母亲得了老年痴呆,这个病要一直有人在身边照顾,连拉屎尿尿都是随便的,如果三个女儿轮流照顾还行,只一个女儿根本照顾不过来,何况还有自己的家庭要照顾。都挺难的。"网友"资深易友撸大炮"说："骂老人女儿的人从来就不会换位思考,站在老人女儿的角度上考虑整件事!如果你们遇到这种长辈,也许也会感觉到这些女儿的无奈!"

(三)有的网友认为老人今日处境凄凉,是与她自己没有教育好子女有关

他们认为"可怜之人必有可恨之处",父母不能只是生养孩子,还要负责教育好孩子。

网友"户先森"说："看到这种新闻不要一味怪子女垃圾,想想为什么会如此?真正疼爱子女,对子女好的父母,他们的子女不会这样对父母。都会主动照顾老人或经常看老人。可怜之人必要可恨处。"网友"蓝翔 09 届毕业"说："老太太现在固然可怜,可一切罪恶之果都是自己种下的,教育失败是一方面原因,一个有素质的家庭培养出有素质的儿女,是不会发生这种情况的!"

(四)还有网友把子女不孝顺归结为当今中国社会退步、传统道德沦丧、精神文明建设失败的表征

南京网友说："一个妈可以拉扯三个女儿,三个女儿管不了一个妈!中华民族的传统美德去哪里了!道德沦丧!没有底线啊!"西安网友说："老祖宗几千年的礼义廉耻都丢了,不孝顺的子女越来越多,到底是社会进步了还是退步了！"网友"绝望才能自由"说："中华的仁义礼智信被抛弃的太久了，搞了所谓的精神文明建设几十年，就是这个样子，太失败！"

还有网友认识到家庭养老的困难，提出养老是一个社会课题，政府应该着手解决社会福利养老的问题。另外有网友建议将不赡养父母纳入刑法，要求追究三个女儿的遗弃罪。

三、如何让每一个老人都得安享晚年

网友们的讨论，让笔者感觉到多数网友都有着正确的是非观和强烈的正义感。其中不少网友提出了很多有建设性的建议，对于解决"老无所养"的问题很有参考价值。当然，有的网友观点也过于偏激和不够客观。比如要求人肉和谩骂老人女儿的，貌似站在道德的立场上，实则行的是不道德之为。还有的网友容易把个别的局部的不良现象全局化、夸大化，因为少数子女的不孝行为，就断言整个社会退步、道德沦丧、几十年的精神文明建设失败。这些评论都是有失中允的。分析网络舆情，笔者形成如下思考。

（一）"百善孝为先"

媒体、学校和家庭应加强宣传和教育，要在全社会形成尊老孝敬的风气，让传统孝道重归。中华民族自古就倡导"老吾老以及人之老"的美德，孝意识深入人心。儒家以"孝为仁之本"，认为孝是一切道德的根本，没有哪种德行比孝更重要。几千年来，"长幼有序"已成为中华民族的人伦共识，不孝之举必为众人所不齿。但是，经历五四和"文革"，中国人对于传统的敬意被渐渐消解。在日新月异的变革时代，在市场经济及西方功利主义思想的影响下，老年人日益边缘化和被忽视。年轻人的自我意识膨胀，孝文化受到很大挑战，经常有不赡养、遗弃老人的事件见诸报端。

老年人曾为社会创造了丰富的物质和文化成果，为抚养儿女忙碌操劳一生。当他们年老的时候，理应得到儿女的关怀照顾以及社会的爱戴尊重。注重孝文化的传承和发扬，在今天的中国显得尤为重要。

我们要充分利用媒体以及学校的平台,引导年轻人尊老孝敬。在家庭教育中,长辈不应一味娇惯放纵,应该教育子女从小懂得尊老孝老。同时,长辈也应以身作则,尊老孝老,为儿女亲身垂范。我们要在全社会形成尊老孝敬的风气,让传统孝道重归。

(二)政府要加大投入,加强服务管理,重视老龄工作

我们国家马上面临独生子女的养老问题,一对夫妻将面对四个老人和一个孩子,家庭养老的困难即将凸显。面对严峻的老龄化形势,我们在物质基础、政策储备、社会参与、管理服务等方面的准备还有很多不足。诸如养老机构床位数、老年护理机构数、城乡社区养老服务设施覆盖率等离实际需求还有很大的差距,涉及老年人生活质量的关键任务推进力度还不够,等等。如果国家还不大力发展养老福利,社会矛盾将会增加。所以,政府要加大投入,加强服务管理,做好老龄工作。只有这样,才能化解社会矛盾,保障社会经济的可持续性发展。

(三)要加强监督管理,尽快完善立法,保障老年人的权益

国家要尽快完善保障老年人权益的法律,并保障相关法律的有效实施。北京市隆安律师事务所律师尹富强认为,子女赡养老人是法定义务,老人无家可归,应该由其子女来履行赡养义务,照顾老人。如果子女不履行,老人可以通过法律途径维护自身的权益。在这过程中,政府管理部门应该给予相应的帮助和协调。

(四)发挥政府、市场、社会、家庭和个人作用,统筹破解"老有所养"的问题

在破解"老有所养"的问题上,需要不断完善各项体制机制,充分发挥好政府、市场、社会、家庭和个人五个方面的作用。政府要总揽全局、统筹规划、出台政策;市场要起到关键调控作用,以老年人的多样化需求引导产业的多样化发展;社会要参与提供公益性养老服务、发展老年慈善;家庭要最大程度提供对老年人的物质供养、生活照料和精神慰藉;个人是解决自身养老问题的首要责任主体,要老有所学、老有所为、老有所乐。

党中央、国务院一直十分关心老龄问题,高度重视老龄工作。据

2014年10月3日《人民日报》评论员文章,截至2013年底,城乡居民基本养老保险制度实现全覆盖,65岁以上老年人健康管理率达88.8%,基层老年法律援助覆盖面达95.4%。22个省(区、市)建立了困难老年人养老服务补贴制度,一些地方还出台了高龄津贴政策,建立了失能老年人护理补贴制度、老年人生活保健补贴,或探索建立了长期护理保险,支持老龄事业发展的社会氛围更加浓厚。

养老问题,没有远虑,必有近忧。"老有所养"不仅是子女的义务,也是全社会的责任。面对即将来临的"银发浪潮",我们需要调动一切积极因素,尊老爱老,保障每一个老年人都能安享晚年,让"老有所养"不再是梦!

社会主义
和谐社会建设

"西湖会所"的关停和转型

▶ 崔华前

2014 年 1 月,杭州市委、市政府决定关停西湖边的高档会所。消息一出,市民、游客一片叫好,网友纷纷顶帖、点赞。这充分表明:杭州市委、市政府的果断措施,深合民意、深得人心!

一、社会各界纷纷反对"西湖会所"

所谓"西湖会所",专指西湖边的高档会所。前几年,杭州投入数十亿元巨资对西湖进行综合改造和保护,倾力打造"大众西湖"。但不久之后,环西湖一带的许多名胜古建、绝版风景摇身一变成了普通市民与游客"可望而不可进"的高档会所。对于这些高档会所,人们普遍表示反对。

(一)来自市民的反对声音

市民李国庆说:"西湖是政府投巨资改造的,花的都是纳税人的钱,它的每一寸岸线、每一块绿地、每一处设施、每一处景观,都是公共资源,理应让市民和游客共享。会所剥夺了大众的游览权利,是与民争利。"市民张亮说:"过去还能进的一些名胜古宅,现在改造后,老百姓反而只能隔门瞄望,还湖于民咋成了还湖于权贵呢?"一家会所的保安对记者说:"来这里消费的,不是有钱人,就是有权的人。"

(二)来自学界的反对声音

浙江大学公共管理学院教授范柏乃说,西湖是大众资源,其公共价值的最大化应得益于全民共享才能实现。靠近环西湖的一线风光,必须还给游客和市民。浙江大学亚太休闲中心教育研究中心副主任楼含松认为，面对西湖日趋"富贵化"的趋势，有关部门应及早警觉、有效应对。浙江大学旅游研究所副所长周永广博士认为，会所凭空出现、临湖而建，使得西湖的整体产业链因此而断裂。

（三）来自网民的反对声音

COM豆号：有钱人不在乎钱，深知钱生钱的道理，所以舍得在西湖投资建高级会所，宴请达官贵人们。EVITA：一线的风景给所有百姓，会所就到隐蔽点的地方去吧。我爱加非：感觉又回到老底子，沿湖都是私人别墅看得见进不去。大胃猫：本来还自豪于西湖是免费的，不像有些城市景区门票贵的吓人，闹了半天已经悄悄地变成没有门票可买也进不去的小众私有啦。

综合各界的意见，反对的理由主要有："西湖会所"侵占了公共资源，破坏了西湖的整体和谐与产业链，容易产生权钱交易，滋生腐败。

二、关停"西湖会所"深得人心

"西湖会所"正式关停的消息，引发了舆论的广泛关注。2014年1月16日，中国新闻网、人民网、新华网、光明网等众多重点门户网站报道及转载了此消息，媒体关注度迅速上升。此后的6天中，相关报道及转载量约2920篇，论坛、博客近400篇，微博约为9410条。人们对关停"西湖会所"普遍持充分肯定的态度。

（一）市民、游客一片叫好

80岁高龄的市民杨章耀说："还湖于民，是广大人民群众的期望，深得民心之举。"陕西游客张青峰说："西湖不收门票，全国做得最好。如今，杭州还把一小部分被私人占据的场所，全部归还给老百姓，太有魄力了。这样做，我很赞成。"

（二）学界普遍认同

民间文史学者丁云川说，西湖是公共资源，属于大家，应该无条件供游客市民游览、参观，不能为小部分人群服务，关停"西湖会所"是"一件大好事"。

(三)网友纷纷顶帖、点赞

网友小樱33说:杭州在这方面真的做得很好,还湖于民,做到了真正公益性和大众性。玉竹轻风说:政府这个举措真是大快民心,希望政府继续坚持下去。虹跃说:私人会所、高档饭店可不是简单的舌尖上的腐败,而是社会毒瘤。关停高档经营场所,看似简单,难度不小,这是2014年开头本人最满意的一件事!

为什么关停"西湖会所"能够深得人心呢? 主要原因有二:

其一,有利于防治腐败。中央纪委、中央教育实践活动领导小组在2013年12月发出了《关于在党的群众路线教育实践活动中严肃整治"会所中的歪风"的通知》(以下简称《通知》),《通知》指出,一些党员领导干部出入私人会所,吃喝玩乐,甚至搞权钱交易、权色交易等,严重影响党风政风,带坏了社会风气,要求严肃整治"会所中的歪风"。党中央的指示反映了客观现实与广大人民群众的呼声。西湖边的高档会所可能会成为滋生腐败的温床。在这里高档消费,不仅可以尽情欣赏旖旎的自然风光,而且具有极强的"私密性",不容易被发现。这里对于那些习惯于公款吃喝者来讲,是再好不过的地方。因此,稍加不慎,这些高档会所就可能成为大吃大喝、公款消费、助长奢靡之风的灰色场所,沦为权钱交易、财色勾兑的不法之地。广大人民群众对此无疑是深恶痛绝的。关停"西湖会所",既充分体现了各级党委、政府防治腐败的决心,又顺应了民意。

其二,有利于还利于民。杭城之美,美在"半城山色半城湖"。西湖美景让人流连忘返,"江山留胜迹,我辈复登临"。西湖不仅属于每一位杭州市民,而且属于所有钟情于她的游客。西湖景区内的名人故居、历史建筑更是文化西湖的符号和标记,承载着西湖的人文与血脉,属于公众的公共资源。西湖姓"公",西湖的一山一水、一花一木本应由全民共享。但是一些会所要么设在景区公园内,要么开在名人故居里,要么建在文化遗址上,却拒绝对普通市民和游客开放。一道围墙,阻挡了人们亲近西湖的脚步,人人可观赏的风景变成了少数人的"后花园"。关停"西湖会所",是杭州市委、市政府"还湖于民、还园于民、还景于民"的一项重要举措,回应了民情民意,顺应了百姓期盼,值得拍手称快。

三、关停后的"西湖会所"如何转型

关停后的"西湖会所",要成功转型,面临着诸多困难与挑战。比如,进去的游客大都是以参观为主,真正去消费的并不多;游客可以进去消费,但需要预订;转型后的一些会所亏损严重。如何克服困难、迎接挑战? 综合各方意见,关键是要做好如下几点。

(一)坚持公益性、大众化、可进入原则

关停后的会所,可用于各种公共服务,做一些公益项目,如可以改成健身会馆、小型会展或创作室的场地、小型博物馆、展示传统文化或者手工艺的交流区等,以满足市民和游客健身、游览、休闲、娱乐的需要。所有市民、旅客均可进入会所区域,所有会所不能设置任何进入的限制,所有会所不得以会员制的理由拒绝普通消费者。

(二)尊重市场原则

会所转型是个系统工程,要转的不仅是定位、价格和管理,还有服务理念、消费习惯、菜式菜品等。转型后的会所要通过亲民的价格、好吃有特色的菜品、良好的服务等,薄利多销、控制成本,逐步实现收支平衡,乃至盈利。

(三)进行整体规划

可以按照统一规划、总量控制、合理布局、优化结构、方便游客、资源共享的原则,从整个西湖景区的业态优化布局出发,对关停后的会所适当引导,按业态规划进行转型升级。

(四)建立长效机制

要建立长效管理机制,完善会所检查制度,组建"西湖请你挑挑刺"的"刺客"队伍,发动市民与游客进行全面监督,建立对会所的监管机制与日常巡查机制,以防关停后的会所又通过各种关系或者是改头换面悄无声息地重新开张。

被放大的恐惧:乙肝疫苗"致死门"事件反思

▶ 游海华

2014 年 1 月 3 日,国家食品药品监督管理总局、国家卫生计生委联合通报了乙肝疫苗事件调查结论:未发现深圳康泰公司生产的乙肝疫苗存在质量问题;从各地调查结果看,接种单位和人员资质符合要求,疫苗储存、运输符合规定,接种环节符合操作规范。17 日,两部门再次联合发出通知,恢复康泰公司重组乙型肝炎疫苗的使用。至此,传得沸沸扬扬、引发广泛质疑,乃至社会恐慌的乙肝疫苗"致死门"事件,水落石出,有了结果。

事件源于 2013 年 12 月中旬媒体的曝光。新华网报道,湖南有 3 名婴儿在接种乙肝疫苗后出现严重不良反应;其中,两名婴儿死亡。涉事企业为深圳康泰生物制品股份有限公司。一石激起千层浪。短短一个月之内,乙肝疫苗"致死门"事件不断发酵。宁夏、甘肃、浙江、广东、四川相继曝出疑似"疫苗致死"案例,涉事公司除深圳康泰以外,还有国内另外两大乙肝疫苗生产巨头:大连汉信及天坛生物。短时间内连续发生疑似疫苗致死病例,这在疫苗接种领域几乎从未有过。

事件曝光后,疫苗产业遭受了前所未有的信任危机,监管部门也被推向了舆论的风口浪尖。深圳的网友揶揄:康泰?要人命的康泰。有的网友愤怒声讨:这种无良商家应该千刀万剐,以后宁愿多花钱打进口疫苗,政府为什么不严惩这些刽子手?新疆的网友直斥:食品药品监督管理局是干什么吃的?个别网友甚至非理性发泄:都他妈的坑到孩子身上了,禽兽不如;不仅企业领导要杀,相关监管部门领导也要杀,只要有利益链都要杀。

"致死门"事件也引发了一定程度的社会恐慌。南宁的网友说:我的宝宝还有一个多月就出生了,现在出这个事,真的忧心啊!这个社会怎么了?奶粉不放心,现在连疫苗都出事!山东菏泽的网友弱弱地求解答:我家孩子一岁半,以前打的这家的疫苗,对孩子有影响吗?成都的幼儿父母很纠结:我的孩子今天就要打疫苗,这打还是不打嘛?绍兴的网友明白表示,医院打电话给我,让我带5个月的儿子去打乙肝预防,我都不敢去了。另据2014年初国家卫计委的监测显示,事件曝光后乙肝疫苗的接种率下降了30%,其他种类国家免疫规划疫苗接种率下降15%。

无疑,"致死门"事件产生了严重的负面影响,出现一个没有赢家的结局:国内疫苗企业遭受重创,政府公信力受损,各地免疫规划接种率下降,没有接种的婴幼儿暴露在传染病的魔爪之下。然而,在真相得以大白的今天,在恐慌仍未完全消除的当下,回顾与反思事件的来龙去脉,我们不难发现,这似乎是一场被放大的恐惧!

事件曝光后,国家监管部门的反应速度是及时的,作为力度是适度的、恰当的。在事件曝光后的两日内,国家食品药品监督管理总局和国家卫生计生委做出决定,立即停用深圳康泰部分批次乙肝疫苗;一周之内,再次决定,暂停使用康泰全部批次乙肝疫苗;之后,迅即派出检查组,对该公司进行了全面检查。可见,在本次公共卫生事件处理中,不是某个官员拍脑袋说了算,也不是愤怒的受害者说了算,更不是大众舆论说了算,而是政府在权衡相关利益方的诉求后,根据"控制措施与风险程度相适应"的评估方法,有步骤地采取了暂停使用涉事批次、全部批次、派出检查组检查等理性措施。

作为涉事企业,深圳康泰公司的态度是慎重的、低调的,积极配合检查的。事件曝光后的两日内,公司高层在接受记者采访时表示,自查时在26只小鼠和豚鼠身上做了安全性实验,均为正常。同时,明确告知了涉事疫苗的生产数量和流向。两天以后,公司在其官方网站发出通报:经自查,涉事批次疫苗在生产、储存、运输等环节均按照规程,符合国家规定和新版药品GMP(产品质量管理规范)的要求;婴儿死亡疑为偶合死亡事件。在真相没有弄清楚之前,公司和大众一样,积极配合调查,并耐心等待国家权威部门的调查结果。

与此相反,一些媒体和人群无视政府的有效应对和企业的积极配合,或捕风捉影,或肆意渲染,或疑神疑鬼,夸大了事件的恐惧性,助推了社会恐慌的形成。

这场被放大的恐惧,原因多种多样。例如,近年国内疫苗生产流通环节乱象频出导致公众"习惯性"恐慌,社会矛盾增多让人们普遍缺乏安全感,现代科学技术本身的不确定性,我国公共事件应急机制和保障机制还不完善等。但是,有两个至关重要的致因,我们不能忽视。

一是人们对疫苗的无知。"疫苗啥时候该打,你们是不是应该先给孩子体检一下再打,光知道收钱!""为啥要打那么多疫苗?""让婴儿都打乙肝疫苗是利益驱使,有人为了钱向全国新生儿设下魔鬼圈套。""偶合,偶合,要是不打不就没事了吗,难道说还不是疫苗惹的祸吗!""打疫苗就要打进口的。"看到网友们振振有词、义愤填膺的发问,以及这些充满"正义"的所谓良知或忠告,你似乎很难不被"镇住"。

显然,无知是恐惧滋生的温床。很多人并不知道,我国已经实施了新生儿国家免疫规划,每个孩子从出生起要打 13 种国家免费供应的疫苗,乙肝疫苗即是其中之一。他们不了解,接种疫苗是全球公认的防控传染病的最佳利器,新生儿出生 24 小时内注射乙肝疫苗是国际上通行的法则。他们也无心听取:乙肝疫苗总的来说是安全、有效的,接种后的不良反应概率大概在百万分之一到二左右;接种疫苗致死界定是一个非常专业的过程,需由各相关领域专家共同确定;偶合症是医学专有名词,即便在发达国家,偶合反应也无法被完全排除。

二是部分媒体的非专业化引导。有媒体无事实根据渲染,"中国疫苗生产技术落后西方国家 30 年,每年有超过 1000 个孩子患上各种疫苗后遗症,留下终身残疾"。事实是,据国家食药监总局药化监管司长李国庆介绍,国产疫苗和国外一样好,从某些指标来看,甚至是领先的。有的媒体为吸引眼球,以《康泰停产 幕后老总已举家移民》《还记得江苏延申疫苗造假吗?"幕后"老板和康泰是同一人》等标题进行报道,引起人们无尽的想象和猜测。其他如《痛心!已有 7 个孩子打疫苗后死亡》《康泰乙肝疫苗事件疑似生产环节被污染》《疫苗事件:"偶合死亡"被指涉事方逃避责任托词》《疫苗事件:正义不能总是迟到》等标题党新闻,无不弥漫着疑罪从有的逻辑,挑动着大众敏感而脆弱的神经。

人们的恐惧潜滋暗长,最终汇聚成相当程度的社会恐慌。

　　恐惧之后淡定反思,社会各界都要以此为鉴,总结经验教训。正如某位专家所指出的,在风险社会中,要让政府、科学和市场各归其位。科学家应该独立从事风险评估,监管部门在学界科学评估的基础上进行风险管理,政府、专家和企业要借助媒体平台与民众进行广泛且深入的风险沟通。

　　此次疫苗"致死门"事件,从另一个方面讲,也是对全民的一场疫苗知识普及。但愿我们在面对下一个公共危机时,除了政府、科学、市场各归其位外,媒体应以事实为准绳,及时跟踪报道,正确引导;社会大众应及时了解资讯,冷静思考,独立判断,慎重应对。只有这样,我们才能临危不乱、成竹在胸,从而战胜恐惧、化解危机。

"幼儿园"为何沦为"药儿园"？

▶ 胡文燕

一、事件回放

对一些幼儿家长来说，2014 年的 3 月，是名副其实的"黑色 3 月"。

2014 年 3 月 10 日和 3 月 12 日，陕西省西安市宋庆龄基金会枫韵幼儿园和鸿基新城幼儿园被曝给幼儿集体服用处方药品"病毒灵"，涉及幼儿 1400 多名；3 月 15 日，经警方调查认定，吉林省吉林市芳林幼儿园长期给幼儿喂食"病毒灵"药物，园内 100 多名幼儿受到影响；3 月 18 日，经宜昌市警方确认，馨港幼儿园确实存在私自给幼儿服用"病毒灵"的现象，馨港幼儿园是一所民办幼儿园，有小中大共 6 个班，共 209 名学生。

西安市、吉林市和宜昌市幼儿园相继被曝出幼儿"被服药"事件，在社会上引发极大关注。一些家长表示担忧：孩子幼小，连话都学不全，会不会受到其他的伤害？幼儿园竟然成了家长最不放心的地方。

二、网友评论

对于国内幼儿园所发生的喂药事件，很多网友表达了自己的担忧和看法：

@咪宝 0810：今天又看了一次西安幼儿园长期给孩子服用病毒灵的事件，我看完难受的都要哭了，不知道孩子的家长会是怎样心痛的感觉。对孩子做的事情可不可以负责任，不要做那么多伤天害理的事了！还能不能让家长放心地把孩子放在幼儿园了！

@沈东军：为保证所谓出勤率，确保园方经济利益，却给健康孩子喂处方药"病毒灵"；连续几年的违规喂药，教育监管部门一无所知……西安这所私自长期给孩子喂药的幼儿园，让人们完全颠覆了印象中那些疼爱孩子的"天使"幼教。天使变"魔鬼"，家长们又怎能安心地把孩子送进幼儿园？

@Fenng：西安幼儿园给孩子喂药的事件，媒体只是掀起了冰山一角。很多幼儿园都这么做，喝板蓝根的也不少。希望有媒体跟进做更多调查。

@鲁国平先生：宜昌、西安、吉林市多所幼儿园被曝乱喂药后，今早新闻《安徽一幼儿园被曝每天往孩子嘴里喷药》又让我瞠目。试问，这些校园管理者有何权力擅自给孩子们喂药？毕竟孩子不是养鸡场里的鸡！可难道他们仅仅是非法行医？我看他们喂药目的都是在预防疾病，所以看来更像是在饲养动物。

@人民网舆情监测室："西安幼儿园喂药事件"被媒体披露后，受到社会广泛关注。人民网舆情监测室进行网络数据调研发现，24％的网友认为应当"加强幼儿园儿童安全保护"。在调研中，有36％的网友认为应"严惩涉事幼儿园相关责任人"，同时有15％的网友认为应"彻查幼儿园喂药背后黑色利益链"。

三、有关幼儿园喂药事件的深思考

（一）给幼儿喂药的动机是什么？

在喂药事件暴露后的体检排查过程中，部分幼儿发现了心肌酶偏高、心肌炎、肾积水等症状。那么，幼儿园老师又出于什么原因给孩子们集体"服药"呢？

据幼儿园负责人交代，这么做是为了预防感冒，提高孩子出勤率，这样可以收取全额保教费、住宿费，同时出勤率高还能增加幼教的绩效奖金。但此做法未事先征求幼儿家长意见。

幼儿园本是让学前儿童快乐成长的地方，如今却发生这么多起违规用药事件，直接导致"药儿园"这一新名词横空出世。无论是服用"病毒灵"等处方药,还是喂食维生素 C 和板蓝根冲剂等非处方药,"药儿园"的共同特征都是没有征得家长的同意,即便是为了孩子健康考虑也属于违规行为。在"为了孩子不生病,为了保证孩子的出勤率,进而保证幼儿园和老师的收入"这样逻辑链条的支配下,在经济利益驱动之下"药儿园"不惜让孩子充当牟利工具。教育和医疗一样,最忌惮的就是不再坚持公益思维,一切服务于经济利益考虑。倘若是以抓经济的思维来办幼儿园,牟利的冲动势必会损害公众的利益,好一点的幼儿园会借助赞助费等高端手段扩大利益,差一点的就会借助违规喂药等低劣手段维持利益。

(二)作为处方药的"病毒灵"是如何进入幼儿园的?

以西安涉事幼儿园为例,从 2008 年 11 月到 2013 年 10 月,这家幼儿园冒用其他医疗机构名义,从 4 家医药批发零售企业先后分 10 次购进"病毒灵"54600 片。从幼儿园购药、保存直到最后的服用无人监管,甚至还有不合格的幼儿园保健医生随意给孩子开处方药服喂。这一系列漏洞百出的环节,凸显出幼儿园卫生保健领域的监管短板。正是因为监管的乏力,"药儿园"才会如此肆无忌惮。因此,对"药儿园"的处理不能止于幼儿园本身,还必须对违规售卖处方药的企业以及监管部门进行追责。

(三)追求利益要不要守住底线?

追求经济利益本无可厚非,毕竟幼儿园要生存,老师也要生活。谁也不能反对幼儿园对经济利益的追求,但这种追求一旦越过道德和法律的底线,就会演变成恶行和犯罪。如果越线也没有受到相应惩罚,恶例就会带动越来越多的人效仿。事实上,类似的给无病儿童服药的事件并不是第一次出现,而"被服药",也只是幼儿园中存在安全隐患的一个缩影。近年来,各地幼儿园问题频出,校车安全事故、虐待儿童案件、猥亵儿童案件多有听闻。由此可见,"幼儿园"之所以成为"药儿园",内因缘于幼儿园的牟利冲动,外因则缘于监管的严重缺失。阻遏牟利冲动,完全靠幼儿园自律自觉不大可能,更大的依靠是监管,包括家长监管、社会监管、政府监管。虽然家长监管是第一道防线,是发现问题的重要关口,但要起到明显作用还要靠政府监管。

（四）人命关天，政府监管不能缺位。

监管的作用就是阻遏幼儿园单纯的牟利冲动，将其对经济利益的追求控制在社会底线之内。这就是监管尤其是政府监管的重要意义。然而在现实中这却是一块短板。

目前的教育体系中，学前教育不属于义务教育，公办幼儿园少，难以满足需求，所以民办园占了幼教市场的大多数。由于民办园享受政府财政投入很少，主要靠"以生养园""以生养师"，因此经费投入不足，幼儿教师队伍不稳定，且素质良莠不齐。另一方面，由于学前教育不属于义务教育，不少地方的幼儿园常常被监管机构习惯性忽略，导致一些民办幼儿园乱象丛生。

因此，一方面对于学前教育要加大财政支持和投入，另一方面要进行严格的监管，建立常态化的监管制度，尽快把政府监管的短板补起来，才能使我国的幼儿教育更加健康地发展。

少年暴力，谁之过？

——奶西村少年暴力事件反思

▶ 姚月红

一、事件回顾

2014年5月25日，一条名为"实拍3男子轮流殴打一少年，众多网友报案"的视频在网上疯传。这条长达8分40秒的视频显示，在一处四周无人居住的空旷地点，三名赤裸上身的男子轮番殴打一名少年，肘击、脚踢、用石块砸，甚至在少年昏迷倒地后向其头部小便……

针对这则视频，公安部刑侦局在官方微博表示：应当严惩，已部署调查，请知情者提供线索。经核实，视频拍摄地为北京朝阳区崔各庄乡奶西村。26日上午，经过警方连夜工作，15岁的程某和17岁的杨某被抓获，15岁的郭某在家人陪同下投案自首。三人对5月23日殴打少年一事供认不讳，案件正在进一步处理中。目前，被打少年已经接受治疗，身体状况稳定。

被打少年今年14岁，读六年级，与三名无业打人者同为奶西村人。此前，三人因打架被抓，怀疑其告密。少年被殴打后选择沉默，直至两天后，父母发现其背部伤痕才报警，此时他被打的视频在网上已有上百万的点击量，引发公众的关注。

二、各方反应或评论

一段引发公愤的网络视频，一件被警方高度重视的暴力事件，一群值得反思的无业少年。奶西村少年暴力事件曝光后引起了社会各界的关注。

视频中残暴的场景，令许多网友震惊和愤怒。"看了几分钟视频实在看不下去了。"许多网友表示，视频内容太过暴力，不忍直视，认为殴打行为性质太过恶劣，希望严惩打人者。@"假装在西安怒号"认为："三人打一个孩子，一个还在拍摄，手段之残忍超乎我的想象，不管打人的原因是什么，我想打人的这几个孩子必须付出代价！"@潘石屹表示："看了视频后，关注了一天，干什么事都精力不集中。孩子活着就好。严惩凶手。"

《北京青年报》《新京报》等多家媒体第一时间对事发地奶西村进行了探访，报道呈现了奶西村的生活环境和"移民二代"的真实状况。《新京报》还发文呼吁：要设立"暴行罪"，向暴力打人说不。中央电视台《新闻1＋1》也对此事件做了报道。白岩松解说道："面对这样一段八分多钟视频的时候，可能在痛苦愤怒的同时，还要感受到一点，幸亏有人把这个疤揭开了，让全社会去看到它，但是看到它是不足够的，接下来是思考，更重要的是思考了之后，要有行动，否则真白看了。"《济南日报》评论称：这不是个案，而是一个社会问题。《华西都市报》认为：因为异地就学的种种门槛，他们在适龄的时候却难以接受教育；父母在为了基本的生计而忙碌，社会性的监管却没有同步跟上；当他们沉迷在暴力网络游戏的虚拟环境中，现实世界却没能为他们提供一种健康的文化导向。《东方早报》认为：这些"漂二代"就是我们的"牯岭街少年"；各方应正视该问题，不能"眼不见为净"。

三、事件背后的反思

青少年暴力事件为何频发？如何减少类似事件的发生？事件背后所折射出的深层次问题更需要我们反思。

（一）解析：青少年暴力事件折射出什么问题？

近日，我们耳闻目睹多起青少年暴力事件。奶西村少年遭三人围殴；四川宜宾中学生斗殴致 3 死 2 伤；19 岁男子为买摩托车抢劫打死祖父母。这些大多由琐事引发的暴力事件，一则折射出当事人法律意识淡薄、生命意识欠缺、健康人格缺失等个体或群体危机的现状;二则更折射出了当下家庭教育不全面、公共基础教育不均衡、社会帮扶机制欠缺、城中村边缘化以及少年刑事司法制度不完善等中国现存的社会问题。正如《羊城晚报》所评论的:"在一个运行良好的社会,当父母的关心教育缺席时,政府、学校、社区和社会团体等就会及时补位。但我们看不到这种补位,管理者甚至连起码的本职工作都不做。"因此,我们必须要正视青少年暴力事件的多重危害,更需要深入挖掘暴力事件背后的深层根源。青少年暴力事件的危害程度远远超出青少年本身、其家庭及校园,还会危及社会生态,甚至引起模仿效应、麻木效应等更大范围的负面影响。

(二)追问:是什么原因导致青少年如此暴戾?

求解青少年暴力,除了关注暴力本身,更离不开对其产生土壤和原因的思考。青少年暴力事件的发生往往是内外多重因素共同作用的结果。

其一,特殊年龄的危机。青少年时期被心理学家霍尔称为"疾风骤雨期",是国际公认的危险年龄段。他们正面临着心理学家埃里克森所说的"自我认同的危机",容易陷入空虚无聊、精神迷惘和对自我价值的无知中,以至寻找刺激,虚度光阴,自暴自弃。一方面,特殊的年龄阶段使青少年缺乏"共情能力",理解他人情绪和情感的能力偏低,容易体验到愤怒情绪,并通过攻击行为来解决问题。另一方面,青少年渴望被接纳,在团体中寻找归属感,由于集体无意识现象的存在,"抱团"容易让"团体暴力"升级。

其二,特殊的成长环境。"移民二代"作为一个特殊的群体,生活极度边缘化,生活中遭遇的挫折通常比同龄人多,家长们忙于生计无暇管教,"有些孩子就像野草一样无序地生长"。特殊的成长环境和生存状态影响到"移民二代"的健康成长,直接或间接地使他们面临着精神上的"无家可归",导致心灵空虚和漠视生命。平时遭遇的一些应激源和负性生活事件,周边环境中频发的抢劫和斗殴等现象长期冲击着他们的心灵,容易使他们陷入精神疲惫和心理危机中,导致生命感知日渐麻木,并容易诱发暴力伤害等极端行为。

其三,家庭教育的欠缺。家庭教育和家庭环境对于青少年的成长同样重要。如果成长过程中有一些挫折经历,比如家庭暴力、缺乏父母的关爱,甚至受人虐待等,都容易对青少年造成心理创伤,形成不健全的生命观,对其心理发展带来不利影响。在不良家庭环境中成长的青少年,往往缺乏亲密感和安全感,如果在现实中遇到挫折,容易唤起创伤性记忆,不知不觉中会造成其消极情绪或过激行为。因此,青少年暴力事件的发生往往与家庭教育的缺失、亲情疏离有关。

其四,暴力文化的影响。青少年暴力事件的频发与暴力文化的日益泛滥有关。当前,暴力文化已成为一种社会现象,暴力图片、暴力影视、暴力游戏等在网络中随处可见,暴力血腥场面和"暴力至上"的解决之道一定程度上助长了青少年的暴戾。研究表明,长期接触暴力文化将产生麻木效应。此外,某些媒体对犯罪、暴力伤害等事件的过度渲染和过多细节描写的不恰当报道,潜移默化地影响着还缺乏足够认知能力和抵抗能力的青少年,容易给他们造成示范效应,容易诱发潜在的暴力事件及攻击行为。

(三)思考:如何拯救边缘生态中的"移民二代"?

社会该如何帮助这些在城市边缘"野草般"生长的"移民二代"? 我们该拿什么态度来面对这个游走在暴力边缘的被忽视的特殊群体? 青少年暴力事件的预防需要整合社会、学校、家庭、媒体、制度等多种资源,发挥教育、管理、辅导与司法等力量的合力作用。

其一,从家庭角度看,家庭成员之间要加强沟通交流、建立融洽关系,父母要给予子女充分的理解、关心,并尽量为其提供良好的心理支持。

其二,从学校角度看,应重视公共基础教育的平等,系统加强青少年的安全教育、生命教育、心理健康教育、社会价值观教育和法律意识教育。

其三,从社会角度看,在社会资源配置方面需要更多的政府部门和民间组织,参与到对"移民二代"的教育和引导中。在他们走出学校、又未融入社会之间的"真空地带",设立社会帮扶机构(如职业培训机构、心理辅导机构),为他们提供包括教育、培训和就业机会,以善意平等的态度和宽容的心态,对其投以帮助与关爱,帮助他们解决成长中面临的问题,提升他们的生存和发展能力。

其四,从媒体角度看,要设法限制渲染暴力的影视作品和大众传媒,并且以正确的价值导向和健康文化导向来为青少年营造积极的良性社会文化氛围。

其五,从制度角度看,需要建立健全人性化的社会监管机制以及完善少年刑事司法制度,扎紧社会的安全篱笆。正如北京高院的白皮书呼吁,"将外来流动未成年人纳入信息监管"。这种监管不应仅着眼于预防犯罪,还要尽可能帮助他们融入城市。

一时的舆论沸点引起关注是不够的,如何解决才更加值得深思。希望,暴力事件不会再重现;期待,"移民二代"有更美好的未来。

如何让悲剧不再发生

——对"高三学生上课时翻窗跳楼"事件的评析

▶潘云军

一、事件经过和各方反应

（一）事件的经过

2014 年 3 月 13 日晚，温州平阳萧振中学高三学生发生跳楼事件。当天教室监控清晰地记录了当时的画面：一个教室里的学生都在安静地学习，也有老师在场，突然一名男生大笑着快步跑到窗口从五楼跳了下去，尽管该生马上被送往医院，但因重度颅脑损伤，抢救无效死亡。

之后，许多媒体在采访当地教育局和警方后，还原了事发前的一些片断：

3 月 11 日前后，男生的班主任老师发现其有异样言语、举动，没有放学却把自己的书包全都整理起来，还经常提及"世界末日""黑暗天空"等字眼，班主任发现异常后，通知了学生的家长。

3 月 12 日，男生的父母来到学校，与老师做沟通之后，和男孩共进了晚餐。

3 月 13 日 18 时 40 分前后，本是学生第一节晚自习的时间，该男生独自跑到门卫室与保安聊天。19 时，老师找到男孩并一直陪着他，随后男孩主动提出要回教室学习。19 时 07 分，男孩在老师的陪同下回到教室，坐到第八组第一排自己的位置上，拿出英汉词典阅读。

19 时 11 分，男孩突然起立，转身，冲出窗外。

(二)各方反应和评论

当晚发生的事件,因监控视频的曝光,又是离高考只有86天的敏感日子,引起网友广泛热议。《南方周末》《南方都市报》、多家电视台等都展开评论,网友们也从多个角度提出了自己的见解,既有对高三学生的同情和理解,也有对自杀行为的严厉抨击,其中不乏非常理性的声音,值得我们反思。

1.持同情的态度

网友"东方"说:其实我那会高三的时候,在长时间的压力下,做着做不出的题,瞬间感觉前途渺茫,好几次也有过这种想法,想着干脆跳下去一了百了……现在想想真觉得傻,把高考看得太重了。

网友"假壳虫"说:现在的父母和老师总是灌输一种"读书就是生活的全部"的思想,让人以为读书不好这一生就没希望了,把一些人逼上了绝路。

教育评论家孙云晓说:现在很多办学机构,尤其是民办学校,总把学校的经济利益放在第一位,而真正关心孩子的很少,因为学生在真正需要帮助的时候得到的却是蔑视、暴力和阻碍,使他们做出极端的行为。

2.持抨击的态度

网友"清风"说:教育制度确实不完善,但不能把错全都归在制度上。一个人要懂得调整自己心态,才能在社会上生存下去。

网友"冯均"说:这是对自己也是对父母不负责任的做法。我高中的时候每天失眠头疼,但我坚持了三年还复读了一年,最后也考上了大学。正所谓适者生存,你必须要接受这样的现实。如果不能承受高考,也可以条条大路通罗马!上帝为你关上一道门的同时,也为你开启了另一扇门。

网友"涵养"说:看到跳窗的瞬间,简直是不敢相信!高三的当下确实会觉得有些压抑,但只要好好调整心态也没有什么走不过去的,更何况回头看高三那段岁月,其实是无比令人回味的。

二、探寻事件发生的原因

"高三学生跳楼事件"已屡次见诸网络、报刊,不是个案或偶然事件,因此,我们应该从类似事件中进行反思,找出当前教育中存在的问题。

(一)高三学生的学习压力非常沉重

每年上半年,高三学生到了课业最后的冲刺阶段,身体和心理都承受巨大的压力,学生的压力主要体现在两个方面:

一是学习时间超长。有人评价中国的高三学生,是全世界最苦的群体,每天起得最早,睡得最迟。其中以平阳萧振中学为例,学校实施寄宿制全封闭式管理,学生每两个星期放假一天,一个月休息 2 天,每天 5:45 起床早读,上完白天的课,还有 4 节晚自习,晚上 10 点就寝。这个作息制度也是全国大部分高三学生的作息时间表,每一位高三学生在超强度的时间表下没有音乐课,没有美术课,甚至没有体育课,只有一套一套的试题……

二是学习内容枯燥。高考是选拔人才的考试,具有很强的公平性,让大部分的人看到了改变命运的机会,所以,这种机会资源必然是稀缺的,那些考生们只有通过努力,以获取更好的成绩来争取自己的机会。纵观近三十年的高考改革,对考试内容的改革一直停留在强调学科内容的记忆性、逻辑计算的复杂性和知识信息的庞杂性,这样的考试内容,势必让教师在传授知识时采用填鸭式教学。这种填鸭式教学缺乏创造性和思辨性,最终使学生反感。学生在学习的内容上得不到快乐,个人的兴趣爱好得不到发挥,这种不快乐慢慢地淤积于心,不断的泛化,迁移到生活的方方面面。

(二)学生的压力是外部压力内化的结果

很多教育工作者认为,学生承受的压力来自父母的期望、社会的激烈竞争,但其实更大的压力是学生把外部的压力内化了,这也是我们成人无法看到的心灵黑洞。

虽然很多父母和老师都认为自己没有给学生压力,考试前还常告诚学生"不要有压力,考不上也没关系""平常心对待就好"。殊不知,成人在孩子早期成长过程中呈现出的信息是"农村孩子,只有通过考大学来改变命运""考不上大学,就没有出息"。这些本来是外部压力,通过教育久而久之被学生内化了,成为自己的要求,一旦觉得自己不够好时,就无法原谅自己,造成更大的压力。当学生的压力内化到一定程度的时候,寻找解脱是一种必然的选择,在这个过程中如果能有好的引导,学生可以释放掉心中的压力,重新轻装上阵,否则,他会过不了自己这一关,很有可能走极端。

(三)心理危机预防和干预的预警机制缺失

对该事件的调查来看,3月11日班主任已觉察该生出现异常,并通知学生家长,学生家长也来到学校和孩子交谈过,但未采取合理的措施,悲剧猝不及防地发生了。这次事件,可以说是老师和家长对学生出现异常心理不够重视或认识不到严重性而引起的。在学生出现异常言行时,就应该立即启动"学校心理危机干预预警机制"。首先让学校心理咨询师识别学生的心理健康状况,如确实出现心理异常,应及时通知父母,把心理咨询师的识别结果告诉父母以引起重视,同时说服父母带学生到专业的心理医疗机构做出明确的诊断,如果诊断结果是心理异常,那么就应该接受治疗而不是回到教室继续上课;如果诊断结果是一般心理问题,或是高考压力下引起的情绪问题,也应接受心理咨询的帮助,缓解心理的压力。2013年5月1日颁布实施的《中华人民共和国精神卫生法》第十六条、六十七条对此都有明确的规定。

三、如何避免悲剧再次发生

就该事件反映出的问题,要避免类似悲剧的再次发生,应做好以下几点。

(一)反思教育本质,让教育贴近学生的心灵,促进人格的健全

"教育的本质是什么"一直是人们争论的话题,我国的学校教育一直强调,教育的过程是发掘人的天性、潜能以及潜在价值的过程,

因此教育的本质就是人的发展,这也是社会主义的本质要求,即建设中国特色社会主义要努力促进人的全面发展。但在现实中,人们却越来越倡导人的成功而不是人的全面发展。我们常常告诉孩子考上大学是成功的,却没有告诉孩子,没有考上大学,即使摆个小摊仍然可以幸福快乐的生活;父母常常吓唬孩子,如果不好好学习,父母就要付出更多辛苦,却没有告诉孩子,这些辛苦是爸爸、妈妈能承受的;成人常常告诉孩子,如果不好好学习就会辜负了老师和父母,却没有告诉他们努力的过程更重要,只要努力了就一定有收获,这样的人生就应该是快乐的、幸福的……其实创造幸福和快乐生活的能力更应该是教育的本质。

在教育过程中,理解孩子,贴近孩子的心灵,满足孩子的兴趣爱好,这样的孩子才会珍惜自己的生命,对生命抱有一种敬畏之情,才会建立自己健全的人格。

(二)以人为本,建立更完善的人才选拔制度

为了体现高考的公平和公正,一直以来,我国高校的人才选拔强调分数为重,所以录取的是分数,而不是人。人是有不同类型的,有些学生对数理化一筹莫展,但在文学方面才华横溢;有些学生虽然学习成绩不能拔尖,但却有着非凡的组织协调能力;有些学生不擅记忆,但却表现出很好的思辨能力。有些学生平时成绩很好,一直保持名列前茅,但却可能在每年只有一次的高考中失误导致终身遗憾。

因此,要以人为本,始终把"人"放在第一位,改变过去"只见分数不见人"的传统思维,重视学生的能力培养和个性发展,采用综合评价方式,多方面来衡量、选拔和录取学生,减轻一考定终身的压力。

(三)建立和完善中小学生的心理危机预防机制

心理疾病的产生和发展有其一定的病理机制,在医学上也是一个亟待研究的问题。近五十年来相关的数据统计显示,心理疾病的发病率呈不断上升的趋势,而对心理疾病的治疗是专业医疗机构才能涉及的领域。因此,学校除了要减轻学生的学习压力,给学生创造良好的学习环境、关注学生的心理健康之外,更应该建立心理危机预防干预机制,定期筛查需要重点关注的学生。学校心理健康教师要学会识别心

理疾病，如近期遭受重大挫折、学习成绩波动较大、言行举止出现异常的学生，对他们及时跟进做出识别，该咨询的咨询，该转介的转介，该治疗的治疗，严格遵守《中华人民共和国精神卫生法》的相关条款，采取有效的防范实施。

奉化塌楼事件引发的几点思考

▶吕义凯

近年来，我国楼房倒塌事件层出不穷，"楼脆脆"成为人们热议的话题。2001 年 7 月，黑龙江北安市和平小学教学楼倒塌造成 16 死、6 伤；2009 年 8 月，河北石家庄市一座建于 20 世纪 80 年代的二层楼房在雨中倒塌，17 人遇难；2013 年 10 月，西安三层民房垮塌致 4 死 1 重伤，事后发现楼里没钢筋；2013 年 6 月，苏州一栋三层办公楼坍塌，致 11 死 9 伤；等等。2014 年 4 月，浙江省宁波奉化市锦屏街道居敬小区 29 幢居民住宅楼西侧房屋发生坍塌，造成 1 人死亡，6 人受伤，此次事件又将楼房质量问题推向了舆论的风口浪尖。

一、事件始末

2014 年 4 月 4 日早上，浙江省宁波奉化市锦屏街道居敬小区 29 幢居民住宅楼西侧房屋发生坍塌，引发广泛关注。当日傍晚，奉化市政府举行新闻发布会。时任奉化市委常委、常务副市长卓厚佳表示，相关部门已经对坍塌小区的住户进行挨家挨户探访，向他们发放 3000 元安置费，对无法自行安置的人员，也送到宾馆并提供饮食，保证吃住。4 月 6 日，奉化市政府发布信息称：政府向 29 幢住户每户补助 5000 元。同时，为解决 29 幢住户过渡房问题，市政府和锦屏街道办事处商定过渡房安置费按每月每平方米 20 元标准发放，时间暂定为一年。4 月 9 日，奉化市政府表示，参与建设施工的 3 名直接责任人员因涉嫌工程重大安全事故罪被奉化公安机关依法采取强制措施，其中，刑事拘留 2 人、取保候审 1 人。当天傍晚，塌楼小区所在的锦屏街道建设管理办副主任何高波自杀。街道干部的自杀，将奉化塌楼事件再次推入舆论旋涡。

二、各方评论

奉化楼房倒塌后，许多民众及媒体对事件表示关注，纷纷发表各自的观点。

（一）媒体评论

《新京报》指出，在奉化塌楼事故处置中，这种由当地政府全程掌控塌楼调查、补偿的模式，或许并不妥当。塌楼前，奉化市相关部门、当地街道办一直宣称房屋"只需加固"，且不愿由政府全额垫资进行加固，他们要对事故承担道义责任；而当地政府负责调查塌楼原因，难免面临公信危机。所以，要彻底追究塌楼的责任链，需要将调查提级，由上一级政府全面接管，对坍塌房屋的设计、施工质量、错误鉴定的出炉，以及当地政府可能的行政责任做全面彻底的调查。

《武汉晚报》则指出，应对房屋质量隐忧，在法律上落实权责对应才是根本。没有哪个家庭愿意提心吊胆地活在危房里，业主的立场，本身就决定了他对房屋安全的关心程度。现在的问题是，一旦发生问题，开发商的责任要如何追究？施工方的责任要如何追究？公共服务及质量监管部门该如何保护业主的利益、履行自己的职责？假若埋下隐患、漠视风险的人都得不到惩罚，何谈倒逼出责任心与敬畏感，所谓"预防胜于治疗"不过是一句空话。

（二）社会人士回应

有业内人士表示，因1990年前后，中国的旧城改造运动、商品房开发项目一哄而上，贪大求快，楼房的建设、施工等环节鱼龙混杂，导致了当年建造的许多建筑物存在质量隐患。而随着时间的推移，如今这些房子集中进入了"质量报复周期"。

"我理解的建筑工程质量安全问题是终身负责制，这件事，应从设计、施工、监理三方检查。据说香港的监理公司由政府出钱，基本公正。"成都惟尚建筑设计有限公司设计总监何晓军强调说，"我还是那句话，一栋建筑，只要是认真执行设计规范，按图施工，质量安全是有保障的。"

（三）网友评论

网友"哀而鉴之"：如此质量，监理何在？验收何责？发证何故？政府难脱干系，政府不去追究责任，谁去追究？政府不承担责任，谁来承担？

网友"乖乖乐"：以后这样的事件也许会经常出现，3年多的时间我在3家（公司）4个工地工作，泡沫板做隔断墙，承重墙里放入泡沫板、降低放置空调的水泥板厚度用泡沫板代替，这种现象比比皆是，见怪不怪，坍塌只是时间问题。

三、奉化楼房倒塌事件的几点思考

百度新闻检索显示，2012年以来，有关"塌楼"的网页新闻高达4.6万篇，仅宁波地区近年就发生数起。"楼脆脆"频现带来了很多社会问题，一方面百姓遭受了无辜的伤害和损失，另一方面也容易引起部分人的恐慌，许多人也不免忧心：自己居住的房子是不是也会"随机性倒塌"？回顾奉化楼房倒塌事件，有几点值得我们认真思考。

（一）奉化官方在应对此次事件上处理比较及时合理，显示出政府良好的危机处理能力

微博平台集合3亿多网友，是民意集聚之地，也是舆情最易发酵的场所。突发事件发生之后，政府若不能及时"占领"微博，则难免陷入舆论被动之地。4月4日楼房倒塌一个小时后，奉化官方就发布了第一条关于此事的微博，之后随时报道救援进展情况，做到了信息的及时公开。同时，微博信息发布也很人性化、温情化，拉近了与网友距离。如"@奉化发布"写道："抢救还在进行中，让我们一起祈福。""今晚对许多奉化人来说都将会是一个不眠之夜。愿逝者安息，伤者早日康复"。

需要指出的是，时任省委书记夏宝龙、省长李强、省委副书记王辉忠在事故发生后第一时间也分别做出了批示，要求争分夺秒全力搜救被困人员，救治受伤人员，最大限度减少人员伤亡，做好撤离群众的安置工作。同时，要举一反三，迅速开展房屋安全隐患大排查，发现问题及时妥善处置，确保群众安居乐业。省委领导的密切关注也体现了政

府对民众的殷切关怀。

(二)楼房倒塌事件频发要引起政府和楼房施工人员足够的重视,以避免类似惨剧的发生

早在倒塌之前,浙江奉化的居民楼就被相关机构鉴定为 C 级危房,需要加固之后才能居住。然而由于种种原因,加固一直未能进行,直到 4 月 4 日房屋突然倒塌,酿成悲剧。而且值得一提的是,2009 年与此次塌楼处同一街道(锦屏街道)的南门社区西溪路 5 幢也曾发生坍塌,好在当时居民已全部转移,并未造成人员伤亡。楼房倒塌事件频发对百姓的生命财产造成了很大的威胁,政府及楼房设计施工人员都应该要有高度的责任感,确保质量。同时,对于已经鉴定出安全问题的楼房,政府要协商各方明确责任,及时对楼房进行加固,清除安全隐患,杜绝类似悲剧的再次发生。对于发生倒塌的楼房,要及时合理解决住户的安置和赔偿问题,帮助受灾住户尽快渡过难关。

(三)媒体要注意报道的导向性和客观性,失衡的报道只会扰乱人心,不利于问题的解决

事件发生后,一些媒体选择性报道,只报塌楼,不提过渡房安置费,更不讲标准由半年提高到一年和特别补助 5000 元;也有媒体将政府"20 元每平方米的补助"曲解为政府的"拆迁补偿",引发群众不满,其实该款项是过渡房安置费,类似于楼房倒塌后给居民的租房补贴,这些错误或者选择性的报道误导了公众、丑化了政府,在一定程度上加大了民众的不满情绪,不但无助于问题的解决,反而使问题变得更为棘手。

(四)解决楼房质量问题,要坚持"防旧严新"的原则

诚如上面所述,1990 年前后,中国的旧城改造运动、商品房开发导致了当年建造的许多建筑物存在质量隐患。新华网回顾了近年数十起塌楼事故后,也得出结论,"20 世纪 80 年代和 90 年代建设的楼房频成事故主角"。奉化塌楼事件或许只是楼房"未老先衰"的一个缩影,也折射出当前我国楼房质量存在的问题。面对这些存在安全隐患的危房,我们要做到举一反三,努力查出潜在危险并予以消除,真正解除病患。同时,对于以后的新楼房建设质量则要更加重视,如果说面对既有旧楼

只能"亡羊补牢",那么针对新建筑就必须以严格的手段对建筑质量加以控制,明确责任,严格把关,确保质量。总之,楼房"防病"、"治病",政府监督都不能缺位,只有这样,才能真正实现百姓的安居乐业。

大学本科生毕业论文存废之争引热议

▶朱团钦　明巧玲

近日,一份有关大学本科生毕业论文的问卷调查引发了热议。这份问卷调查结果显示,毕业论文注水已经成为当下大学毕业生中的普遍现象。对此,人民微博专门发起"你认为本科毕业论文应该取消吗"的网上投票活动,众多网友跟帖评论,知名教育学者也纷纷发表看法。本科毕业论文正经受着废除与续存的舆论煎熬。

一、背　景

进入五月,又到了一年一度高校毕业生上交毕业论文的时间。作为大学四年学术成果的展示,论文写作本该严谨而认真,但现实情况却似乎有悖这一初衷。近年来,由于学校扩招、专业新增、就业困难、学生对毕业论文重要性认识不足等原因,高校毕业生论文不仅质量存在诸多问题,而且出现空前的"信誉"危机。并且随着文化"快餐化"的盛行,人们对科学知识求真务实的态度大不如前,模棱两可糊弄完事的状况日益加剧,使得论文"注水"现象得以滋生和传播。

你会花多少时间写毕业论文?《劳动报》日前在一份问卷调查中得到的答案是:超过90%的本科生不足30天完成论文,47%的学生甚至只用了不足10天时间。在受访的44名本科生中,有53%认为没必要写毕业论文。他们给出了"本科生能力有限,论文含金量低""论文可以抄袭作假,水分太多""纯属走过场,形式主义"等理由。

"本科生论文能写出什么花样来啊,随便写写得了。""毕业论文?不是本来就该一周能搞定的事情么。""哎呀,就算毕业论文没怎么用心写,难道导师还让我毕不了业不成?"……这是大多数同学的想法。有同学更是仅用三四天就写成一篇洋洋洒洒一万多字的毕业论文,说起来还洋洋自得,甚至不理解为什么有人要花一个月左右的时间。

二、"存废之争"

现状是,考核本科生四年综合学术能力的毕业论文,这样一件严肃的事情,俨然变成"走过场"。对此有专家建议取消本科毕业论文;也有人认为毕业论文非常重要,不应取消。

赞同废除本科毕业论文者认为,论文掺水不如取消。最具代表性的是华中师范大学文学院戴建业教授,他认为在所有走过场的教育中,最难堪的就是本科生毕业论文答辩。当前的毕业论文答辩,就是学生应付、老师对付,如同玩笑,大多数专业的本科毕业论文答辩,几乎是"逗你玩",应该取消。

还有学者认为,本科生没有必要写论文。知名教育学者熊丙奇认为本科生和硕士生,其实难以写出什么创新的论文来。他在博客中说,要求本科生和硕士都撰写论文,貌似可以提高人才培养质量,结果适得其反。不仅没有拯救大学教育质量,反而破坏大学的风气,催生学术不端,让很多学生背上不诚信的枷锁。

反对废除本科毕业论文者认为,毕业论文是大学教育的必要环节,绝对不能轻易取消。最具代表性的是中国教育政策评估与研究中心主任劳凯声。他说:"论文就是自己所学的专业方面的知识、思维、方法等的一个标志,所以做论文应该说还是一种比较普遍的方法。以我自己培养本科生的经验,我认为本科生做论文对于他们来说是一个专业素养提高的非常必要的过程,让他们知道作为一个专业的人士,怎样去思维、怎样去表达、怎样去解决问题。当然,现在大学生要找工作,对论文可能就会有偷工减料或者注水等这样的做法,但是这并不能表明做论文这件事情本身是错的,或者可以取消。"

华东师范大学教授王保星赞同劳凯声的观点。他认为毕业论文是整个高等教育中非常重要的一环,是对本科生最后的学术锻炼和教学检验。现在大学生确实面临诸多现实问题,很多本科生对于毕业论文的写作也是"心有余而力不足",不过,仅仅把本科毕业论文概括为"逗你玩"有点过分,毕竟仍有相当数量的学生和老师是非常重视本科毕业论文的。

另外,复旦大学周鲁卫教授观点趋于中立,他建议不同大学应根据不同的培养目标,对毕业论文确定不同的要求。有些大学是培养精英人才、研究型人才,有些则是培养就业型人才;"不可能让所有的大学生都写出有创新、有学术价值的毕业论文"。

综合以上观点可以看出,在毕业论文存废上,各家观点针锋相对。赞成者是振振有词,反对者掷地有声,中立者亦有理有据。

三、相关思考

其实,近年来每逢毕业季,有关本科毕业生论文存废的争论总是甚嚣尘上。本科生毕业论文是否真的是"抄袭、购买、粗制滥造、拼拼凑凑",乃至毫无学术价值? 作为大学学术教育的最后一道关卡,"毕业论文"是否真的应该抛弃? 对于这个问题,我们应该审慎地看待。

首先,本科毕业论文是非常重要的一道学术关卡,不能简单废弃。诚然,毕业论文搞形式、走过场,脱离实际等现象近年来有增无减,学生由于浮躁和学术能力的限制粗制滥造以敷衍了事,本科毕业论文中注水现象普遍,但是我们不能因噎废食,否定毕业论文本身存在的价值。学生在毕业论文环节上没有得到应有的提高,不能说明毕业论文本身无用,而是我们对毕业论文的重视程度不够,对毕业论文工作抓得不够。从选题到资料收集,到论文组织、写作和修改,一直到最后的定稿、答辩,假如一个学生认真、完整地经历了这一过程,那么他的专业基础和内在素养一定会得到巨大的提升。如果说本科阶段的学习是完成量变的积累的话,那么毕业论文的写作过程往往会使其有一个质的飞跃。

其次,本科毕业论文存废不可搞"一刀切",而应根据不同类型的学校、不同学科的特点做出合适的选择。我国高校有的侧重于培养研究型人才,有的主要是培养应用型人才。对于研究型人才来讲,科研论文的写作是其必备的素质,写作毕业论文是培养其科研能力的必经途径,对于这样的学校来讲,毕业论文不仅不应该被取消反而应该更加加强。而对于培养应用型人才的学校来说,可以考虑取消毕业论文。即使在同一所学校,不同的专业也有不同的特点。有的专业理论性较强,写作毕业论文有利于提高学生的综合能力。而有的专业完全是应用型专业,换种方式来考察或许更能激发这类专业学生自主学习的动力。

最后,应创新评价大学生水平的方式,建立多元化的毕业论文评价形式。这一评价形式,可以是传统形式的毕业论文,也可以是反映学生真才实学和创新能力的与专业相关的作品、设计、调研报告、产品开发,可以是参加科研训练和大学生创新性实践项目取得的实践成果、实习报告,也可以是在报纸杂志上发表的优秀文章等。只有根据专业人才培养目标及专业特点,建立多元化的毕业论文评价形式,才能真正符合大学人才培养的实际取向,符合高等教育的发展趋势,符合多元化社会要求。

总之,本科毕业论文"存废之争",是在本科教育大众化、本科生质量严重"注水"的背景下,对大学本科教育体制的一种怀疑和诘问。"存废之争"确实反映出了本科毕业论文操作过程中存在的某些问题,但是我们绝不能因为这些问题就简单地将本科毕业论文革除了事。否则,不但不能解决问题,只会让本科生质量再受影响。相反我们应该加以重视,找准病根,对症下药。改变本科生毕业论文现状,需从学生自身做起,需从相关部门的改革着手,制定更加有效更加灵活的考核标准和考核形式。如此,本科生的培养质量才有望得到不断提高。

如何看待研究生教育收费制度？

▶ 王来法

2014 年 2 月 4 日,财政部、国家发改委、教育部联合发布《关于完善研究生教育投入机制的意见》(以下简称《意见》),《意见》要求在完善中央和地方高校研究生教育财政拨款制度、完善研究生奖助政策体系的同时,建立和健全研究生教育收费制度。从 2014 年秋季学期起,按照"新生新办法、老生老办法"的原则,向所有纳入全国研究生招生计划的新入学研究生收取学费。《意见》发布之后,引起社会各界热烈的讨论。虽然大多数人持肯定意见,认为这是一个积极的探索,大方向是正确的,但是也有人担心,这样一来会给家庭贫困的学生读研带来入学难的问题,从而影响教育公平。应该如何看待研究生教育收费制度呢?

一、总体上没有增加读研负担

我国的研究生教育收费制度是和教育奖助制度相配套的,而且是完善奖助制度在前,实行收费制度在后。《意见》规定,从 2014 年秋季学期开始,收取硕士生每人每年不超过 8000 元、博士生每人每年不超过 1 万元的学费。单从这一方面看,确实增加了学生的读研负担,因为原来读研的学生绝大部分是公费生,是不用个人交学费的,只有一小部分自费生需要自己交学费。但是,国家在实行研究生教育收费制度的同时,也完善了研究生奖助制度。完善后的奖助政策包括国家奖学金制度、国家助学金制度和学业奖学金制度。研究生国家奖学金制度用于奖励学业成绩特别优秀、科学研究成果显著、社会公益活动表现突出的研究生。每年奖励 4.5 万名,其中博士生 1 万名,每生每年 3 万元;硕士生 3.5 万名,每生每年 2 万元。研究生国家助学金制度从 2014 年秋季学期起实施,覆盖全国研究生招生计划内的所有全日制研究生,博士生资助标准不低于每生每年 1 万元,硕士生资助标准不低于每生每年 6000 元。学业奖学金是由研究生所在学校设立的奖学金,给予那些学业成绩相对优秀的学生。入学当年的奖励额度为博士生每年 1 万元,硕士生每年 8000 元;以后则根据学生的学业情况区分不同的等级。它的覆盖面各校有所不同,浙江省的一些高校已经决定给予所有学业合格的研究生以奖励。

由此可见,光是国家助学金一项就比原来有了大幅度的增加,如果把上面三项加起来,博士研究生每年可能拿到的奖助金可以达到 5 万元,硕士生可以达到 3.4 万元,这比原来的水平有了大幅度提高。因此,读研的成本总体上不是提高了,而是相对降低了。与此同时,高校将按规定统筹多渠道资金,建立健全导师责任制和导师项目资助制,加大对"三助"岗位的津贴资助力度,根据研究生参与教学、科研、管理的实绩给予相应资助。家庭经济困难研究生除按规定享受上述政策外,还可享受高校减免学费、特殊困难补助、入学"绿色通道"等政策。正因为如此,说实行研究生教育收费会给贫困生读研带来入学难,从而增加教育不公平,显然是没有考虑到奖助制度的完善。在新的奖助制度下面,研究生只要足够勤奋,学业优秀,成绩出色,相比对他交纳的学费,他可以获得的奖学金和助学金要可观的多。

顺便说一句,虽然按照"新生新办法,老生老办法"的原则,原来的公费生此后的就读时间里仍然不需要交纳学费,但是他们可以和 2014 年秋季入学的学生一样享受国家的奖学金和助学金。

二、完善机制的主要目的是提高研究生培养质量

既然学业优秀甚至合格的研究生所获得的奖学金、助学金等比原来有大幅度增长,就算减去他们所交纳的学费,他们实际所得仍然有比较大的增加。与此同时,国家的财政投入不是减少了而是增加了,那么为什么要实行研究生教育全面收费制度和研究生奖助制度呢?

(一)研究生免费上学是计划经济年代的产物

改革开放后,研究生教育仍然与九年义务教育一起长期享受免费

待遇,这显然是不合理的。研究生教育属于非义务教育,因此,实行研究生教育收费制度是一种逻辑的必然和大势所趋,研究生缴费上学是迟早要实行的制度。由于涉及面广,受教育者规模庞大,改革进程缓慢,以至于直到今天才实现突破。

(二)研究生缴费上学也是现实的要求

与以往相比,当前研究生就业形势越来越严峻了。这里的原因,除了近些年来研究生大幅扩招使得研究生就业竞争越来越激烈以外,更多的是研究生培养质量不高,达不到工作单位的要求。提高研究生的培养质量是当务之急。要提高研究生的培养质量,有必要运用经济杠杆,调动培养单位的积极性,尤其是调动研究生学习的积极性。

(三)研究生教育收费制度使培养单位和学生的权利和义务关系得到明确

研究生教育收费制度有利于建立规范的教学关系,促进研究生培养和管理的良性机制。学生缴费后有权得到更好的教育,同时也有义务回报国家和学校的培养;培养单位有权要求研究生们在读研期间通过自身努力,提高理论素养和专业能力,达到培养的规格要求,同时学校也有义务为学生提供更好的教育服务。研究生教育收费制度对研究生教育质量提出更高要求,进而影响到学校教育平台、导师、研究氛围,这样可以进一步激发导师责任感,赋予导师更大的招生及培养的自主权,从而也调动了导师培养研究生的积极性,增加导师在培养研究生方面的时间、精力投入。

(四)研究生教育收费制度改革有利于调动研究生学习的积极性

我国原来的研究生教育资助模式是根据研究生的入学考试成绩将研究生分为公费、半公费和自费三种。公费生免费入学,半公费生交一半学费,自费生全交。在此基础上,享受一定的国家研究生补贴。这种资助制度实行的是"一次评定,全程适用"的做法,即研究生读研期间的待遇是在入学时仅仅根据入学考试成绩确定的,而一旦确定下来,不管学生就学期间如何地勤奋或懒惰,都不会再变化了。这样的资助模式显然起不到倡导学习、鼓励创新和科研的作用,不利于调动研究生的学习积极性和主动性。相反地,它会起到保护落后的作用。很多研究生在学校里混日子、混文凭,显然是和这样的资助模式有关系的。因此,当一些研究生已经不再自觉努力了,就到了必须要改变这种资助模式的时候了。

根据新的奖学金制度,入学以后的综合表现是能否获得奖励的决定因素,评定奖学金是一个"优胜劣汰"的过程。因此,新的奖学金制度更像是一种动态的激励模式,更有利于激发学生的学习、研究热情,客观上可以起到调动研究生学习积极性的作用。

一项好的政策关键在于执行。研究生的收费和奖助机制能否真正地惠及各方,关键在于将政策落到实处,系列的配套措施及时跟上。有国家的政策支持、各个部门的配合与落实、各个主体的努力,此项政策一定会使各方受益。正在入学的研究生和正在考虑考研的大学生,要理性地、综合地看待研究生教育收费制度和新的奖助学金制度,积极地适应政策的调整,将关注点由政策变动的表面转向新政策的内涵上来。在这个过程中,社会和高校要对政策实施给予足够的支持与包容,相信政策实施后研究生教育会呈现出新气象。

2014年新入学的博士、硕士研究生们正在亲身经历和体验新的收费制度和奖助学金制度,相信大家感受到的温暖一定多于烦恼。

我们可以从南京青奥会
看到和学到什么？

▶ 郭　飞

一、事件回顾

2014 年 8 月 16 日—28 日，第二届青年奥林匹克运动会在江苏南京举行。国家主席习近平宣布南京青奥会开幕，国务院总理李克强宣布南京青奥会闭幕，国际奥委会主席巴赫盛赞南京青奥会"完美无缺"。青奥会这个专为全球 15—18 岁青少年设立的奥林匹克运动会，是人类放飞青春梦的舞台。那些充满活力、热爱梦想的青少年在这里展现自己、展望未来。

南京青奥会是继北京奥运会之后我国举办的又一重大奥运赛事，也是我国首次举办的青奥会。南京青奥会的比赛项目共设 28 个大项、222 个小项，有 204 个国家的 3787 名运动员参加比赛，是参赛国家和地区最多的体育大赛之一。南京青奥会的举办，使得南京成为大中华地区继北京之后第二座接待过 200 多个国家和地区的城市。

南京青奥会是一次注重节俭的赛事。参赛运动员和项目与上届青奥会相比都有所增加，预算控制在 18 亿以内，只新建了青奥体育公园 1 个场馆群。相比之下，举办奥运会耗资巨大、自称俭朴的伦敦奥运会最后总开销约 900 亿元，而强调教育功能、着力控制规模的首届新加坡青奥会则花费约 20 亿元。

作为东道主，中国派出 123 名运动员参加 28 个大项、91 个小项的比赛，取得了优异的竞赛成绩，女足和女曲双双夺冠，游泳小将沈铎豪取六金，"女飞人"梁小静成为首个站在奥运级别最高领奖台的中国百米选手。在收获运动成绩的同时，中国选手还获得了精神文明和文化交流的丰收。

青奥会是国际奥委会名誉主席罗格倡导建立的，在竞赛之外更强调文化教育活动的开展，强调青少年之间的交流和沟通。首届青奥会于 2010 年在新加坡举办。第三届夏季青奥会将于 4 年后在阿根廷首都布宜诺斯艾利斯举行。

二、各方观点

范佳元（《人民日报》）：青奥会具有独特的味道。在项目设计上，一些专为青少年设计的比赛内容令人耳目一新，为青奥会贴上了独特的标签。在理念方面，青奥会淡化了金牌和竞争意识，努力营造节日般的快乐氛围，让"重在参与"的意义大过"锦标主义"的追求。比起奥运会主要追求竞技目的和过度商业化的趋势，青奥会突出教育理念，更具有社会意义。

《中国体育报》：青奥之美更在乎金牌之外。青奥会是青年人的竞技场，更是青年人的欢乐颂。青奥会的魅力不仅仅局限在赛场上，更不是一两块金牌所能涵盖的。看淡胜负，看淡成绩，增进友谊，分享青春，共筑未来，才是青奥会主旨之所在。

刘佳沛（新华社）：最美"配角"让青奥绽放闪亮青春。南京青奥会上的 2 万名赛会志愿者、分布在大街小巷的 50 万名平安志愿者，他们在观众服务、竞赛组织、礼宾服务、餐饮服务、医疗服务、代表团助理、安全保卫等 400 多个岗位上挥洒青春的汗水，他们是青奥会的最美"配角"，让青奥绽放闪亮青春。

刘刚（新华网）：在赛场内外，南京青奥会有三个鲜明特点：节俭、精彩、快乐。

楠哥（大公网）："泛体育"和"接地气"是南京青奥会的特点。从一开始，南京青奥会就被广泛关注，尽管所有的话题几乎都不来自于比赛本身。也正是如此，南京青奥会的娱乐性、话题性的标签让大赛不再"高大冷"而是"接地气"。南京青奥会带来的娱乐性、话题感和参与感将是未来大赛的榜样。"泛体育"的娱乐化将是未来办大赛的方向。

王曦(中新网)：南京青奥会的遗产包括物质的和文化方面。青奥会的举办使南京的城市建设大为提速。大量体育场馆和设施将成为全民健身的重要场所。南京青奥会让体育精神在年轻人当中得到传承。在这届以"梦想"为主题的聚会中，各项文教活动参与者超过5万人次，这些文化交流将使得年轻人拥有更加广阔的视野。

　　慈鑫(《中国青年报》)：青奥会的影响不应仅在赛会期。从社会意义和人文遗产的角度看，南京青奥会的完美与否还需时间检验。南京青奥会的成功不仅仅体现在12天赛会的成功举办，更应该体现在如何实现、传承青奥理念上。

三、事件评述

　　近乎完美的南京青奥会结束了。当我们回首青奥会，它脉动的青春气息依然令人回味。

　　对大赛的平常心显示了时代的进步。曾几何时，每逢有中国运动员参加国际体育赛事，其意义往往超越竞技本身，成为振奋民族精神、提升国人士气的"强心剂"。如今，经过改革开放30多年的发展，中国的综合国力大大增强，国际影响力显著提高。与此同时，中国健儿在国际赛场上摘金夺银早已不再是"新闻"。对大赛保持平常心，这是体育的进步，更是时代的进步。

　　体育盛会需要公众的参与。对于观众来说，金牌榜、打破多少纪录固然重要，然而，那些大赛中的"女神"、刷屏的青奥会吉祥物"砳砳"(音"乐")很可能在记忆中更为难忘。青奥会是青年人的盛会，此次青奥会的亲民、娱乐和参与感都使得它成为许多人难忘的青春记忆。

　　为所有的奉献者点赞。南京青奥会的成功举行，告诉我们要学会感恩。一场大型活动的成功举办，背后有着无数普通人的辛苦付出。我们为微笑着奉献的志愿者点赞，为节俭办赛的理念点赞，为参赛青少年的交流沟通点赞，为所有的奉献者点赞，是他们让我们的生活变得更美好。

　　节俭也可以办出精彩的赛事。节俭办赛事不仅仅是谁来埋单、盈不盈利的问题，而是彰显一种发展理念和文明态度。南京青奥会本着

"能改不建、能修不换、能租不买、能借不租"的原则，向节约要效益，经费大大压缩。节俭简约与精彩纷呈二者之间并不矛盾。在办赛之初未雨绸缪，南京青奥会很好地协调了节俭办赛与精彩办赛之间的关系，其做法和经验值得肯定和学习。

体育改变个体并进而改变世界。实现世界和平从来都是体育盛会的期望。体育拥有改变世界的力量，但并非通过喊口号来实现，而是通过体育活动对人的改变来实现。体育超越了语言、宗族、地域和文化。体育培养平等、包容、尊重和理解等品质。体育活动、体育赛事让人跨越语言、文化的阻隔，相互交流和对话，是塑造年轻人全球公民精神的绝佳平台。如果每个年轻人身上都有这种全球公民意识，一切地区的矛盾冲突都可以用和平手段来解决，那么战争自然就会远去。然而，这种人类社会的理想状态离我们还很远。犯罪分子、恐怖主义同样把年轻人作为拉拢和争夺的目标。本·拉登就曾扬言："15—25岁的年轻人是最容易控制和利用的人群。"目前在很多局势动荡、战乱不断的国家和地区，体育对青少年的影响依然有限。可见，促进世界和平仍然需要我们不断的共同努力。

让体育成为一种生活方式。青奥会激励全世界青年人参与到体育运动当中，显示了体育在促进人的全面发展中的重要作用。在我国，长期受金牌战略影响的体育事业和尊崇应试的教育环境，尤其需要青奥理念来调解。在南京青奥会期间，国际奥委会主席巴赫善意地提醒中国："在很多国家，体育在教育体系中应该扮演的角色没有受到重视，体育的作用被很多教师和家长所低估，这就包括中国，甚至可以说，这种状况在中国更为严重。"青奥会的最终目标是让体育走进我们的生活、让运动成为我们的生活习惯和生活方式，然而，看看我们的应试教育大环境，看看70％戴眼镜的学生观众和年轻父母，就知道离我们的目标实现还有很长的路要走。在实现人的全面发展的道路上，在让生活更美好的道路上，我们依然任重道远。

山东东平女生遭地痞性侵事件评析

▶ 吕义凯

近年来,校长性侵幼女、教师猥亵学生、公务员带小学生开房之类的女童伤害事件层出不穷,随着山东地痞性侵女中学生丑闻的曝光,未成年人保护问题重归群众视野,频繁的性侵事件已然成为社会的一个突出问题,需要引起社会各界的高度重视。

一、事件经过

2014年7月7日,有媒体曝光称山东泰安东平多名女生遭地痞性侵,报道提及"有警员称市里打招呼所以事件难办",事件曝光后短时间内引发媒体和网民的关注。当日,泰安市公安借助官方微博公布调查情况称,现有证据证实黄某峰、黄某武、卢某刚、郑某才与焦某发生性关系的时候没有强迫行为,且焦某当时已经满14周岁,故黄某峰等4人不构成强奸罪;卢某刚有强奸解某的故意和行为(未遂),已涉嫌强奸罪。由于调查报告未涉及"市里打招呼""警方不立案"等核心问题,且调查报告存在很多疑点,又引发了新的关注热潮,许多网友对此提出了质疑。7月11日,泰安市再次成立案件督查组,督导有关部门和东平县迅速调查处理。7月14日,泰安市公安机关以涉嫌强奸罪,对黄某峰等人依法刑事拘留,此次恶性性侵事件终于告一段落。

二、各方回应

(一)官方回应

事件发生后,山东东平县官方做出回应:责令教育、公安等相关部门对全县各中小学校进行安全隐患排查,杜绝此类事件的发生。同时成立由县纪委书记为组长的涉案人员违规违纪情况调查组。

对于报道称有民警说"上面打了招呼"一事,东平县公安局副政委马扶军2014年6月份接手这个案子,他曾书面表示:"没有任何人因为此案给自己打招呼。"而经泰安市纪委、市检察院联合调查组调查,目前未发现在办案过程中有"打招呼"等干扰办案的情况。

(二)网友回应

网友"天上的云朵花"认为此事若不查清,受害群众的权益将会化为乌有,"群众的利益无小事"绝不是一句口号,希望当地和上级纪委介入事件调查,将事件背后的利益链及黑手全部铲除。

网友"燕赵"认为对侵害未成年人行为的依法惩处,更多是来自事后,但通过综合性的社会治理,营造健康良好的社会氛围,才是解决问题的关键。在这个过程中,学校的教育、家长的监护及相关职能部门对社会治安环境的治理,都是不可或缺的。

网友"隔壁老王"则认为如果我们处在警察的位置上,上面打招呼了,我们也未必会刚正无私。

(三)媒体评论

《新京报》指出:从学校、教育部门到警方,东平这么多机构和部门却奈何不了几个地痞流氓,无疑是莫大讽刺。对于这么多花季少女遭受地痞摧残,应当有人为之负责,因此,有必要对性侵疑案背后的责任链条进行全面梳理,对每一个环节都追究到人,严厉处理,如此,才能还受害少女及其家属一个公道。

华声在线指出:习近平总书记大力度打虎,利国利民。但地方上的恶势力与地方派出所勾结,造成一种"打招呼"的局面,是老百姓直接面对的老虎。这些地痞虎,是老百姓利益的直接损害者,那些托关系、打招呼的地痞,正是因为地方执法者的偏袒庇护,才有恃无恐。打大老虎,立足长远。打地方的地痞虎,则是为老百姓直接除害。地方太平,老百姓才能安居乐业;安居乐业,正是最踏实的中国梦。

南都社论指出:到目前为止,这起性侵事件之所以还得称为"疑案",是各种原因的累积:其一是性侵案件的证据保存、提取与固定,由于时间的流逝或将成为遗憾;其二是当地警方在处理案件过程中涉嫌严重违法违规行为,甚至连被害人口供是否真实准确记录、是否正式立案受理都存疑;其三则是案件背后的权力干扰痕迹,涉事地方在回应中同样选择回避,再次佐证干扰因素的存在。

三、性侵儿童案件频发引发的几点思考

近年来,我国司法机关确立了从重惩处性侵害未成年人犯罪的原则,相当一批犯罪分子被重办,部分被执行死刑或者死缓。但尽管如此,仍有魔爪不时伸向稚嫩的"花朵"。全国性公募基金会中华社会救助基金会相关数据显示,2013 年以来,性侵儿童的恶性案件在全国各地呈持续高发状态。2013 年,全国仅被曝光的性侵儿童案件就达 120 多起,平均不到三天就曝光一起,且逐渐呈现出"低龄化""跨度长""隐蔽性强"等诸多特点,而"校园性侵""农村留守""熟人作案"也都成为性侵事件中的高频词。此次山东东平女生遭地痞性侵事件也有几点值得我们深思的地方。

(一)政府应该不断提高危机处理能力

事件曝光后,泰安市官方于当天对事件进行回应,回应速度相对较快,体现了政府处理危机问题的及时性,然而回应速度必须与回应的针对性相配合。在事件曝光伊始,媒体和网友关注的焦点放在"警方称有人打招呼案件难办","打招呼"与否理应成为官方首要回应点。从官方前几次回应来看,对"打招呼"一事并未提及,这显然容易造成民众的不满。假如官方在发现此次危机时,第一时间对"打招呼"一事进行表态:将对媒体报道的"打招呼"一事进行严查,如属实,必将严加惩治。如果

以此来替代"自愿配合，非强奸"一说，相信不会引发进一步的舆论危机。

(二)必须加强未成年人的性教育

东平事件中，女生所在学校斑鸠店镇中学校长刘美福表示，学校和其他大多数农村学校相似，"在青春期性教育方面还是空白"。而当事人的母亲接受新华社记者采访时也坦言："自己最对不住孩子的是，总觉得孩子小，关于性的话题只字未提。"未成年性教育的缺失给不法分子提供了可乘之机，一位业内专家表示："社会、校园、家庭共同努力非常必要，但当务之急是要告诉孩子，背心内裤覆盖的地方，不许别人摸。"加强未成年的性教育，必须有针对性地在开展系列的教育讲座，增加学生安全知识和自我保护方面的常识，帮助孩子从小树立性安全观念。

(三)要严厉打击犯罪分子的保护伞，确保司法公正

对侵犯学生的犯罪分子必须给予依法惩治、严厉打击，对犯罪分子的后台不能姑息。东平事件中，"市里打招呼""报案不立案""无证据难办案"等说辞使得民众直接将矛头对准了司法部门，认为警察的不作为助长了地痞的气焰，并呼吁深挖背后保护伞。对此，当地政府、公安等部门在处理该恶性案件上，应当顺应民意，深层次挖出幕后"保护伞"，清除地方政治家族影响，还受害人一个真相大白的机会。同时，加强基层权力运行的制约和监督，把权力关进制度的笼子，置于公众的广泛监督之下。

(四)家长和学校监管不能缺失

家长与学校长期纵容漠视社会青年袭扰在校学生，折射出农村教育管理的失序问题。一些地方发生性侵未成年人案件后，还存在隐瞒不报，大事化小、小事化了的情况。受害者家属在孩子受到伤害已成为既成事实的前提下，受传统观念影响，选择了忍气吞声。东平性侵事件当事人的舅舅曾对记者表示，当地很多疑似受害者家庭最后都选择了沉默，因为"说出去太丢人了，孩子以后还要生活、嫁人"。受害女生的家长对自己孩子被地痞性侵之事都保持了沉默，甚至刻意隐瞒而不报

案,这固然和本能的遮丑心态有关,但这种心态反而助长了犯罪分子的嚣张气焰,造成了恶性循环,不利于问题的解决。在孩子受到伤害后,家长应该学会用法律手段来维护自己的权益。同时,学校应联合公安部门加强校园周边的巡逻控制和治安管理,严打学校周边存在的流氓团伙和黑恶势力及侵害学生人身安全的各类犯罪活动,而家长们也应在家中加强对孩子的监管和看护力度。

安全教育应成为全民之责

——对"昆明明通小学踩踏事故"的评析

▶ 潘云军

一、事故经过和各方反应

2014 年 9 月 26 日下午,昆明市北京路明通小学发生一起踩踏事故,造成学生 6 人死亡、26 人受伤。事故的起因是 9 月 25 日下午,该小学体育老师将两块体育教学使用的海绵垫子,临时靠墙放置于学生午休宿舍楼一楼单元过道处。26 日 14 时,学校起床铃拉响后,该小学一、二年级午休学生起床后返回教室上课,由于靠墙的一块海绵垫平倒于一楼过道,造成通道不畅,先期下楼的学生在通过海绵垫时发生跌倒,后续下楼的大量学生不清楚情况,继续向前拥挤造成相互叠加挤压,导致严重伤亡。尽管开展了一系列的医疗抢救工作,但还是造成了6 人死亡的悲剧。

"踩踏事故"发生的当晚,中央电视台"新闻 24 小时"就进行了详细的报道,并对近几年来校园发生的踩踏事件进行梳理,指出 2012 年 11 月 28 日,湖南长沙育英二小教学楼楼梯间发生踩踏,有 33 名学生受伤;2013 年 2 月 27 日,湖北襄阳老河口薛集镇秦集小学学生宿舍楼一层门口发生踩踏,造成 4 名学生死亡,7 名学生受伤;2013 年 9 月 12 日,四川内江资中县龙结镇中心学校教学楼楼梯拐角发生踩踏,18 名学生被送医治疗;等等。

面对频频发生的"校园踩踏事故"众多网民通过微信、微博和论坛发表自己的看法。有网民说:昆明离我们很远,但"昆明的踩踏事故"却离我们很近,如果稍不注意就可能会上演类似的意外。也有网民认为,不拿安全意识当回事,就是拿生命开玩笑,不时刻绷紧安全这道弦,毁掉的可能就是好几个家庭,造成无法弥补的创伤。有些网民指出,应该向广大学生进行经常性的安全教育,提高师生预防侵害灾害能力、应急避险能力、自救自护能力。

频频发生的校园踩踏事故,面对无数的惨痛经历,我们在为逝去的生命默哀的同时,不禁让我们感到疑问,为什么校园踩踏事故一直不断上演? 这其中到底有哪些原因?

二、反思事故发生的原因

(一)撤点并校,造成学生人数严重超编,这是教育行政部门之责

昆明明通小学现有 43 个教学班,2710 名学生,平均一个教学班容纳 63 个学生。班容量如此之大是各地教育行政部门规定校园整合造成的,退点并校,貌似整合了,却构成了巨型名校。外表设施一流,但学生人均拥有的活动面积和资源却在减少。压缩教学点,本质上是对优势教育资源的过度瓜分,也容易滋生腐败。看似一件件偶然突发事件,其实背后都是必然:不合理的班额,不达标的建筑,不合理的撤点并校,不合理的住校,不负责的学校,最终导致了悲剧的发生。因此,撤点并校的做法值得反思,教育行政管理部门的责任不可推卸。

(二)公共安全规则教育的缺失,这是学校之责

我国公共场所拥挤似乎已成一种常态,上下电梯、购物等在很多场合都会出现,这种秩序意识的缺失,与我们接受的教育密切相关。我国的学校一直偏重应试教育,而忽略了我们在日常生活中非常重要的如何遵守规则,维护正常秩序的素质教育,如走路靠右,那么在危急的情况下自然让出一条左边的应急通道。此次"昆明踩踏实事故"的发生,缘于学生在碰到意外事故后规则和秩序的缺失,争先恐后而造成的拥挤。

另外,也缘于学生的恐慌和缺乏训练。近几年,我们学校也在不断完善各项制度,各级学校不缺乏相应的安全教育的规章制度,但却缺少应急演练,知识宣传、实战演练是预防安全隐患的关键,一方面通过班

会、班报、课堂等方式让学生掌握一定的应急知识,更重要的是通过实战演练达到在紧急状态或突发事件下能处置得当,这是需要不断的演练,让行为成为一种习惯。如果学生缺乏这方面的能力,就是学校教育的缺失,也是学校之责。如汶川特大地震来临时,桑枣中学 2300 多名师生仅用 1 分 36 秒,从两栋四、五层教学楼中紧张而有序疏散,无一伤亡,创造了天下闻名的"桑枣奇迹"。

(三)家长对学校管理监督的缺位,这是家长之责

我们从"昆明明通小学踩踏事故"相关报道中得知,该校学生睡的是大通铺,条件极差,非学区内学生还要交十多万元赞助费。家长们难道没有看到过自己的小孩睡大通铺吗?难道没有注意到学校有安全隐患吗?难道没有提出过意见吗?如果提出了意见学校不采纳,你在媒体曝光过没有?如果你的孩子在这里读书午休而你连大通铺都没见过,那你也是失职的家长。

我们很多家长只贪图名校的名气,以为孩子进入这所学校是一种身份和地位的象征,我提了学校的意见,学校会以各种理由拒收我的孩子,会对我的孩子不利等,这也是很多家长的真实想法。但是,如果我们家长看到这种有损孩子安全的情况都不愿提或不敢提意见,这些隐患可能在你的孩子身上发生,侵害你的利益。因此,这是家长之责。

教育行政部门之责、学校之责、家长之责,这些责任的缺失最终导致悲剧的频繁发生,我们在追责的同时,更应该进一步的反思,这其实就是全民之责。一个民族,一个国家只要涉及教育、安全、生命,就应该让全民参与民主管理,每个公民都应该具有监督的意识,承担相应的责任。

三、如何避免类似的事故发生

"昆明明通小学踩踏事故"再次敲响了全民安全意识教育的警钟,如何避免类似事故的发生呢?我们提出如下建议。

(一)各级教育行政部门的领导要调整办校思路,严格按照设计时人员的配备比例招生,不得任意扩大招生比例,确保小班化教学

撤点并校,在一定的历史条件下有它的可取之处,但随之带来一系

列的安全隐患,如学生就学路途远,人身安全、校车安全都存在隐患。撤点后造成巨型学校不断涌现,给学校管理造成很大的压力,即使有很强领导才能的管理者,要管理六七十人一个班的学校,尤其是小学生好动、缺乏安全意识,很难保证学生的安全。再如人均占地面积过少很容易导致拥挤、踩踏。

因此,在办学过程中,各级教育行政部门在规划学校时做到以人为本,科学地设置教学班,要求各级各类学校的学生数和校园面积、规模设施、师资队伍合理配置。为学生的成长、成才建立更完善的办学制度和理念。

(二)学校规划设计要有科学性,在设计施工的源头上杜绝安全隐患,严格遵守国家相关的法律法规,保证房屋的工程质量

在学校管理过程中,加强物品的安全摆放。因为类似事故的发生,有的是楼梯狭窄常年失修、有的是逃生门无法打开而延误逃生时间,此次昆明踩踏事故是由于一块体育教学中使用的海绵垫子摆放在学生午休进出的过道口而引起的悲剧。

(三)无论是学校教育还是家庭教育,都要重视对孩子进行规则意识的培养

教孩子学会排队,告诉他们,远离狭窄的过道、拥挤的人群,拐弯处不要停留,人多时不要奔跑,走路时靠右边,告诉他们上课铃声只是提醒,不是百米冲刺的号角,课堂迟到没那么可怕,再严厉的老师都不认为准时比生命重要……重视学生生存技能的培养,只有有了生存力,学以致用,才是让孩子们远离灾难最好的教育。在学校教育中,把规则意识、安全意识教育和学科知识教育的重要性等同起来,甚至更重于知识教育,同时把规则教育和安全教育纳入常态化的教育之中,让每一个孩子都健康成长。

205

地铁里的恐慌，如何才能平息

▶ 邱　环

一、事件报道

据媒体报道，2014 年 8 月 9 日晚 9 点 34 分，上海地铁 2 号线上一男性外籍乘客在座位上突然晕倒，周围乘客无一相助，并仓皇逃窜，引起前后 3 节车厢乘客惊慌，蜂拥冲出车门，一名男乘客甚至摔倒。监控显示，不到 10 秒时间，该车厢已变得空荡荡了，只剩晕倒在地的老外。此事引发网友热议，又掀起了有关扶不扶的讨论及对国民素质的大声讨，也有评论直指中国人缺乏冷静判断和合理应对突发事件的能力，易盲目跟风。不过"无人相助"一说并不属实，经地铁运营方证实，有乘客在列车进站后立即到站台寻求站务员帮助，站务员亦及时赶去对外国乘客进行救助。可见虽然大家恐慌，但是救人的这个底线还是守住了。所幸的是，晕倒的外国乘客苏醒后自行离开，且这次事件并未引发踩踏事故。

面对突发情况，是不是能够有人做到见义勇为？对待突发事件，普通市民的行为是否可以更理性、更专业？网友对此的看法不尽相同。据有关调查数据显示，有 30% 的网友认为，乘客对危险的警觉和自我保护意识较强，都采取了迅速离开的应对措施，却反应过度了。他们进一步认为，地铁方面可以制作关于公共安全和急救常识的短片在车厢里播放，向乘客普及相关专业知识。事情的关键在于要教会每个乘客应对紧急情况的常识，乘客有心理准备，就会减少面对突发状况时惊慌失措的情况。有 25% 的网友认为，面对突发状况，人的第一反应总是倾向于闪躲，只有经过培训，才可能改变这种习惯性反应。"无人相助"

不仅失实,而且未免小题大做。与此同时,有 26% 的网友表示,即使趋利避害是人之常情,即使乘客没有紧急救治的专业知识,当有陌生人倒地,无论是否是外籍,应有一份人文关怀意识。乘客应更友善,也更应有责任感。另外,还有 19% 的网友认为,虽然大多乘客晕倒都会因"扶不起"而没人扶,但并不能用"道德滑坡"这一结论去对这一事件单向归因。

二、原因分析

一个如今看来并不很严重的意外,却引来的几节车厢乘客的惊慌。这种反应过度的事件背后,隐藏着许多深层次的原因,首先的一个最直接、最基本的原因,是人在面临突发事件时无可避免都会引发的恐惧、盲目从众等负面的自然本能。据监控录像显示,老外晕倒后,随即有人喊道"出事了",恐慌由此突发性地在群体中蔓延并扩大,盲目从众、寻求安全、逃避危险的自然本能促使乘客马上脱离危险之地。而有些媒体在这种情况下则夸大了在这种恐慌中产生的冷漠,从而加大了人与人之间的不信任及放大了国民素质低下的结论。当然,我们要思考的关键是如何将恐慌所引发的伤害降低最低,毕竟恐慌会引起拥挤、擦伤或者踩踏事件,在两个月前北京和广州连续发生的两起地铁乘客恐慌事件几乎就演变成了踩踏事件。如何克服此类本能的恐慌?无外乎是具备应对突发事件的责任部门预案和个人预案。责任部门的应急预案则应当在接到乘客信息汇报时,工作人员将及时到达事发地点,及时进行一个广播的告知,让乘客第一时间内明了事件的真相,对乘客进行减少惊慌的引导,同时各种突发情况的应急机制立即到位,成为制度化的常态,乘客由此就会淡定处之,更有责任感,帮助晕倒的乘客更不是什么问题了。个人的应急预案在突发事件中显得更为重要,其基本要求是公众掌握足够的紧急救护知识及避险知识,以提升公众应对突发事件的能力。而国内正是缺乏这类知识的教育与演习。建议我们的教育部门从中小学时期就应该开始相关的急救知识的传授与避险的演练,通过这类培训可以降低自然本能的恐慌。全社会也应加强急救知识的宣传。如果我们的公民都有这方面的专业知识的话,也不会遇到有人发病倒地而恐慌以至于仓皇出逃了。

近期国内之所以地铁发生多起乘客恐慌事件，还有一个直接的原因是公众对公共交通工具缺乏安全感，一遇到风吹草动，恐惧感陡升，第一时间撤离现场成为下意识的选择。值得关注的是，近年来，袭击公共交通的事件时有发生。正是敏感、焦虑占据了部分乘客的内心，才使乘客在这起事件中有如此过度的恐慌反应。因此增强公共交通的安全设施建设，强化公共场所的安全保卫力量，以提升民众的安全感，从而减少"惊慌失措"的情形。近年来因公共交通恐怖事件，使得公共交通场所的安保措施有所加强，如2014年3月10日起北京多个地铁站开始试行的人物同检措施，并首次将地铁运营安全保障上升到了法律层面。广州地铁也加大地铁站安保力量、手持便携式金属探测仪的投入，并加大站内巡防及安全乘车的社会宣传力度。除了加强地铁安保外，还要增加一些安全性的软件的建设和预案的建设，如完备逃生路线的相关标识及操作性的相关说明等。地铁部门也应该组织一些员工进行面对突发事件的演习和培训。有这些全方位的安全措施和设施，给公民们一个安心的感觉，类似的恐慌也一定会减少。

上海地铁外国乘客晕倒事件也折射了公众对生命的冷漠及道德沉沦的现象。引发公众对生命冷漠的一个重要原因是国内比较缺乏生命价值观的人文教育。生命价值观的教育是指以生命为核心，倡导认识、珍惜生命，并尊重和爱护生命，在享受生命和超越生命的基础上提升生命质量，并获取生命价值的一系列教学活动。但国内目前存在的功利主义的不良风气和应试教育中唯知识主义的偏颇严重影响了公众对生命价值观的正确认识，而具有中国特色的"老人跌倒扶不扶"的事件则使公众更加漠视他人生命。

三、改善措施

要改善这种状况，就应该做到以下几点：第一，开设并重视生命教育的相关课程。在美国、日本等地的学校，在小学就已经开展了生命意识教育。我国也必须深入开发和利用生命教育的课程资源，开设一门独立的生命教育课程。同时正确处理好生命教育课程与其他课程之间的关系,有效地将生命教育融入其他课程教学之中,让学生能够受到全方位、多角度的生命课程教育,引导和帮助学生在学习中体验到生命的伟大,从而珍视自己和他人的生命。打破人们之间的冷漠及不信任的坚冰。第二,营造敬畏生命的社会氛围。人的行为总是受到社会环境的影响,因此营造社会中敬畏生命、珍爱生命的氛围,在一定程度上能够改变对他人生命漠视的现象。由此首先应加强对全民的生命价值观的人文教育,其次要把生命教育与社会中的各种教育融为一体,如法制教育、心理健康教育等,营造一个对全社会具有教育意义的文化环境,最后要有效利用广播、电视、电影、报纸、网络等各种媒体对广大群众进行生命教育的宣传和教育,引起公众对生命教育的广泛关注和认可,并使之在这种潜移默化中接受生命教育的洗礼。

如何提升道德建设,是近年来公众热议话题中绕不开的问题。在影响道德建设的因素中,值得关注的是道德的制度保障,只有制度保障,才能为道德找到牢固的根基。伦理学家罗尔斯认为:"正义的主要问题是社会的基本结构与制度,更准确地说是社会主要制度分配基本权利和义务,决定由社会合作产生的利益之划分方式。"这里所说的正义的社会的基本结构与制度包含两层含义:第一,社会基本制度中应具有道德精神和道德信念,强调的是社会基本制度的道德合理性;第二,应具有制度化、法律化的道德规范,强调的是依靠制度力量来规范人们的道德行为。在这种制度的保障下,才能发挥人的正义感,最终消弭极端情绪和社会戾气,增加人与人之间的信任和和睦,从根本上减少人们的不安感、恐惧感、孤独感。

我们每个人都会身处各种公共场合,是公共场所就会有突发的公共事件发生,要使我们身处的公共环境更安全、更友善、更温暖,那么,面对突发事件时,我们每个人也应该更友善、更热心、更有责任感。只要我们做得更好,相信我们的城市也会更美好。

基于"黑色八月"的反思

——小议高校女生安全教育的问题和对策

▶潘惠香

　　"黑色八月",多名女大学生接连遭受侵害:2014 年 8 月 9 日,20 岁的重庆女大学生高渝返家途中因搭错车和司机起争执被司机残忍杀害;8 月 12 日,江苏 19 岁女大学生高秋曦返校路上遭抢劫遇害;8 月 21 日,女大学生金某在济南火车站搭黑车遭司机囚禁性虐;8 月 29 日,21 岁的浙江女大学生王金芳从家中出门办事后失联遇害……恶性社会事件的连环上演,让人唏嘘慨叹。浙江工商大学 2012 级多个班级的学生在时事评论时都进行了讨论,同学们在批判和谴责肇事者的同时也在反思:女大学生作为接受过高等教育的成年人,为什么在关键时刻缺乏安全防范意识和应急处理能力? 高校安全教育究竟缺失了什么? 如何来填补高校安全教育的短板?

一、高校安全教育究竟缺失了什么

(一)缺失之一:重知识教育,轻安全教育

　　在我国的教育背景下,无论是中小学教育,还是高校教育,都普遍重视知识教育,轻视安全教育。就学校领导来说,虽然学校领导三令五申地强调校园"安全无小事""安全第一",要建立"平安校园",但却只重管理,而轻教育。表现在安全教育课课时安排很少;安全教育课无专业教师授课,授课老师多是辅导员或职能部门员工;安全教育课还经常被学校活动挤兑。安全教育课效果甚微。

　　就教师来说,重形式,轻效果。从事安全教育课的老师所学的专业

和所从事职业多与安全教育无关,本身对所谓的安全教育就是外行。另外,这些老师平时行政事务繁多,对于所谓的安全教育课也是重于形式,有些教师甚至不备课就去教学,站在讲台,照本宣科,应付了事,至于效果如何却不管不问;还有些老师给自己班学生授课,利用安全教育课时间开班会。笔者就亲身目睹了某高校的辅导员安全教育的全过程。该辅导员首先是开班会,把班级事务安排好之后,最后用几句话强调安全教育的问题。如此安全教育怎么能提高学生的安全意识呢?

就学生来说,很多大学生把安全教育课当作一门可有可无的课,认为安全教育课不重要,上课时学生多看专业书籍,或聊天,或打游戏,或睡觉,抑或直接逃课,反正考试开卷,不会挂科,学生抱着无所谓态度。学校不重视,老师和学生不认真,这些问题都导致了高校安全教育达不到预期效果。

(二)缺失之二:缺乏针对女生安全方面的教育

多起女大学生遭侵害事件暴露出女大学生缺乏安全防范意识和应急处理能力的问题。当今的女大学生大都是独生子女,他们在家人庇佑的温室中成长,涉世未深,对一些陌生人的诱惑难以辨识,很容易受骗;而在遭遇危险时,缺乏自保自救的能力,脱险意识不足。针对这些问题,女大学生应该培养最基本的防侵害意识,即在性侵害或者其他方式的侵害面前,作为女性仅凭个人一己之力是很难自救的,所以就要有基本的安全意识,必须提前做好防范。此外,在面对犯罪分子临时起意或者蓄谋的犯罪行为时,作为女大学生,还应该掌握一定的自救常识和技能,这些都需要通过长期的课堂安全教育来获得。而在这些方面,高校的安全教育却忽视了。高校在安全教育方面,多是强调法治安全教育、消防安全教育、网络安全教育、人身财产安全教育、心理健康教育等,少有针对女性的防侵害教育,尤其是防性骚扰和性侵害方面的教育。而在"黑色八月"遭侵害的多名女大学生中,就有多人曾遭性侵。

二、如何来填补高校安全教育的短板

（一）转变教育理念，切实把安全教育纳入学校的议事日程和教学计划

"黑色八月"多起女大学生频繁遭侵害事件已证明，教育并非仅仅知识教育，安全教育比"成才"教育更重要。生活教育、生命教育、人格教育是大学教育中不可或缺的，学校要真正落实安全教育，决不能停留于口头上和形式上。因此，在思想观念上，学校各级领导首先应转变教育理念，从保守型转向开放型，从以往传统的知识型教育转变为素质型教育，自觉搞好大学生安全教育，切实把安全教育纳入学校的议事日程和教学计划。具体可以从以下三方面入手：一是要构建安全教育的组织机构。学校要建立由校领导、校安全保卫的干部、法律教育、德育教师及负责学生工作的干部组成学校大学生安全教育教研室，统一负责全校大学生安全教育，确定教学内容，制定教学计划，组织进行授课，考评教学效果等。教研室可单独设立，在学校教务部门指导下开展安全教学工作，也可以纳入学校德育或法制教研室进行日常化、常规化的教学工作。

二是要将安全教育纳入学校整个教学计划内。既要统筹考虑大学生在校期间应受的安全教育、掌握的安全知识，又要针对不同年级不同时段设计不同的安全教育内容；既要安排正规系统的课堂教育，又要针对不同时期学生中带有倾向性的问题，安排一些现实灵活的内容，使安全教育按照计划系统地进行。安全教育课在期末应同其他非专业课一样，进行统一的考试、考评，其结果纳入学生综合成绩测评中。

三是要构建安全教育的保障体系。要针对大学生安全教育具有多学科方面知识的特点，根据有限的教学时间，有针对性地科学选择内容，制定统一的教学大纲。安全教育课要像思想政治理论课一样，在学校教学计划时间内，有"法定"的课堂教学时间。要把安全教育与思想政治教育紧密结合起来，这样才能使思想教育富有成效。

(二)增设女生防侵害教育课程,构建女大学生的安全防御机制

近年来女大学生频繁受害,这使得女大学生已成为安全教育的首要对象。针对女大学生的生理和心理特点,应该增设相应的女生防侵害教育内容。比如开设"女子安全教育与防身术"课程,举办多种针对女生的"恋爱心理分析""女生健康与保健知识""性教育"等不同的专题讲座来宣传女大学生防性骚扰、性侵害的知识、方法和技巧,提高自身安全防卫意识。

关于性教育和防性侵害教育方面,西方教育显然走在了我们的前面。在西方,性教育被定格为人格教育。从小学到高中每个学生都要接受大约 120 学时的性教育课程,内容包括性知识、性道德、与性有关的价值观等内容。世界卫生组织认为,恰当的性教育并不会导致青少年较早地发生性行为,相反,可帮助青年人正确地理解性骚扰的概念,避免将他人所有的言行均视为性骚扰信息;还会教育女学生在夏季不宜暴露过多,以免遭受他人的性骚扰和性侵害。因此,对女大学生加强性教育是十分必要的。高等学校应该将性教育纳入学生必修课程,使大学生们掌握有关性生理、性心理、性道德等必要的性知识,对女大学生还要加强"自尊、自立、自强、自信"教育,务必使女大学生们懂得如何自尊、自爱,使女大学生们远离性侵和性骚扰。

此外,要建立一套危机积极干预机制,对那些正遭受性骚扰或已遭受性侵害的学生进行心理干预和跟踪,防止出现自残、自杀和伤害他人等事故发生。还要设立心理辅导热心电话和信箱,开展网上心理咨询,为那些有心理障碍却不愿意当面与人倾吐的女生提供解决心理问题的健康有效的渠道。还可成立女生委员会,专门帮助和引导那些已经遭受性骚扰或性侵害的女生,让她们能把负面情绪发泄出来,以尽早走出阴影和抚平心灵的创伤。

高考招生制度改革,引发人们关注

▶ 蒋伟胜

一、舆情事件

2014 年 9 月 4 日,教育部发布《关于深化考试招生制度改革的实施意见》,对高考的内容、形式、录取、管理等环节进行了全新设计和部署。相对于以往的高考招生制度,这次的改革有十个方面的变化:第一,不分文理科,外语科目提供两次考试机会。第二,高考计分"3+3",自选科目看特长。增强高考与高中学习的关联度,考生总成绩由统一高考的语文、数学、外语 3 个科目成绩和高中学业水平考试 3 个科目成绩组成。保持统一高考的语文、数学、外语科目不变、分值不变。第三,学业水平要测试,综合素质入档案。学业水平考试主要检验学生学习程度,是学生毕业和升学的重要依据。第四,取消艺体特长加分,省级加分不通行。2015 年起取消体育、艺术等特长生加分项目。第五,2015 年起增加使用全国统一命题试卷的省份。改进评分方式,加强评卷管理,完善成绩报告。第六,2015 年起推行自主招生安排在全国统一高考后进行。申请学生要参加全国统一高考,达到相应要求,接受报考高校的考核。第七,高职院校"特招",职业技能是必考。高职院校考试招生与普通高校相对分开,实行"文化素质+职业技能"评价方式。第八,推行高考成绩公布后填报志愿方式,创造条件逐步取消高校招生录取批次。第九,校长签发通知书,录取结果可申诉。第十,绿色通道再拓宽,寒门学子不用愁。继续实施支援中西部地区招生协作计划,在东部地区高校安排专门招生名额面向中西部地区招生;部属高校要公开招生名额分配原则和办法,合理确定分省招生计划,严格控制属地招生比例。

作为中央部署全面深化改革的重大举措之一,这次教育部发布的考试招生制度改革实施意见是恢复高考以来最为全面和系统的一次考试招生制度改革。此轮的改革从考试科目、高校招生录取机制上都做出了重大调整,目的就是探索招生录取与高中学习相关联的办法,更好地推进素质教育,增加学生的选择性,分散考试压力,促进学生全面而有个性的发展。据了解,上海市、浙江省两地将分别出台高考综合改革试点方案,从 2014 年秋季新入学的高一学生开始实施,两省市的高二、高三学生继续实施现行高考办法。

二、各方评说

高考改革方向出来后,亮点突显,许多人也给予"最公平的考试""告别一考定终身"的赞誉。众多网友纷纷也感叹自己"生不逢时"。微博"遇不到的乔燃"感叹说,"古代英雄怕生不逢时,全因怀才不遇;现代学生也怕生不逢时,只因高考改革!"无独有偶,"三重狙击 tecson"也说,"高考改革,生不逢时! 晚出世几年好啊! 政治老师可以落课啦!"相对这些网友的"激愤"心情,"迷魂荣仔"显得十分理性,他说,与其羡慕妒忌 2017 届的高考改革,感叹自己生不逢时,还不如想想等下要学哪一科。"既然 2015 届的现实无法改变,为何不直面向上,相比他们轻松的学习,我们的高考不也是一段值得回忆的青春奋斗史么?"

与广大网友出于个人经历的感叹不同,人民网的评论显得更为理性,认为:"唯有保障公平公正,才能让改革激发出最大红利,也唯有保障公平公正,改革才能获得最大生命力。此次改革或许无法求得所有人的满意,但改革必定会将教育的公平性和科学性特质推上更高台阶。改革从计划分配、考试内容、招生录取、监督管理四大方面全方位展开部署,显示出改革系统思维的高屋建瓴,更显示出回应社会关切的诚意和决心。"新华网则从公平角度对高考改革发表议论道:"教育最大的价值在于公平,改革最应捍卫的目标也是公平。社会关注教育改革,很大程度上也是出于对教育公平的关切。对那些拥有优质教育资源、配备有较多招生计划的省市而言,改革无疑会强烈触动他们的奶酪。"要"在考试招生制度改革中找寻'减负'与'选材','公平'与'效率'的最佳结合点,绝非易事。"

三、舆情引导

长久以来,"一考定终身"是中国高考制度的鲜明特征,也是广受诟病的弊端。减轻学生课业负担,全面提升学生素质,走出应试教育的局限,成为越来越多教育界人士的共识。谁都清楚,一次考试不应该决定一个人的终身。目前,有的省份把学业水平测试作为高考成绩的一部分,或者把综合评价作为录取的参考,这将是今后的发展方向。从教育的角度看,对学生平时学习的考察更多,结果必然也会更全面,这样的改革的确会带来一定的进步。

高考关系千千万万考生及其家庭的命运,向来是关注度很高的公共话题。高考改革的一举一动,从来都是牵一发而动全身,其重大影响早已超出教育本身。如果只是孤立地从教育本身出发进行高考改革,由此产生的问题不能不引起更多忧虑。高考是全国统一的选拔性考试,它不仅承担着为大学输送合格学生,为将来国家培养各行各业需要人才的重要任务,而且是确保不同阶层人员向上流动,进入管理精英阶层的主要渠道,肩负着打破代际传递、增强社会活力、维护社会稳定,实现国家长治久安的社会责任和政治使命。回顾历史,正是因为科举制度让部分寒窗苦读的贫寒子弟也能跻身统治阶层,从而大大增强了封建制度的弹性,成为中国封建制度保持长久生命力的重要原因。虽然今天的高考制度和封建科举取士制度有根本不同,但其在社会、政治方面不可替代的作用依旧相似。包括高考制度在内的整个教育制度,是国家治理制度全局中的一个方面。单从教育本身考虑高考改革,而有意无意忽视从社会、政治的全局高度谋划,是只见树木不见森林的短视之举,是不讲大局不顾全局的狭隘之见。

教育资源公平配置、高校考录公正进行是人民群众的殷切期盼,也是党和政府积极稳妥推进教育改革,实现教育事业科学发展的既定目标。教育要科学发展,高考改革要得民心顺民意,必须牢记统筹兼顾的根本方法，一方面清醒认识国情，准确把握国情，顾大局、讲政治；另一方面要抓住要害找准突破口，从具体措施上克服当前出现的种种问题，推动高考改革、教育改革稳步前行，最终让广大考生和家长满意，让人民群众满意。

方便面营养优于包子？

▶陆丽青

一、事件始末

在第十四届中国方便食品大会上，天津科技大学研究团队带来了一份最新研究报告《方便主食营养比较研究》，颠覆了人们的"饮食观"。研究以提供人体能量来源的碳水化合物、脂肪、蛋白质三大"宏量营养素"作为主食类食品的评判标准，参考《中国食物与营养发展纲要（2014—2020 年）》以及世界卫生组织推荐的膳食能量构成（食物中总热量的 50％—65％源于碳水化合物、20％—30％来自脂肪、11％—15％来自蛋白质），对中国消费者经常食用的 15 种市场上出售的即食餐食的营养成分进行采样与分析。分析结果显示，凉皮、炒河粉、方便面等一般消费者认为较不营养的食物，反而在三大营养素的能量均衡度上居于前列。其中，方便面的能量相当接近上述推荐比例，比起部分仅能提供碳水化合物，或是含油量过高的方便主食（如包子）更为均衡。王硕校长进一步分析说，从食物的性价比考量，一款优质的方便面产品明显高于汉堡、速冻水饺等同类快速食品；从食物的营养均衡比考量，方便面也优于馒头、米饭等传统主食；从食品安全的角度考量，具有品牌信誉的方便面也比各类摊点餐食或外卖盒饭更有安全的保障。因此，以往贴在方便面上的"垃圾食品"标签不但没有证据支持，反倒是不科学的谣言。

该研究报告迅速引起媒体的关注。中新网 2014 年 9 月 12 日撰文"科学佐证'方便面属垃圾食品'系谣言"，文章称，透过此次天津科技大学对于营养素的进一步研究，将有助于夯实方便面在消费者心中的地位,还原有 20 世纪最伟大发明称号的方便面的原有面貌。《人民日报》官方微博也随即发表题为"专家正名:方便面比包子营养均衡"的微博。随后辽宁卫视、贵州卫视等媒体也报道了这一消息,提出为方便面正名。

二、各方声音

"方便面的营养优于包子"迅速在网上引起争议,概括网络的各路声音,基本可以分为两类:

一类声音来自普通网友。首先,网友表现出对专家的不信任,更有许多网友怀疑天津科大的研究团队有为方便面代言的嫌疑:"让那些伪科学家天天吃方便面,三个星期后归天。""不干人事的砖家。""拿了方便面的钱,就替方便面说话。""文章是在方便食品大会上发表的,拿人钱财替人消灾。""这方便面生产企业应该给天津科技大学送一个大大的红包。"诸如此类的种种质疑比比皆是。其次,网友也表现出深深的忧虑,网友们担心这一研究结论会产生误导作用,"专家都说了"会为经常吃方便面的人群找到了借口。如果他们误将方便面当作营养食品长期食用,造成的后果令人担忧。

另一类声音来自专家和同行,他们普遍认为天津科大的研究结论不可信。其中,中国农大范志红博士的文章颇具概括性。范志红认为从专业的角度看该报告存在以下问题:首先是偷换概念,把人体必需营养素的概念和三大供能营养素的概念混在一起。第二,"总热量的 50%—65%源自碳水化合物、20%—30%源自脂肪、11%—15%源自蛋白质"的权威说法,从来就不是用于某一种食品的评价标准,而是整体膳食模式的评价指标。第三,研究忽略了方便面的食材极为单调,根本不能满足一日膳食必须富含多种营养素要求的事实。第四,作为一餐而言,油炸方便面蛋白质供能比例太低了,而脂肪的供能比例太高了,根本不符合三大供能营养素比例的要求。另外,一些营养专家指出,方便面之所以被冠以垃圾食品称号,主要是因为其包含大量添加剂、油炸、含盐量过高、速食食品的餐盒质量等问题,天津科大对这些问题视而不见,避而不谈,而称"方便面营养优于包子","方便面是垃圾食品,是不科学的谣言"，缺失了应有的科学素养，是内行人讲"外行话"。

三、我们的反思

因为方便面是垃圾食品的观念已经为大众所接受，天津科大对专家和同行的质疑也未作任何回应，所以这场争论并没有持续发酵。但是，科研工作者、媒体和普通大众都可以从中得到一些启发。

首先，科研工作大胆假设之外，更应小心求证。长期以来，人们基于科学本身的专业性和复杂性以及对科学的崇尚和对科研工作者的尊重，通常会高度信任科研人员及其研究成果。就本次事件而言，如果简单地说"方便面营养强过包子"恐怕大多人都会一笑了之，但这一结论由一大群身穿白色实验服的科学家，在装备先进的实验室，通过严密的实验设计和一堆统计数据推导而出，其可信度就不可同日而语了。正因为科学研究具有如此优势，一些公司为了自身的利益而竭力为自己的产品披上"科学"的外套。在电视节目和广告中，我们经常看到一些公司在介绍产品时，通过使用一些专业术语，呈现复杂的公式及统计，有的甚至干脆雇佣几个所谓的"专家"，穿上白色的实验室外套，试图以此让消费者相信他们的产品是"科学研究"的成果。在西方，这被称之为"伪科学"。"伪科学"的盛行，表达了商业集团想和科学研究联姻的强烈愿望，这给科研工作者带来了双重的挑战：一方面要求他们必须忠诚于自己的科研事业，不为利益所左右；另一方面，也要求科研工作者在关乎民生，又涉及一些商业集团的利益的问题上，必须十分谨慎，否则会有被商业集团利用，而使大众利益受损的后果。天津科大的研究团队是否真的如诸多网友所言和方便面公司有利益关系，我们不得而知。但仔细研读可以发现，正如食品行业专家所言，他们的研究过程虽然符合科学研究的步骤和程序，但他们的结论有以偏概全、避重就轻、不实事求是的嫌疑。他们的研究结果一旦被相关公司用来误导民众的消费，在方便面公司盆满钵满的同时，无辜的大众付出的将是健康的代价。

科学研究确实必须有挑战旧观点的精神，但得出一个新的结论必须有理有据，用事实说话。特别是在食品领域，"民以食为天"，更是必须慎之又慎。

其次，媒体已经成为公众接受知识的主要渠道，媒体既要关注收视率，更要独立思考。在现代社会中，媒体是公众获取信息的主要渠道之一。而且，公众对官方媒体所传播的信息往往缺乏辨析力，有全盘接受的倾向。"方便面的营养优于包子"，如果作为一项纯粹的科研成果，没有媒体的广而告知，不可能家喻户晓。如果没有媒体的介入，这个结论可信与否，都不会产生巨大的影响。但当媒体在未作进一步调查的前提下，提出为"方便面正名"，其影响力就非常大了。可以想见，那些对官方媒体信息不加辨析全然接受的公众会因此而改变"方便面是垃圾食品"，接受"方便面的营养优于包子"的观念，会在生活中肆无忌惮地选择食用方便面，如果方便面是垃圾食品，那最终造成的后果不堪设想。因此，承担着传播科学知识这一重要角色的媒体，不仅需要关注其收视率，更需具备独立思考的精神。媒体不能像普通民众那样盲信权威，否则，其造成的危害大大超过一项不甚确信的科研成果本身所带来的危害。

最后，新时代的公民必须具有质疑精神。从本次事件可以看出，如果"方便面优于包子"的结论并不科学，那么最大的受害者将是大众。在知识更新极为迅速的现代社会，大众接受新知识的主要渠道是权威和媒体。如果权威并不可靠，如果媒体也有盲信权威的风险，那么，大众就会有被蒙蔽的危险，自身的利益就得不到保障。因此，新时代的公民必须具有质疑精神，批评地吸收权威和媒体所传递的信息。

但是，质疑精神在我们社会中并不普遍。我们从小就被教育要听父母、老师、专家这些权威的话，我们也深信在政府管理部门监管下的媒体也是一定意义上的权威，而且也笃定会维护大众的利益，因此，盲信权威，到媒体那里找寻生活指导的思维方式比比皆是。在这个信息爆炸的新时代，公民必须具有质疑精神，而作为培育新时代高端人才的大学校园，更需将培育学生的质疑精神作为首要的任务。学会质疑，才能辨析真假，学会质疑，才有创新的可能。

大学副校长同一天集体任免引热议

▶ 游海华

一、事件回顾

据媒体报道,2014 年 10 月 15 日,西安交通大学召开全校干部大会。校党委书记张迈曾受教育部委托,宣布西安交通大学新任副校长的任命决定,6 名副校长全部易人:任命郑庆华、席光、荣命哲、颜虹、王铁军、张汉荣为西安交通大学副校长,免去蒋庄德、徐宗本、李伟、卢天健、闫剑群、宋晓平的西安交通大学副校长职务。消息一经公布,立刻引发了网络热议,很多网友认为,学校副校长一次性大换血,其中肯定"有问题""不正常"。17 日,西安交通大学校方回应称,本届校领导班子是正常换届,完全按照教育部关于高等学校领导班子任命有关规定的精神执行,不存在什么"内幕"。

二、公众热议

"西安交通大学 6 名副校长同一天全部被免"的消息一经公布,立刻引发了人们的关注和猜测。尽管校方迅速做了公开的正式的回应,仍然止不住网友的质疑。

杭州网友:正常换届。你们信吗? 反正我不信。

沈阳网友"雪山之巅":绝对不正常,只是不告诉你们百姓而已! 又不是打仗,哪有全套班子一起撤换之理!

在校方做出公开回应前,国家行政学院教授汪玉凯接受人民网采访时直言,"一般来讲,学校领导成员要调整,一般都要经过民主推荐、考察、任命等程序,一般是个别的,逐步调整",“六上六下"任免副校长,“这种做法有点像在开玩笑,很儿戏",“违背领导干部任免规律"。

不少网友认为,校长任免必有腐败根由。

广州网友:一朝君子一朝臣,清理位子换上我的人。不正常吗？你若找事,哪个没有事？你若上位,个个反贪腐！

陕西咸阳网友:赶紧查,问题肯定不少。

湖北黄冈网友:这么配置,不官僚腐败才怪。

还有网友对副校长的数量配置提出了疑问,并提出了建议。

网友“木贝88":要那么多副的干啥？排排坐,睁眼瞎。

网友“tkyuan36":要这么多的副校长干啥？安排教学生、做研究贡献更大。

网友“丽茵草堂":教育部要研究一校有必要安排这么多副校长？要珍惜纳税人的钱和学生的学费,不要再养那么多官员,减轻学生家长负担。

面对众多的质疑声,也不乏网友对质疑者进行反驳。

北京网友“逝水伴流云":大学领导多可以说是“国际标准",美国加州大学伯克利分校和哈佛大学都有7到10名左右的副校长。一所大学就是一个社会,有好几万人,各种事务如教务、科研、财政、人事、后勤等,都需要副校长分管。这是正常现象,怎么什么都有人乱喷？

西安交通大学本校网友“中雨A蒙":终于亲身验证了网络舆论的可怕性,这就是我们学校的正常换届,没有所谓的“频繁更换",更没有所谓的黑幕,毕竟你看我们交大有哪个愤青学生出来骂了吗？作为一所在西北地区孤单地苦苦挣扎的老牌名校,好不容易上回头条,竟然因为这,真为西交不值。

三、是否正常？

大部分公众认为西安交通大学副校长一次性大换血,肯定“有问题”“不正常",是基于我国当前既打“老虎"又拍“苍蝇"雷厉风行反腐情形的判断,认为一定和以往一些“全部被免"的腐败案例有着相同的“故事"。例如,2014年4月广西一副镇长被劝酒身亡,参与喝酒干部一律免职；2005 年，重庆 6 名乡镇一把手在西安赌博被抓，全部被免职；2012 年，广东五华县 8 名聚赌官员全部被免职；2013 年，江苏连云港村干部集体"找小姐"被曝光，6 人全部被免职；等等。但是，我们不能被"经验主义"蒙蔽了双眼，西安交通大学副校长任免一事就不一定是重复昨天的故事，具体事情还是要具体分析。

据教育部 2014 年 2 月发布的新规，换届时，年龄超过 58 岁的直属高校党政副职领导干部，原则上不再进入新一届领导班子；年满 60 岁的领导班子成员要及时退出领导岗位；领导干部原则上担任同一职务时间不超过两届或 10 年。以之衡量这次被免的 6 名副校长，不难看出，他们都是因年龄或任职年限问题而离任的。其中，李伟和闫剑群今年 61 岁，蒋庄德、徐宗本和宋晓平今年 59 岁，属年龄到限卸任。最年轻的卢天健虽然只有 50 岁，但已担任两届副校长，属任期已满离任。离任的 6 名副校长，平均年龄为 58 岁，而新任命的 6 名副校长，平均年龄只有 51 岁，这无疑优化了校领导的年龄结构。因此，6 名副校长"全部被免"很正常，完全符合教育部直属高校领导任职的最新规定。

从任免当事双方来看，交接时都很正常，和以往任免一两名干部交接没有什么两样。西安交通大学官网消息显示，在全校干部大会上，校党委书记张迈曾向为学校发展付出辛劳的老校长们表示感谢，称赞他们在任期内尽心竭力，使得学校不断取得进步和发展。而被免的老校长们在表态发言中表示，拥护中央文件的规定，愉快服从组织决定，回到业务岗位，当好教授，做好学问，并表示坚决支持新晋班子同志们的工作。显然，如果是"有问题"被免，组织上不可能对他们任期内的工作加以称赞、表示感谢，被免之人一般也不可能有发言表态的机会。

副校长的工作是协助校长，分管学校相应领域的管理工作。很多网友担心，副校长集体任免，肯定会影响学校工作的正常开展。确实，如果副校长是从校外调来的，就可能出现一时"水土不服"的情况。此次，相关信息显示，6 名新任副校长都有在西安交通大学的工作经历，其中，荣命哲和王铁军还是从本科念到博士的"土著"；席光、荣命哲、颜虹、张汉荣等都有或长或短的校长助理经历和经验。他们都是交大人，年富力强，对校内工作比较熟悉，应该可以很快适应副校长的管理要求，不会造成什么不良影响。

以上综合分析，可以看出，这次西安交通大学6名副校长的集体任免，是一次正常的人事调整，与违纪腐败并无关联。

但是，这并不表明网友的质疑就毫无道理。网友质疑的背后，折射的是民间要求改革高校领导选拔和任命机制的呼声，反映的是对增强校领导选拔、任命公开和透明度的呼唤。香港凤凰卫视主持人何亮亮评论，教育部关于直属高校领导任职的规定，是一种刚性的制度，"完全是体制化的"，是"官场化"的。著名教育学者熊丙奇认为，如果校长公开遴选、师生参与遴选过程，校长提名副校长，由大学理事会任命，就不会引来质疑（或者对人选的质疑意见，早已在遴选过程中表达）；在校长和副校长都由主管部门任命、师生无法参与和表达意见的情况下，遭遇质疑几乎不可避免。

现在看来，西安交通大学副校长集体任免是正常换届，没有什么问题。但是，它遭受广大公众质疑一事提醒我们，我国公办高校要进一步"完善大学校长选拔任用办法"，这是国家中长期教育和发展规划纲要所规定的。同时，要切实落实十八届三中全会《中共中央关于全面深化改革若干重大问题的决定》中所提到的"取消学校实际存在的行政级别"。只有建立新的校长遴选机制，发挥师生在选拔校长中的作用，增加校长选拔的透明度，尤其是按校长岗位职责的标准选拔合适的人选，才能让选拔的校长全力服务于办学，用心做职业化的校长。也只有这样，才能从根本上消除公众对高校校长选拔任用的疑虑，我国现代大学制度的建立才有希望。

大学宿舍定时熄灯断网情非得已

▶ 姚月红

一、话题背景

2014 年 9 月 30 日，广西大学在其官网文件系统内公布了《关于本科生宿舍定时熄灯断网的通知》(以下简称《通知》)。《通知》称，该校本科生大部分寝室不能自觉地熄灯和休息，学校认为统一定时熄灯断网势在必行，"周日至周四晚上 11 时 30 分至次日早上 6 时熄灯断网，周五、周六、节假日以及学期末最后两周(复习考试)晚上 12 时 30 分至早上 6 时熄灯断网"。该《通知》提及，定时熄灯断网以 10 月份为过渡期，先让学生自觉适应；自 11 月 1 日起将强制实行，违者将由学院提出通报批评直至纪律处分，并与综合测评挂钩，取消各类评奖评优资格。此文件一出，在新浪微博上，"新浪广西"频道随即以"高校宿舍该不该按时熄灯断网"为话题进行网上投票，至 10 月 10 日投票结束，已有 1916 名网友参与。在这次改革措施下，讨论声响起，是支持或反对，是规范或自由，老师、学生和网友们纷纷发出自己的声音。

二、各方声音

相关规定的出台，有人欢喜有人忧，那么，大学宿舍到底应不应该定时熄灯断网呢？各方观点综述如下：

(一)赞同:规范管理很有必要

网友@"邕城雪松"表示:无规矩不成方圆,这样规范管理是必要的。学生 A 认为:学生熬夜现象很严重,校方有必要加强管理。学生 B 提到:舍友经常熬夜玩游戏,打扰我休息,现在学校出台硬性措施能帮助宿舍营造安静的生活学习环境。某学生辅导员认为,这样能保证作息的规律,对同学们的学习和身体健康都有益。某校教师说:以后可能再也不用忍受"第一大节睡倒一片"的惨状了。

(二)反对:正常需要受到影响

网友@"秦小坑"表示:我不想再过高中那样的生活。@"大饼脸"抱怨:学霸如何秉灯夜读? 考试迫在眉睫的如何临时抱佛脚? @"滚滚卷子"认为,缴纳的宽带和手机网络服务费是 24 小时的,如今不能充分享受服务,岂不是侵犯了消费者的权益? 还有网友认为:整齐划一的熄灯断网制度是简单粗暴的。更多学生则认为:大学生已经是一个独立的人了,总归还是要靠自觉。

(三)反思:学生老师都应深思

网友@"king-ck"表示:20 多岁的成年人还要靠学校的断网断电来控制,不得不说是个值得让人深思的问题。@"南国白丁"认为:如果学生能自律自觉,校方也不会出此措施。

(四)学校:一切为了学生着想

广西大学学工处表示,学校此举是在行使正当的管理权,也是职能所在,学生的自由不能超出学校管理的需要。

(五)律师:学校"断网"须有法据

蒋文灿律师认为,学校要实施"断网",首先要看是否有法律授权,如果无授权则要看学校与学生之间是否有约定。管理举措要行之有据,否则就是不妥当甚至是违法的。广西消委会叶桂明表示,学校与学生之间不是消费关系,而是管理与被管理的关系,因而不存在"干预消费权益"之说。

三、相关思考

事实上，近年来大学宿舍定时熄灯断网规定在国内不少高校都存在，同时，关于该规定的争议也从未停止过，在某些学校甚至升级为学生群体性抗议事件。因此，为何会出台类似规定？如何实施才更合理有效？怎样从根本上减少学生熬夜现象？这些都是值得深思的问题。

第一，熄灯断网规定的出台是对学生健康和学业负责的一种无奈选择，折射出高校对学生熬夜现象和自我管理能力缺失的深层焦虑。

当前，大学生中"熬夜打游戏，上课打瞌睡"现象普遍存在。最近广州高校的一项调查结果显示，几乎所有的受访大学生都有熬夜行为。大多数学生熬夜主要是上网、看影视剧、玩游戏等，只有三成多学生是因为学习。近两成学生是受室友影响造成的"被熬夜"，进而引发的集体熬夜现象越来越严重。长期熬夜不仅对身体带来永久性的伤害，还会逐渐出现失眠、健忘、易怒、焦虑不安等神经、精神症状，甚至还曝出广州一位常熬夜玩游戏的大三男生猝死电脑前的新闻。类似悲剧屡屡发生，引发网友"不用生命熬夜"的话题讨论。笔者认为，大学生熬夜现象的普遍存在，凸显出大学生自我管理能力弱和生命意识缺失的现实。熬夜现象对大学生的身心健康、学习成长和生命质量带来了严重影响，也成为影响寝室人际关系、校园平安和学校管理的负面因素之一。因此，国内不少高校在对学生的自律要求起不到实质作用时，实在是情非得已，只能无奈地借助于定时熄灯断网这一强制措施。可见，大学宿舍定时熄灯断网制度有着明显的现实诉求和积极意义。

第二，高校出台制度时应充分体现人文关怀精神，实施过程体现人性化和合理化，消除学生抵触情绪。

一方面，高校在出台学生管理规定时应充分考虑其对学生身心健康、学习生活的影响与导向，全面考虑学生的心理感受、需求满足及接受程度，并在实施规定的过程中充分体现人性化和合理化，在进行全面调研、积极沟通、充分听取各方意见的基础上制定或完善符合学生利益、能为学生信服、有利于学生成长的制度。另一方面，高校要正确引导学生从集体的角度而非狭隘的个人立场来理性地看待制度，培养学生换位思考和共情能力,理解制度出台的善意,顾及他人的需求和感受,消除学生的对立情绪。没有什么制度能做到十全十美,评价一个制度主要是看它能否适应整体的发展和满足大多数人的需求。因此,高校应以对学生负责的态度,关注学生的全面发展,制定有效的管理措施。同时倡导人性化管理,积极引导学生体会身上肩负的责任与道义。

第三,加强大学生自制力及自我责任意识的培养,树立正确的时间观、学习观、作息观和健康观是解决问题的关键所在。

自制力是影响大学生活质量的关键,也是一个人走向成熟的重要标志。但丁说:"测量一个人的力量的大小,应看他的自制力如何。""美好的人生建立在自我控制的基础上。"《自控力》一书的作者凯利·麦格尼格尔说:"一边肩头的天使在对你轻声呢喃,另一边肩头的魔鬼则不断地压迫你。"自控力强的人不是从与自我的较量中获得自控,而是学会如何接受相互冲突的自我,并将这些自我融为一体。因此,大学生应该在日常学习生活中提高自制力,并有意识地培养自律精神、自我责任意识和自我管理能力,学习时间自我管理、健康自我管理、休闲自我管理、习惯自我管理等技能。同时,学校应正确引导学生树立良好的时间观、学习观、作息观和健康观,自觉自律形成良好的生活习惯,在不影响他人、不干扰自己正常作息的前提下,合理安排学习与娱乐时间,有效管理有限的时间资源。

第四,高校应重视积极生命教育,全面提升学生生命质量。

意大利教育家蒙台梭利说:"教育的目的在于帮助生命力的正常发展,教育就是主张生命力发展的一切作为。"《学习的革命》的作者戈登指出,教育的最高境界是让学生与自身生命和谐、与周围生命和谐、与自然万物和谐。那么,如何提升学生的生命质量? 如何减少盲目熬夜、沉迷网络、虚度光阴等生命意识缺失现象? 如何激发学生内在的"一种积极的势力或能力——向前成长的力量(杜威语)"? 笔者认为,积极生命教育将为解决这些问题提供一种可能的对策路径。积极生命教育以积极的生命关怀为核心,旨在培育具有积极生命品质、富有生命活力、健康和谐的人,所表达的是对学生生命质量的深切关注。积极生命教育不仅关注学生个体的生命质量,还关注个体生命质量与学生群体、学校环境、社会环境的相关性。积极生命教育不仅是预防消极生命现象,更重要的是激发学生的积极"生命资本"和积极生命力量,通过积极生命体验来形成积极的生命态度和健康的生命意识,从而帮助学生最大限度地发掘生命潜能,全面提升生命质量,以促进学生最大可能地获得一种快乐、充实和有意义的生活。因此,高校实施积极生命教育是一种从积极的视角、以正向和发展为取向来解决学生熬夜等现象的对策路径。

"台蘑炖山鸡，嫌贵别点"引发的反思

▶ 陆　青

一、事件回顾

2014 年国庆期间，媒体报道一盘"台蘑炖山鸡"要价 400 元，引发外界"定价太高"的质疑。五台山风景区官方微博"五台山发布"对此的回应是："市场经济时代，市场调节。只要是明码标价，你愿意买，他愿意卖，即可成交。同一只鸡，所处地域不同，它的售价不一定相同。您有体会吗？"该回应再次引发质疑。次日，"五台山发布"删除了该条微博。五台山新闻中心办公室副主任称：该条微博是误操作发布的，怕影响不好。而当地物价局也表示："餐饮业定价早已放开，明码标价，嫌贵就不要点，但也不准强买、宰客。"

二、社会评论

景区官方微博的回应随即被评为最傲慢的回复。而当地物价局"嫌贵不要买"的回复也进一步引发社会舆论。网友纷纷指责相关部门"护短"和"不作为"。

网友"用户 5214425730"认为，不要拿市场经济做挡箭牌，敲诈就是敲诈，乘人之危就是乘人之危；但奇怪的是官方居然还支持这种行为，那还要物价部门干什么；这样下去市场不是完全混乱了吗；要知道市场经济是法治经济，要讲公平正义原则。

五台山的当地人则表示，如果真是台蘑炖山鸡，一盘 400 元就不贵；如果不是台蘑，那就 40 元也不值。

《钱江晚报》评论员刘雪松认为,这么合法的解释,回复舆论不满时还得照顾社会情绪,还得弄出理直但气不壮的假客套、真低调,这只能说明我们整个社会,对于消费的公平含义还有着习惯性的一刀切思维定式,还不能明白"有时候不公平也是一种公平"的道理所在。

三、事件背后的反思

类似的旅游景区高价宰客事件频繁,为何"台蘑炖山鸡"会引起如此强烈的反响呢?事件背后反映出来的问题值得我们深思。

首先,"台蘑炖山鸡"事件本身所折射出来,不仅仅是景区物价高的常识性问题,而是国内旅游市场乱象"被常态化"的问题。

事件发生之后,当地物价局解释称,台蘑由于产量低,需求大,其市场价格已达六七百元一斤。400元一盘的台蘑炖山鸡定价合理,并非宰客。

实际上,国内景区物价偏高早不是什么新鲜事,出门自备干粮已经成为国人的"常识"。按照市场的供求关系,商品价格围绕其价值上下波动本来无可非议。消费者在景区消费时通常也做好了充分的心理准备与物资准备,但问题在于旅游市场出现的种种乱象不能被盲目地当作"常态化"的市场行为来看待。

近年来,每逢黄金周和小长假,国内旅游投诉与纠纷就呈井喷式爆发,大雁塔留影被勒索1380元,鼓浪屿轮渡针对外地人涨价……这其中反映出的一个不争的现实就是:市场这只无形的手尚无法充分有效地发挥其应有的作用,常常受到外力的干预。国内的旅游市场尚不成熟,而旅游市场的规范化,权力机关的监管与协助不可或缺。

一句"嫌贵别点"反映的是一种看客心理,而相关部门在这类事件中所扮演的角色以及所能发挥的作用绝非如此。当消费者提出质疑,认为商品价格远远高于其市场价值时,相关部门应当从管理者和服务者的角度,对出现的问题进行调查,而不是一味地将问题作为市场经济中的常态化现象来处理。

目前,中国的市场化改革尚在进行中,依靠市场调节需要以充分开放的市场竞争为前提,而景区市场在一定程度上都存在着价格垄断或价格联盟的现象。因而,除了市场调节之外,仍需要政府相关部门、媒体等"有形之手"的介入。

唯有相关部门对所反映的问题当作"非常态"来处理,旅游市场才可能真正出现和谐发展的常态,才可能为旅游经济的持续发展提供有效保障。

其次,旅游市场中诚信机制的匮乏。长久以来,人们的惯性思维通常会将市场中出现的问题归咎于有关部门的监管不力。事实上,市场经济的今天,问题绝不是如此简单。除了政府监管不到位的外部因素之外,市场内部诚信机制匮乏也是其中重要的原因之一。

旅游市场乱象频发,一个不可忽视的原因是旅游市场的特殊性,即旅游消费者流动性较大,往往不存在固定的消费群体。消费者在旅游期间遇到的问题往往无暇处理,消费者维权成本较高,而商家的失信成本却极为低廉。因此,旅游市场出现宰客、欺诈现象的泛滥,消费者不信任商家,商家涸泽而渔,造成恶性循环。

当前,必须进一步完善旅游市场内部的诚信机制。行会商会应进行组织,以市场主体和行业管理者的身份参与到旅游市场的发展中,进一步自主规范旅游市场,发挥内部监管的作用,重新赢得社会的信任。在政府监管、消费者监督之外,从行业内部着手完善诚信机制,才能更为有效地杜绝旅游市场中频发的失信问题,促成旅游市场的良性发展,协同推进向"小政府、大市场"模式的转型,最终得到社会大众的认可,实现旅游市场的持续繁荣。

最后,网络舆情已成为群众路线的重要环节。政府相关部门应当擅用网络平台,与民沟通、与民互动,在为人民服务中真正体现公仆精神。

正如前文所说,一句"嫌贵别点"是从看客的立场上发出的声音,"事不关己高高挂起",颇有点揶揄的意味。如果以个人名义在网络发布这条微博本来无伤大雅,但是以政府部门的名义发表在官方微博上就显得不甚恰当。因此,尽管当地物价部门的官方微博在第一时间回复了社会的质疑,但这非但没有平息舆论,反而激起了群众的不满,被网友评为"雷人"回复。这无疑是"事件"在网络上引发热议的原因之一。其背后所折射的,恰恰是有些地方政府部门还不善于应用网络平台沟通民情，服务群众。

如今，网络问政、网络舆情正在成为各级政府联系群众，了解民意，问政于民的重要手段。微博等社交网络平台的普及已成为社会交往的重要组成部分，也成为政府部门贯彻群众路线的重要环节。某些政府部门通过俏皮、通俗的微博话语一改以往严肃刻板的印象，迅速赢得网民的好感，有效地拉近与群众的距离，构建起"上传下达"的网络话语平台。

前事不忘，后事之师。对政府相关部门而言，必须掌握网络交往的特性，注意表达方式和沟通技巧，坚持适度原则，不断摸索创新群众路线的模式。在工作中避免出现话语身份上的错位，坚持客观、理性的立场，区分公共立场与私人角度的差异。本着对人民负责的态度，充分体现为人民服务的公仆精神，切实解决群众的问题，回答提出的疑问。只有这样，网络舆情作为群众路线的环节才能真正落到实处，赢得群众的肯定与赞扬。

"大学生你不失业谁失业"的反思

▶ 陆丽青

一、事件始末

义乌工商学院副院长贾少华 2014 年 9 月 15 日在自己的微信公众号上发表了题名为"大学生你不失业谁失业"的文章,文章用犀利的语言痛陈大学生的种种"劣迹",最后总结道:"责任心,吃苦精神,写作水平,做事能力,专业修养,操作技术,学问素养,与人相处,有哪一方面是你的看家本领? 有哪一点是他人不可替代的? 农民工都比你强,你不失业谁失业?"听起来尽管刺耳,但贾院长确实言中了许多大学生的通病,引起了网民的强烈的反响。不到 10 天,阅读量达 260 万次,超过 1.3 万人点赞,被转发 5 万多次,火爆程度远远超出了他自己的预期。

二、网民反响

引起共鸣的网民主要有两类:一类是被"戳中"痛处的家长和大学生群体,另一类是对当代中国大学教育有着诸多不满的人。

对于家长而言,贾少华道出了他们积压已久的对孩子的不满,以及"恨铁不成钢"的焦虑。网友"乡下人"给贾少华留言道:"谢谢你! 我被我的孩子彻底打败! 很苦恼! 他总是颠覆人之常理,欺负我们父母。我们对外又不能言。心很疼。"网友"求解"说:"你说了我不敢说的话,你说的与我儿子的情况一模一样,每一条都相符。我很失败,很绝望。"对于已经走出校门的大学生而言,这篇文章触发了他们时光不再、追悔莫及的感慨。网友"小狼"说:"毕业工作 3 年了,现在回想 4 年的大学生涯,确实有种以青春的名义挥霍青春的感觉。"网友"用现实去改变现实"说:"大多数人没有太多的思考,在不清醒的情况下,读完大学走上了社会。其实,现在社会竞争激烈,大学这一阶段必须非常努力,学会面对压力、承担责任。"而对于被痛斥的大学生而言,似乎每个人都能在这篇文章中找到自己的影子,当用旁观者的眼睛来审视自己的时候,感受到的是震惊、后怕和迷惘。许多大学留言说:"这是在说我啊!真的是这样。""麦子"说:"我是一名大二的学生,看到您的文章深有感触,感觉自己就处于那样的状态,我想知道怎么去改变现状?"

同时,这篇文章也为那些对国内大学教育现状不满的人找到了发泄的出口。"人丑多上学"说:"大学老师也不一定好好授课,我遇到的大学老师中不乏随意授课的。"另有网友说:"养不教,父之过,教不严,师之惰,现在的大学的老师,不是忙着捞钱兼职,就是忙着评级评优。"更有网友指责道:"作为大学的院长……学生在宿舍看电视,玩游戏,不上课,你又做了些什么呢?"

贾院长的初衷是希望用自己犀利的言辞,对大学生起到醍醐灌顶之效。而其产生的反响则有点违背初衷。大学生的反应是迷茫——"我不知道怎么改变";家长非常焦虑——"老师你快想办法";公众做出了裁决——"大学没有尽责"。一如当初写文章时的满怀赤诚,贾院长对上述回应也做了深刻的反省:"学校至少在三方面要反思:一是教学,开的课学生为什么不愿意听,教学模式是否要改变。二是管理,学校重视学生管理,但是为了管理而管理,不能触及学生心理,不注重有效性,管而无效。三是要关心学生,不能一味责备学生,要和学生交朋友,不能上完课转身就走人了。"

贾院长的担责,使网络对此事的关注热度渐趋消退。

三、激发大学生学习动机的措施

但是,作为高校教育工作者,对此事的思考并不能就此驻足。从学习心理学视角去分析,大学生的这种种劣迹可以归因于学习动机不强。学习动机作为一种内驱力,是保证学习发起、维持、导向和终止的动力。相对而言,教学模式、教学技巧和管理策略等仅是促进学生学习的外因。内因是事物变化发展的根据,外因是事物变化发展的条件,外因通过内因起作用。因此,要从根本上改善大学生学习懈怠的现象,最为关键的是必须激发他们的学习动机。

从社会认知的学习动机理论出发,激发大学生的学习动机,可以从以下几个方面入手。

(一)帮助学生确立奋斗目标,规划大学生活

在动机研究中占据重要地位的"期望——价值"理论认为,实现目标的愿望越强烈,可能性越大,目标价值诱因越高,从事相应行为或活动的动机就越强烈。观察大学生的表现,可以发现并非所有的大学生都像贾院长所言,相反,那些有着明确目标的大学生,其指向目标的行为是非常积极主动的。比如,那些期待转专业、准备考研、考公务员和出国留学的大学生,一进大学就进入"后高三"时代,全力以赴地投入学习中去。所以,并非现在的大学生自制力不够,也不是他们懒散,之所以出现学习不积极的现象,最为关键的是他们进入大学之后,暂时失去了明确的奋斗目标。对于许多家长和孩子而言,从幼儿园时期,就把考入理想的大学作为自己的目标,历经千辛万苦,终于考上大学,大学往往成了他们暂时的终点,而非另一个起点。这些暂时失去明确目标的孩子就会进入了一个迷茫期,出现学习懈怠的现象。所以,帮助这部分大学生明确奋斗目标,规划大学生活,是改变这种现象的关键。

(二)在课堂上传递正能量,引导学生正确看待社会上的不良风气

"期望——价值"理论还强调,人们从事何种行为,取决于觉察到行为目标实现的可能性以及目标的主观价值。换而言之,如果目标实现的可能性越大,目标的主观价值越大,从事该活动的动机就越强。对于许多大学生而言,他们的目标是拥有好的未来。如果努力学习,就能赢得美好的未来,相信大部分学生还是愿意努力的,毕竟考上大学,创造美好的未来,是他们从小的目标,在基础教育阶段所付出的艰辛也就是为了这个。但是,考上大学之后,随着视野的拓展,他们渐渐地接触了一些"读书无用论"思想,他们被告知这是一个"拼爹""拼人脉"的时代,未来的美好与否由诸多他们不可控的因素所左右,这无疑对他们是一种很大的冲击。"努力读书也不一定能找到一个好工作,也不一定能有

一个辉煌的未来",这种思想自然会减弱他们的学习动机。因此,这就要求高校老师在课堂上向学生传递正能量,引导他们正确地对待社会上的不良风气,树立科学并坚定的理想信念,鼓励他们朝着人生目标而奋斗。

(三)帮助大学生适应人生新阶段

大学生学习懈怠另一个重要原因是适应不良。告别中学时代,迈进大学校门,人生的道路跨入了新的阶段,大学生既充满好奇和兴奋,也容易遇到适应不良的问题。特别是学习方式和学习环境的变化,会使那些学习自主性和自制力不强的学生偏离初衷,陷入完全放松的状态,而被精彩刺激的网络游戏和丰富多彩的娱乐活动所吸引,导致贾院长所指"劣迹"的形成。因此,高校必须做好帮助大学生适应新生活的工作。这项工作如果能做到具体、细致和个性化,应能起到事半功倍的效用。目前承担此项工作的主要是辅导员及"思想道德修养与法律基础""大学生心理健康""职业生涯规划"等课程的教师,但无论从课时量和师生比来看,都无法将此项工作落到每一个学生的心灵深处。因此,从目前的情况来看,一方面亟待加强这些工作;另一方面应加强对大学生的管理,通过严格的学习、生活管理,挽救一批懈怠、萎靡不振的大学生。严是爱、松是害。松懈的管理、容易蒙混过关的教学制度最终受害的不是别人,正是这些即将走上社会、让人担忧的大学生。

综上所述,激发大学生的学习动机,最为关键的是帮助大学生适应大学生活,明确人生目标,规划大学生活,坚定自己的理想和信念。因此,身负"传道、授业、解惑"使命的高校教育工作者,需要全身心地投入到教育工作之中,不仅上好自己的课,还要帮助学生解答人生的疑虑和成长过程的困惑,不仅需要成为学生的专业导师,更要成为他们的人生导师,我们的大学生才能更健康地成长,成为对社会有用的人。

社会主义
生态文明建设

五水共治，从我做起

▶ 郭 飞

一、什么是"五水共治"

浙江省委十三届四次全会提出，要以"五水共治"为突破口倒逼转型升级。这里所说的"五水"指的是污水、洪水、涝水、供水和节水，"五水共治"即治污水、防洪水、排涝水、保供水、抓节水。"五水共治"分三年、五年、七年三步走。其中，2014—2016 年要解决突出问题，明显见效；2014—2018 年要基本解决问题，全面改观；2014—2020 年要基本不出问题，实现质变。

二、"五水共治"的背景和意义

浙江省是著名的水乡，水是生产之基，生态之要，生命之源。但是近年来水的问题成为制约浙江发展的一个重要问题。2013 年，浙江省多地环保局长被"邀请"下河游泳。2013 年 10 月上旬，"菲特"强台风正面袭击浙江，引发余姚等地严重的洪涝灾害。治污水、防洪水、排涝水、保供水、抓节水变得日益迫切。只有采取"五水共治"才能从根本上解决水的问题。"五水共治"有望治出转型升级的新成效，治出面向未来的新优势，治出浙江发展的好局面，治出自信、自觉、自强的精气神。

从政治的高度看，治水就是抓深化改革、惠民生。习近平总书记明确要求，2014 年的改革要从时间表倒排最急迫事项改起，从老百姓最期盼的领域改起，从制约经济社会发展最突出的问题改起，从社会各界能够达成共识的环节改起。抓治水完全符合这"四个改起"的要求，符合党的群众路线教育实践活动落实整改的要求。治水是新形势下浙江社会主义物质文明建设的要求、精神文明建设的需求、生态文明建设的诉求、政治文明建设的追求。不能把"邀请环保局长下河游泳"和"水困余姚"当成茶余饭后的谈资一笑了之,必须通过治水牵一发动全身,推动全面深化改革,以治水和转型的实际成效,向党和人民交上满意的答卷。

从经济的角度看,治水就是抓有效投资、促转型。治水的投资,就是有效的投资;治水的过程,就是转型的过程。在目前民间投资意愿下降、优质外资难引、政府投资受限的情况下,好的投资项目对保持有效投资增长至关重要。治水能够为我们提供一大批优质项目,特别是水利工程项目,这对于保持经济平稳增长具有现实意义。

从文化的深度看,治水就是抓现代文明、树新风。水,不仅是资源要素,也是文化元素,是文明之源、文化之源。中华民族几千年悠久灿烂的文明史,也可以说是一部除水害、兴水利的治水史。水文化直接触及人的灵魂,浸润着人的心田,影响着人的思想意识、道德情操、精神意志和智慧能力。水文化的价值在于它让人们懂得热爱水、珍惜水、节约水。党的十八大以来,党中央更加强调厉行节约,反对铺张浪费,大力倡导资源节约型、环境友好型社会建设。如果我们切实从增强全社会的亲水、爱水、保水意识抓起,就一定能掀起一股节约、节俭的新风和正气。

从社会的维度看,治水就是抓平安稳定、促和谐。古往今来,治水从来都是江山社稷、国泰民安的大事、要紧事。当前,污水、洪水、涝水、供水和节水问题,困扰我省多年,直接影响平安稳定、关乎人水和谐。进行"五水共治",是平安浙江建设的题中之义,必须痛下决心铁腕治水。

从生态的尺度看,治水就是抓绿色发展、优环境。浙江"缺水",有海岛地区资源性缺水因素,也有一些山区工程性缺水因素,但主要是污染造成的水质性缺水。"江南水乡没水喝",根子上就在过于依赖资源环境消耗的粗放增长模式。围绕治水目标,把水质指标作为硬约束倒逼转型,以短期阵痛换来长远的绿色发展和可持续发展。

总之,"五水共治"是浙江省委、省政府近期推出的一项大政方针,是推进浙江新一轮改革发展的关键之策。"五水共治"是一石多鸟、综合治理的举措,是既扩投资又促转型,既优环境更惠民生的一项重大社会工程。

三、各方观点

社会各界对浙江的"五水共治"表示肯定和赞成,浙江人民对此更是欢欣鼓舞。

浙江省委书记夏宝龙(时任)(《人民日报》):"五水共治"对于推进经济建设、政治建设、文化建设、社会建设和生态文明建设都具有重要意义。"五水共治"好比五个手指头,治污水是大拇指,摆在第一位;防洪水、排涝水、保供水、抓节水分别是其他四个手指。"五水共治",治污要先行。

王国灿(人民网):为浙江"五水共治"点赞。

余晓华(中国日报网):浙江蓝海环保有限公司助力"五水共治",共建美丽乡村。

沈满洪(《浙江日报》):"五水共治"是个系统工程,必须用系统的思维和方法才能落实。为此,需要找准切实有效的治理路径。

李志青(《浙江日报》):"五水共治"重在民生,意在转型。

四、"五水共治"评述

(一)"五水共治"是结合历史和现实的举措

中国有着悠久的治水历史,大禹、李冰、王景等治水英雄的故事闪耀着中国人治水的光辉。古代中国治水有三件事最为重要:防洪、农业灌溉和漕运。1949 年中华人民共和国成立之后,抵御水旱灾害仍然是治水的主体内容。1978 年改革开放以来,我国的治水内容发生了很大变化,出现了水资源短缺、水污染和水生态恶化等新问题。与历代王朝相比,我国新时期的治水已经被赋予了全新的含义,对国家治理提出了新的挑战。如何保障水资源安全、水环境安全和水生态安全,已经成为21 世纪我国最重要的治理问题之一。"五水共治"背后的问题根源于浙江发展的实际。这一决策不仅是面向当下的,而且是面向未来的,包含着可持续发展和生态文明的理念。

(二)"五水共治"是各方共赢的策略

对政府而言,要通过配套政策创新,在生态保护、供水节水等方面给企业展示一个赢利模式,打开经济转型升级的新空间。对企业而言,随着工业用水阶梯式收费、水资源分类收费等改革的推进,今后必须适应用水成本不断上涨的趋势,把生态环境补偿等外部成本列入内部核算。"五水共治"也将带动下游产业链发展,一些水处理设备和服务提供商会从中觅得商机。对社会公众而言,"五水"的有效治理将直接提高生活质量和幸福感。

(三)用矛盾的观点看待"五水共治"

"五水共治"是个矛盾统一体,既要重统筹更要抓重点。时任浙江省委书记夏宝龙指出,"五水共治"好比五个手指头,治污水是大拇指,防洪水、排涝水、保供水、抓节水分别是其他四指,分工有别、和而不同,捏起来就形成一个拳头。其中治污水的大拇指最粗,是重点。这种分析坚持了事物的主要矛盾与次要矛盾辩证统一的观点。矛盾的观点要求我们抓主要矛盾,同时采取系统的观点,统筹兼顾,在"五水共治"中应坚持城乡"一盘棋",污水治理"一张网"。

(四)"五水共治"应坚持群众观点

人民群众是治水的主体力量,治水为了人民,治水依靠人民,治水成果由人民共享。必须广泛发动和组织人民群众参与"五水共治",发挥工会、共青团、妇联等人民团体和社会各界的作用,创新配套政策吸引民间投资。"五水共治"关系到每个人的切身利益,我们每个人都应该从我做起,从当下做起。大禹治水,几代人持续不断的努力、科学的治水方法、领袖人物的率先垂范和治水大军的众志成城,是治水获得成功的根本原因。在"五水共治"中,政府作为管理者,应发挥模范带头作用,加大监管力度;产业部门,要提高自我约束,增强公众的信任;社会公众,应积极宣传节水理念,实施节水行动、保护水利设施;教育和宣传部门,应积极参与到宣传普及中去,不再出现把"五水共治"中的"五水"当作"江、河、湖、海、溪"的尴尬。

居民何时能够喝上放心水

——从兰州自来水苯超标事件看如何应对重大突发事件

▶ 邱　环

一、兰州自来水苯超标事件的来龙去脉

2014 年 4 月 11 日上午,新华网报道称,兰州自来水苯含量严重超标,引发自来水危机,许多市民到超市争相抢购矿泉水,不少超市货架已售空;同时,兰州市西固区已停水。该报道当天被迅速转发。中国新闻网 16 时左右发表文章《兰州自来水苯含量超标 局部地区已停水》,对事件做了进一步报道,被转发 413 次,进一步扩大了事件在全国范围内的影响。人民网于 17 时发表文章《兰州市召开自来水苯超标发布会:将免费提供安全用水》,官方及时召开新闻发布会,并承诺免费供水,在一定程度上缓解了市民对政府的不满。次日上午,兰州市委、市政府披露,此次自来水苯超标的源头是兰州石化的一条管道发生原油泄漏,污染了供水企业的自流沟所致。14 日 9 时,兰州官方发布消息称,根据甘肃省环境监测站、省疾控中心 4 月 13 日 7 时至 14 日 5 时对西固区每隔两小时所取的 10 个批次水样的监测结果,西固区自来水苯指标已符合国家相关标准。至此,全市自来水全部恢复正常供水。

兰州自来水苯超标事件被媒体披露后,社会舆论直指政府。4 月 12 日,《新京报》刊登文章《自来水苯超标 20 倍 兰州全城抢购水》,这则报道被网络媒体冠以标题《兰州自来水苯超标 20 倍 官方 18 小时后才公布信息》,无论是"全城抢水",还是"18 小时后公布消息",都对官方形象造成较为负面的冲击。同时,诸多媒体就此次苯超标与 3 月初出现的自来水异味作比较,给官方造成更大的舆论压力。4 月 14 日,媒

体质疑、批评政府之声增多，"苯超标事件仍有疑点""苯超标与监管不力有关""自来水污染当拿谁问责"等内容的文章见诸报端。《人民日报》对此也评论道："3月辟谣，4月成真，这究竟是巧合还是另有隐情？作为生活必需品的饮用水，安全保障是否有待升级？须警惕：每一次'偶发'污染，都将恶化人们的环境焦虑，更透支政府公信。"兰州官方在舆论场上处于相对尴尬境地。

二、从兰州自来水苯超标事件看政府 如何应对重大突发事件

兰州自来水苯超标事件成为舆论的热点，并引发了一场全民大讨论。目前水污染危机虽已化解，而由它带来的思考，特别是如何应对重大突发事件的思考则远未结束。笔者认为，对重大突发事件的应急处置，应着重从以下两个方面来思考。

（一）完善政府的职责

在兰州自来水苯超标事件爆料后，舆论对政府的指责集中于政府监管不力，没有及时公布关键信息及解决居民核心诉求，对相关责任人没有严厉问责等方面。而这几方面的指责在国内发生重大事件后几乎都是相似的，政府应予以重视并及时纠正。

第一，地方政府的监管不力问题比较突出。目前我国对饮用水的监管部门涉及多个：卫生部门、环保部门、疾控中心、自来水公司，前三个是行政职能部门，后一个企业。自来水厂水质通常由企业自行检测，这次污染问题就是由兰州自来水公司威立雅公司偶然检测出来。卫生部门负责日常性的监督监测，管理饮用水的卫生。环保部门负责水源地选址。疾病预防控制中心负责自来水的出厂，检测生活饮用水是否符合卫生标准。各部门之间监测的方法、标准、项目都不一样，部门众多及标准不一，是否是造成事件发生的根本原因呢？监管机制不健全或不顺畅必然导致监管漏洞，出事是早晚的问题。所以，政府不仅对自来水的监管抑或其他各种公共产品的监管，都需要进行监管的梳理，完善监管职能。否则，政府容易陷于疲于应付的被动境地。对于自来水

监管问题,政府可以考虑通过建立第三方独立的检测机构,统一部门、统一标准、统一职责,这是解决监管不力的根本方法。从技术上看,根据我国从2007年7月强制实施的生活饮用水新国标,共有106项,而有这样技术的独立检测机构有很多,一些著名高校的监测中心也具备这样的能力,政府可以考虑发挥这些社会组织的作用。而住建部在全国40余个城市设立的供水水质监测中心,其检测能力也高于卫生部门,政府也可以考虑把它独立出来,成为专门的水质检测中心。

第二,当地政府的应急机制应加以完善。兰州市政府在4月11日5时接到水污染报告,11时不再供水,16时30分召开新闻发布会,其间经历的11个半小时,部分媒体批评兰州市政府应急措施启动缓慢。同时,在最早检测出水样含苯之后18个小时,兰州市市民还在饮用苯超标水。而在不知情的状况下,这种水饮用已经持续了8天!如此应急处理受到舆论强烈的批评。水污染的事件危害极大,必须马上公布,马上采取紧急措施。事实上,此前已有多份文件都已明确规定“突发环境事件责任单位和责任人及负有监管责任的单位发现突发环境事件后,应在一小时内上报”。政府应该及时按照相关规定启用紧急预案,将伤害降至最低,其具体措施为:相关部门应及时发布关键消息,当取水口发生污染或水质出问题时,在出水管之前要公布并启动应急措施。水厂的检测结果应一天一公布。政府应发布公告立刻通知居民停止用水,同时应满足居民最根本的核心诉求,马上启用备用水源,以避免居民因消息不灵而发生恐慌及“抢购”等行为。

第三,政府解决安全水源问题应加快。为保证以后的安全用水,政府一方面要监管位于水源周边的可能带来污染的企业,并考虑将这些企业搬出水源地,另一方面需开辟第二个安全水源。结合兰州市的实际情况,早在事发前,兰州石化就已是兰州市西固区的安全隐患,兰州市政府在2011年就有将兰州石化搬出水源地的计划,但因面临企业过大难搬迁、化工用水难寻、搬迁费用巨大等问题,搬迁可能要持续十年甚至二十年的时间。在此情形下,开辟第二个水源是当务之急。市委市政府在2013年已启动了从刘家峡水库引水的第二水源建设项目的前期工作,应加快此项工程的进度,在保质的前提下保证居民的安全用水。

（二）完善相关法律法规

经查实，兰州自来水中的苯来源于兰州石化 20 世纪 80 年代发生泄漏事故后渗入到地下的污染物。20 世纪 80 年代发生的事件，为什么当时没有得到必要的处理？这里既有企业的环保责任，也有当地政府的监管责任。

第一，法律法规应加大对污染企业的惩罚力度。国内发生的多起饮用水污染事件，多是污染企业没有尽到应尽的环保责任，其根本原因是法律的惩罚力度不够，无法起到法律应有的威慑作用。加大法律对污染企业的惩罚力度，是督促污染企业承担环保责任的根本方法。所幸的是，在 2014 年 4 月 23 日，十二届全国人大常委会第八次会议表决通过了《环境保护法》修订草案，从 2015 年 1 月 1 日开始实施，这部"新环保法"加大了对污染企业的惩罚力度，将采取按日连续计罚等"上不封顶"的处罚措施。

第二，法律法规应完善对当地政府部门及官员失职的相关规定。对于当地政府部门及其官员失职，也理应依法问责。但相关法律法规在如何明晰其中的政府责任及其领导责任的规范方面不完善，惩罚力度不够，导致很多类似事件发生后，对相关责任人大事化小、小事化了，最后不了了之，这也是政府缺乏大监管力度的重要原因之一。必须出台一个明确的法律法规，明文规定，当类似供水事故发生后，地方政府及其领导责任在哪里，失职之后应当承担哪些责任，以及如何承担责任，来迫使政府相关部门在此压力下，建构起安全供水责任链。

第三，法律应保障公民合法的公益诉讼权益。兰州自来水污染事件发生后，14 日上午，5 位兰州居民对涉事的兰州威立雅水务集团公司提起诉讼。但兰州市中院拒绝了这一起诉状，理由是"不符合民事诉讼法第五十五条"，因公民个人不属于"法律规定的机关和有关组织"，故不具备"诉讼主体资格"。而这 5 名居民的诉讼本属于公益诉讼，他们本身又是水污染事件中的受害者，作为利益关系人，他们起诉威立雅是为了弥补自身受到的伤害，因此提起诉讼行为应该完全合法。此事件让人们再一次关注到公益诉讼的困境。司法解释如何使公益诉讼更加合理，这是法律需要完善的另一个方面。

杭州如何突破"垃圾"困局

——"5·10事件"后的思考

▶ 詹真荣

一、杭州已经拉响了垃圾围城的"红色警报"

世界银行一份报告指出："世界上没有一个国家曾经经历过像中国现在正在面临的固体废弃物数量如此之大或如此之快的增长。"我国约2/3的城市处于垃圾包围之中。2014年5月10日,杭州余杭区部分群众因反对垃圾焚烧项目选址,发生聚集堵路打砸事件。"5·10"事件折射出处理垃圾的不易,暴露垃圾焚烧项目选址的艰难,垃圾分类处理已成为杭州城市治理之"伤"。

回顾事件的来龙去脉,导致"5.10事件"的原因主要有:第一,人们在垃圾分类处理认识上的误区。长期以来,部分群众认为,垃圾处理与自己无关,只是政府的责任,政府和相关企业有义务将垃圾处理好。第二,群众对垃圾焚烧发电厂的运作了解不多。出于对可能造成污染项目的天然恐惧,群众认定垃圾焚烧项目必然会对身体健康造成严重危害。第三,群众对政府的不信任。"5.10事件"中,群众表示曾到中泰乡政府、余杭区政府、杭州市规划局等部门反映情况,但没有得到积极回应,官民沟通不畅直接导致群众对政府的不信任。第四,垃圾焚烧厂选址上的"邻避效应"。虽然人们都明白解决垃圾围城问题已迫在眉睫,但因担心垃圾场设施对自身健康、环境质量和资产价值等带来负面影响而激发的厌恶情结,滋生"不要建在我家后院"的心理,进而采取强烈的集体反对乃至抗争行为。杭州城市垃圾处理困局只是一个缩影。

坏事可以变好事。杭州既然成为垃圾焚烧争议的城市,不妨将垃圾处理作为公共议题,鼓励民众的讨论,激发民众的环保意识和危机感,借此加快垃圾分类建设。

二、破解"垃圾围城"困局的思考

2010年3月开始,杭州推广垃圾分类工作;2013年1月1日,杭州城市垃圾分类管理法规正式实施,将生活垃圾分为四类:可回收物、餐厨垃圾、有害垃圾、其他垃圾,并规定了各类垃圾的标志和收集容器颜色。经过4年的努力,杭州基本建立了分类投放、分类收集、分类运输、分类处置的模式,政府、街道、社区都投入了大量的人力物力。但根据作者的实地调研,杭州垃圾处理面临着群众垃圾分类意识不强,部门管理职能交叉,缺乏激励机制和资金不足等方面的制约。如何破解城市垃圾困局?我认为须从如下几个方面入手。

(1)在认知层面上,要将垃圾分类从一个边缘话题变成所有居民日常的重要话题,树立全民的垃圾危机意识。垃圾分类是人类生活方式的重大变革,而任何社会变革要获得成功,都必须发动大多数群众自觉自愿地参加。当下,要利用各种媒体平台继续开展垃圾分类宣传,加大城市垃圾围城危害性的宣传力度,提高市民的绿色环保意识;将垃圾处理作为公共话题,鼓励广大市民参与讨论,进行全民总动员,激发群众的环保意识和危机感;对于生活垃圾而言,能否最大可能地调动居民垃圾减排的积极性,是决定垃圾分类处理改革成效的关键。还有,垃圾分类要从娃娃抓起,要在中小学内设置与垃圾分类相关的必修课程。作者在街头访谈中了解到,杭州市教育机构已经这样做了,但有待加强。

(2)源头减量是破解垃圾难题的关键。垃圾处理是一个世界性的难题,推进垃圾减量化,实现垃圾源头减排,是解决垃圾处理危机的关键手段。垃圾分类之后,诸如塑料等易产生有害气体的垃圾减少了,垃圾焚烧才能减少对环境的危害。分类可以让垃圾变废为宝,如将生活废物分为三类:资源物质类,一般垃圾类,厨余类(用来制作有机肥)。垃圾的减量化、资源化、无害化这三部分绝对不能混淆。只有做好了垃圾分类,才能做好垃圾的末端处理。杭州可以向日本、韩国、欧盟、我国的台湾地区等学习,实行垃圾不落地,随袋征收,通过经济杠杆,从源头上减少垃圾量。加快推进杭州垃圾分类,可将50％的有机垃圾分离出来;分得好才会烧得好,才会污染少,才能将垃圾资源的价值放到最大。

(3)垃圾是放错了地方的资源,对垃圾的处理要实现循环化、高效化。垃圾处理一是不能有害化,二是做到有利用价值乃至有最高利用价值。在丹麦、瑞典等发达国家,分类回收垃圾占垃圾总量的80％—90％。他们的主要经验是发挥市场的作用。杭州的清洁直运既有经济效益,也有社会效益,但有些废品回收价值小,难以吸引企业参与。所以,政府要放权,要发挥市场在垃圾资源配置中的决定性作用。分类后的垃圾要由不同的企业各自清运,政府要放权给废品回收部门和再生资源部门参与垃圾处理。在发达国家和地区,堆肥厂负责清运堆肥类垃圾,回收废纸的公司负责清运废纸类垃圾,环卫部门负责清运焚烧类垃圾,玻璃制造公司负责清运玻璃类垃圾等;日本则是通过立法的形式进行强制回收。这些做法都值得我们借鉴。

(4)垃圾焚烧技术能确保垃圾焚烧环保式运行。垃圾焚烧是国际主流,据了解,日本、韩国、新加坡和欧盟大部分国家的垃圾焚烧处理率高达70％—80％,垃圾焚烧在技术上已没有难题。垃圾发电是我国垃圾无害化处理的主导模式。目前垃圾处理主要有堆放、填埋、焚烧等方式,相对于堆放、填埋等技术,垃圾经焚烧发电是较为理想的无害化处理方式。它既可大幅减少占地面积,又可获得电力能源,避免填埋等处理方式对地下水和土壤产生的二次污染,因而更符合我国城市人多地少的基本国情。垃圾焚烧将成为我国最有效的垃圾处理手段。

有些群众反对垃圾焚烧的重要理由就是致癌物质"二噁英"。二噁英主要在低温焚烧(200—400摄氏度)垃圾时大量产生,而当温度达到850摄氏度时,二噁英能被分解掉99％。所以,高温焚烧能减少二噁英污染,当温度能达到1000摄氏度以上时,二噁英就都分解了。近些年来垃圾焚烧技术不断涌现,斯托克焚烧技术、德国的CFB烟气净化技术、日本的改良半干法脱酸技术等都有效地解决了二噁英排放问题。

(5)垃圾焚烧厂的选址和垃圾焚烧设施运行要接受群众的监督。垃圾焚烧厂的选址各国的做法不一,有的发达国家就将焚烧厂建在市中心。目前中国的垃圾成分和西方的垃圾成分又有所不同,在群众存疑的情况下,比较可行的方法就是选一个各方都能接受的地方,科学规划,认真营建,打造出一个真正环保的垃圾焚烧厂,以此消除群众的疑虑。

垃圾焚烧设施运行状况和烟气排放要实现在线监控,烟气净化系统须安装在线监控设备,以便随时检测及记录炉温等运行状况和烟气中污染物的排放数据;在厂区外设立公示牌,显示检测数据,即时接受群众监督;系统与当地环保部门监控中心联网,接受执法部门的监管。被访谈者也建议,政府要坚决杜绝垃圾焚烧企业急功近利行为的发生,增强群众对垃圾焚烧的信心。

(6)要完善垃圾分类处理管理体制和激励机制。目前,杭州有七成的垃圾分类不合格。究其原因有:首先,垃圾分类处理管理体制存在严重弊端,环卫部门既是垃圾分类处理监督机构,又是管理部门和执行单位,这种政企不分的体制既不利于形成有效的监督和竞争机制,也制约着垃圾分类处理事业的发展。从收集端来说,由于缺少监督机制,许多家庭对垃圾分类执行不理想,严格分类家庭的不多。其次,环境卫生管理队伍庞杂,不利于城市垃圾的管理。比如市民按照分类要求扔垃圾,但分类直运不到位,清运垃圾环节混淆使垃圾分类流于形式,市民垃圾分类的热情受到打击。

鉴于此,应利用当前全面深化改革的契机,积极推动城市垃圾处理市场化进程。首先,建立起权责统一、监督有效的城市垃圾处理监管体制。环保部门和市政部门在垃圾分类处理职能方面建立有效的协调机制,环卫部门负责处理垃圾,废品回收企业负责回收可再生资源。其次,建立利益诱导和追责机制。遵循"谁产生谁付费"的原则,运用经济杠杆推动城市垃圾分类工作;每年坚持对城区各社区生活垃圾分类检查验收,对于分类不合格的社区既要批评处罚,也要责令其整改。

大学生不仅自己要做到尽量减少垃圾、不乱扔垃圾、做好垃圾分类,而且要积极引导民众实行垃圾分类,支持政府建造垃圾焚烧设施。

欸乃一声山水绿

治霾是一场不能输的"马拉松"

▶ 朱团钦　明巧玲

金秋十月，北京本该秋高气爽、蓝天白云，而今却频现雾霾。其实，雾霾在我们生活当中已非一个新鲜的话题，但是雾霾的常态化也使我们意识到治理雾霾、保护环境的紧迫性。

一、马拉松遇雾霾引尴尬

"北国风光，千里云烟，万里霾飘，望京津一线，迷雾茫茫，晋冀鲁豫，尘土昭昭。"2013 年以来，"雾霾"已从新词热词变为民众"见怪不怪"的常用词。2014 年刚入秋，"雾霾季"就如约而至。从十一国庆假期结束之后，中国中东部被雾霾笼罩，辽宁、北京、天津、陕西及华南的大部分地区普遍出现雾霾，多地发布霾预警，北京更是预警信号跳级直接发布下半年首个重污染黄色预警。在 2014 北京马拉松比赛当天，不期而遇的雾霾更是抢了比赛本身的风头。比赛期间，"雾霾"与"马拉松"成为最热话题。参赛选手戴口罩、肯尼亚选手领跑 20 公里后弃赛……本应该是强身健体的运动如今却因为雾霾问题变成了"健康杀手"。而很多网友也形象表达了马拉松遭遇雾霾天所处的尴尬境地。

网友"值日岗"：此次参与马拉松比赛的 3 万运动员都是绿色和平大使，秉承着"我多吸一口，你少吸一口"的原则，为净化北京雾霾做出了卓越贡献，人称大马路上的人肉空气净化器。

网友"杰克波比"：北京马拉松如期举行，可是天公不作美，出现了雾霾，为此那 500 个新增厕位做了无用功，因为在哪儿谁都看不见呀。

网友"阿骑"：2014 北京马拉松赛后，新闻报道有大批外国选手退赛，但第二天在延庆、房山、顺义、大兴、平谷、昌平、密云等地，找到了依然在迷惘奔跑的这些选手。

二、治霾现状与困境

面对雾霾,各地全面拉响"警报",应急措施不断:机动车实行单双号限行、企业减排或停产、部分工地停止作业……但是可以发现,雾霾污染却未明显好转。在治理雾霾的问题上,我国确实下了很大的功夫。2013 年 9 月,国务院发布《大气污染防治行动计划》,31 个省(区、市)与环保部签署《大气污染防治目标》责任书,立下治霾军令状。但是雾霾问题不仅是一个环境问题,也是一个经济问题、社会问题。它与经济结构、发展方式、消费模式等有着千丝万缕的联系。

从某种程度上讲,京津冀等主要污染地区都是钢铁、水泥、电解铝、玻璃等落后和过剩产业多,燃煤多的地区。要改善这些地区的大气质量,这些污染严重的或过剩的产能必须淘汰,产业结构和布局必须调整。但是,大多数钢铁、水泥、玻璃等企业都是当地最大的工业企业,是当地的财政支柱,不但贡献了大量的税收,还解决了不少就业。在现行淘汰落后产能政策体系中,主要通过中央专项资金和地方财政配套资金安排企业落后产能退出的善后工作。随着淘汰落后产能工作的进一步深入开展,单靠中央财政奖励资金的投入难以有效地解决问题,尤其是职工安置和后续转产、转型问题。因此,地方和企业主动淘汰落后产能的积极性不高。许多地方政府只是把高污染、高能耗企业搬到附近地区,即使环评发现项目有问题,但为了发展经济也并未叫停。一些地方政府对雾霾天气处于"应付状态",相关的减排措施只有总体规划,真正落实不够。一些地方政府在治理污染方面也有自己的"小算盘",担心影响了经济、税收和就业,高能耗、高污染、高排放项目偷偷地上,节能减排任务难以落到实处。专家指出,地方政府的上述行为,就是为了政绩"好看",片面追求 GDP,怀着"羊随大群不挨打、人随大流不挨罚"的心理,想着雾霾大家一起扛,以不变应万变。也有地方官员虽有心治污,却发现自己"单打独斗",最终失去动力。或者无奈历史欠账太多,于是只好一边还旧账,一边欠新账。

目前,虽然多个城市出台"应急预案",启动联防联控机制,但区域联防联控存在利益纠葛深、资金缺口大、法规约束弱等问题,使得地方各自为战,治霾积极性不高,不能真正实现联防联控。这或许就注定了这次攻坚战最终演变为持久战,而一直以来让市场垂涎的雾霾治理万亿投资"盛宴"将不得不"文火慢烹"。

三、突围之路

治污减霾是落实党的十八大精神,建设生态文明,共建美丽中国的重要举措。它事关百姓的切身利益,是群众最为关注的首要的民生问题。面对当前困境,我们要积极探索突围之路。

首先,完善政绩考核制度。对地方党政领导班子和领导干部的各类考核考察,不能仅仅把地区生产总值及增长率作为政绩评价的主要指标,应加大资源消耗、环境保护、消化产能过剩等考核指标的权重。按照奖优、治庸、罚劣的原则,把生态文明建设考核结果作为干部任免奖惩的重要依据。把生态文明建设任务完成情况与财政转移支付、生态补偿资金安排结合起来,让生态文明建设考核由"软约束"变成"硬杠杆"。对不重视生态文明建设、不顾生态环境盲目决策造成严重后果的,实行严格问责,在评优评先、选拔使用等方面予以一票否决,以激励各级领导干部真正重视生态文明建设。

其次,环境执法要始终保持高压态势。空气污染问题频发,很大程度上就在于违法成本和风险过低。因此,必须要抓紧修订法律法规,健全生态环境保护责任追究制度和环境损害赔偿制度,着力解决责任不落实、公众环境权益保护力度不够、环境违法行为惩处不力等问题。除了有法可依外,更重要的是有法必依、执法必严、违法必究,让排污者不敢拿环保当儿戏。

再次,发展方式转型要持续发力。治理雾霾,不能只是临时限行、停产这样的头痛医头、脚痛医脚的做法,必须从根源上减少颗粒污染物的排放。雾霾天气主要是发展方式粗放、产业结构和能源结构不尽合理造成的。因此,各地应严格执行国务院发布的《大气污染防治行动计划》,转变生产生活方式,真正走绿色、低碳、可持续的发展道路。比如,建立更为完善的公共交通体系,减少私家车的使用;加大财政投入力度,鼓励使用清洁能源;依托税收、政策等杠杆,引导企业加快转型升级的步伐;等等。

最后,强化联动机制,落实各方责任。要打破区域、行业、部门、单位和个人的利益壁垒,明确他们之间的责任,使他们能够自觉承担自身责任。只有各个区域、政府部门和社会各方面齐抓共管,落实责任,才能有效地解决环境污染问题。

言行之间,行胜于言。在抗击雾霾的漫长征途中,我们必须"同呼吸,共奋斗"。从自身开始,从细节入手,从简单小事做起,形成全民参与、共同治理的工作格局。如此,我们的环境才能得到根本改善,才能建设美丽中国,实现中华民族伟大复兴的"中国梦"。

实现祖国
完全统一

台湾惊诧论:大陆人吃不起茶叶蛋

▶吴忠良

2014 年 3 月末,"茶叶蛋"一词连续多日占据微博热搜词排行榜前列,相关搞笑图片和段子层出不穷,曾经的网络炫富神器"切糕"也被"茶叶蛋"所代替,大陆网友纷纷晒出自己吃茶叶蛋的"炫富"照片,茶叶蛋变成"奢侈品"和"炫富神器"。微博热词调查"你吃得起茶叶蛋吗",吸引了超 20 万名网友投票。其中,逾八成网友调侃"根本吃不起,高帅富专属消费品,购买要分期";而另一部分网友则表示"毫无压力,一口气吃十个,身体倍儿棒"。这一切都源于台湾中视 2011 年 8 月 13 日播出的一期名为《美食 in 象 勇闯大陆市场发展》的节目。节目上,一位名叫高志斌的嘉宾教授说大陆普通人民根本吃不起茶叶蛋。高志斌教授的理由是,因为大陆人均所得很低,"一般人消费不起","我们看到大陆团来这边敢花钱,只是 14 亿人口中大概那么 5000 万人"。该节目被网友"挖掘"出来后,大陆网友顿时被惊呆了,纷纷以各种形式予以还击,高教授也被戏称为"茶叶蛋教授"。

对于台湾如此的惊诧之论,网友@"天下第一神猫"调侃道:"今天出门看见有卖切糕的,就买了一块,结果对方说要 3 万元! 没办法,我唯有把早餐买的茶叶蛋递给他,他颤抖地接过茶叶蛋说:'大哥,我找不开啊,要不再给你切几斤吧!'"网友@"杰克波比"戏言:"酷爱喝茶,含泪花 3 万元买了一斤茶叶,第二天却被媳妇拿去煮了茶叶蛋。我那个恨啊,气急败坏的我抬手就给了她一巴掌,大怒道:'茶叶蛋能用这么便宜的茶煮吗?!'"网友"施鹏鹏"较理性地说:"一些台湾人对大陆存有误解是很正常的,因为他们从未到大陆,也从不关心大陆,思维几乎停留在 20 世纪七八十年代。想想这也正常,我读书那会,有位内蒙古的同学说他是骑马来上学的,忽悠了我们好几年,结果人家在内蒙古开宝马、住别墅的。好了，不多说了，买茶叶蛋去。"对此，全国台湾研究会副秘书长杨幽燕接受新华社记者采访说："两岸隔绝数十年，这样的误读如果发生在 20 世纪 80 年代情有可原。但现在两岸往来热络，大陆的崛起全世界有目共睹，台湾距离这么近反而这么不了解，令人吃惊。"

调侃之余，吃惊之余，我们不得不反思，为何台湾还有如此之惊诧论（其实，香港也有，比如杜汶泽认为内地网民自以为是没本事，赚的钱只够去网吧等）。我们认为，这个现象背后有着深厚的经济、政治、娱乐文化根源。

第一，就经济层面而言，部分台湾民众对大陆的认识很多都停留于20 世纪 80 年代之前。因为台湾在 20 世纪 60 年代推行出口导向型工业化战略，在短时间内实现了经济的腾飞，一跃成为全亚洲最发达富裕的地区之一。而同时期的大陆，"大跃进""人民公社化运动""三年困难时期"和十年"文革"使得中国生产力遭到极大的破坏。这样对比，台湾人的优越感油然而生。实际上，台海两岸的经济格局早已悄然发生变化。尤其是 2008 年金融危机爆发后，台湾经济受到巨大冲击，经济一蹶不振，开始为保持 2％的 GDP 增长率而努力，大陆却仍能保持接近8％的 GDP 年增长率，且已经成为世界第二大经济体。由此而产生的失落感又导致了部分台湾民众产生了"逢中必反"的情绪，"热闹"的反服贸协定背后多少都有此种失落感在作祟。因此，从经济实力这个角度看，即使 1978 年以前的大陆人民吃不起茶叶蛋，但是现在的大陆人民绝不可能吃不起茶叶蛋！如果现在的大陆人民还吃不起的话，试问台湾人民就能吃得起？因为"茶叶蛋教授"在接受媒体采访时又以河南农村为例，再次伤害了河南人民。《河南日报》法人微博 3 月 28 日将"蛋"字选为"今日汉字"，并发文表示："'河南郑州的农村人还是吃不起茶叶蛋'——台湾电视嘉宾此语令人喷饭！其实，2013 年河南的 GDP已与台湾持平，郑州的人均 GDP（1.1 万美元）也超过了台湾的一半。虽然郑州还欠发达，但吃不起茶叶蛋的人几近于无。看来，海峡两岸还需增进了解。"

第二，就政治层面而言，大陆和台湾在意识形态上不同，台湾人信息上的不畅通，导致他们只能得到有限的关于大陆的消息，且多为负面消息；加之美国也是极力描绘大陆的惨状，丑化大陆。长期以来，台湾人印象中的大陆人民或许就是处于水深火热之中。虽然两岸恢复交往近30年,两岸三通也有多年,但消除由政治上长期隔绝导致的不了解并非旦夕之事。即使是互访或自由观光之类,两岸民众也多为游山玩水、走马观花。加之台湾和大陆的亲缘关系也正在慢慢淡泊,老一代人渐渐离世,而新一代则对大陆缺少血浓于水、落叶归根的感觉,对他们来说,大陆只是一个名词罢了,他们了解大陆的意愿并不强烈。正因为如此,"茶叶蛋事件"在大陆很火爆,在台湾却显得颇为风平浪静。正如在Facebook上拥有几百台湾粉丝的网友"宁乐熙"所说,他在聊天中发现,台湾朋友并不是很关注大陆人的想法以及大陆所关注的事,许多人尤其是没离开过台湾的人并不了解大陆。而"茶叶蛋教授"恰恰自己承认,他十多年没来过大陆,其雷人之语数度出现也就不难理解了。

第三,就娱乐文化层面而言,台湾是一个综艺文化高度发达的地区,也是综艺节目竞争异常惨烈的地区。台湾主持人梁赫群坦言:"台湾以前只有三个频道,现在有一百多个。但是收视的人口跟广告量其实是没怎么增加。以前只分三份,现在要分一百份,所以每个频道一定要开节目,因为你不开节目就没有人看,就收不到广告费。"为了收视率,为了博眼球,所以很多档节目开始不择手段,所制作节目出现了"无下限""无节操""低俗化"的现象,恶搞、整嘉宾成为经常之事,主持人语言也较粗俗,"屁啦""见鬼了""死三八"等均是出现率极高的词语,这和大陆形成了强烈反差。大陆艺人王刚狠批《康熙来了》节目即为显例。而此次的"茶叶蛋事件"从文化娱乐角度来看,也无法排除节目制作方谋求收视率的终极考虑。基于此,我们确实可以如部分媒体人所言,我们大可淡然处之,不必当真;如若当真,我们就输了。因为这是一个"娱乐至死"的时代,只要能吸引足够的眼球,无所谓真假,各种以传输信息为生的平台能从中获利就是终极目的。

茶叶蛋成为炫富神器的同时,"抵制杜汶泽"运动也在网络兴起,其缘由为杜汶泽的雷人之语,类似言论实际上折射出境(国)外人士对中国的了解并不充分。譬如,即便中美交往如此频繁,中国留学生占美国国际留学生比例第一,还是有很多美国人并不了解中国。在美国德克萨斯州大学工作的孙华临博士2012年回到母校湖北大学演讲时,坦承自己在上课时还有学生问他中国妇女还缠不缠足。这些无不说明,由

欹乃一声山水绿

于所处环境的不同，信息渠道的狭窄，妨碍视听的部分媒体的误导以及境（国）外教育对中国较少涉及等原因，部分人士对中国的认识存在着重大偏差。而要彻底消解他们对大陆的偏见，需要我们继续加大、加深和其他国家在经济、思想文化层面的交流。随着政治互信的加强，经济文化交流的深入，"大陆人民吃不起茶叶蛋""大陆网民自以为是没多大本事"等雷人之语必将消失，而这需要做出更多的努力。尤其是我们青年大学生，在留学、工作和生活时，也要担负起中国文化传播使者的责任，为提升中国形象贡献自己的才华。

孩童街头便溺何以引发口水仗

▶ 陆丽青

一、内地小孩香港街头小便引冲突

2014 年 4 月 15 日,《东莞时报》官方微博称,孩子香港街头小便,内地夫妻与港人发生激烈冲突。

21 日,闾丘露薇在新浪微博转载一条新闻——《孩子在香港街头小便,大陆(内地)夫妻与港人发生激烈冲突》并配发微博称:"这条视频只是事件后半部分。孩子当街便溺,有路人拍照,遭孩子父亲抢走相机和记忆卡,孩子母亲打了路人一耳光。片中白衣青年看不过眼报警,并且阻止夫妻离开,双方争执,青年遭人用婴儿车推撞。警察到场调查后,父亲无条件释放,母亲涉嫌袭击被捕,准保释,五月中需到警局报到。"

凤凰视频随后在其官方微博中公布了另一段视频。在这段视频中,现场情景得到还原:女童在香港闹市中当街便溺,夫妇二人用尿不湿接尿后放入纸袋,没有弄湿路面;内地夫妇不满自称香港报馆记者的拍摄,孩子父亲抢夺"记者"拍摄器材,拉扯中器材里的存储卡被抽出落地,被孩子母亲拿走;孩子父母想要带孩子离开,遭到阻拦,双方发生争吵,孩子大哭,"记者"抓住婴儿车不放,孩子母亲打落他的手。争执期间,孩子母亲还委屈地说道,"你家没孩子吗?"并向路人解释,"洗手间排队,孩子着急我怎么办?"孩子父亲也说,"去过洗手间了,(正在)排队,难道让孩子憋着吗?"

23 日,香港警方进一步澄清该事件:事件中的 2 岁幼童是男孩;不存在付姓女子打路人耳光的情节。

该事件在网络上引发的关注前所未有,根据笔者统计,截至 4 月 25 日 23 时,仅凤凰网的相关微博讨论就多达 180 余万条。

二、媒体、网民对事件的反应

内地游客在港已多次遭遇此类事件,每次事件都能引发热烈的口水仗,但这一次网民和媒体在发泄愤慨情绪之后,更多的是理性地讨论现象背后深层次原因,以及如何避免类似事件再次发生。

事件发生后,情绪激昂的网民开始选边站并相互谩骂和指责。大部分网民认为涉事港人缺乏同理心、素养低。也有部分网民谴责内地夫妇以及其他大陆游客在港的行为举止不文明。与以往事件中的内地游客存在明显"不文明"行为不一样,该次事件中年轻父母的特殊处境获得了很多网友的同情和理解。凤凰网"热点调查"对该事件的民意进行了调查,有 297065 人参与了调查,91.42% 表示对幼童街头便溺行为表示理解,因为小孩控制力弱,且可能因种种原因如厕不便。95.55% 的人表示,如果自己遇到小孩当街便溺,如果入厕不便属实,可以理解。

愤慨情绪发泄之后,公众意识到小孩街头便溺自然不雅,可是放在任何一个公认文明的国家里,似乎也可归入"人之常情"。可为什么这样一件小小纠纷,却会变成本是同胞的两地民众激昂地选边站队表态的一次舆论风潮呢?理性的网民和媒体开始讨论其背后深层次的原因。新华社 22 日晚间发表题为《内地与香港且处且珍惜》的评论文章,文章称,"一件生活小事之所以备受关注,是因为它与之前发生的数起类似事件,都折射出内地与香港'文明的冲突'。"舆情似乎迅速地接受了这一决断。那冲突是怎么产生的呢?众说纷纭,代表性的观点如下:香港爱屯门登基金中学署任校长说,冲突背后折射的深层次矛盾,是开放"个人行"导致内地游客大增后,香港相关设施配套的滞后。媒体人傅林称,从社会阶层来分析,香港的一些底层民众受到了大量涌入内地人士的冲击,使他们在求职和社会福利上受到影响。因此,冲突实际上是香港市民长期不满的一种爆发。刘著民认为,香港和内地缺乏了解,两地民众心理筑有一堵"墙",相互看不起。杜平称,少数香港人在兴风作浪,鼓动更多的香港人和他们一样,歧视、排斥和敌视内地人。更多人指责强调媒体在该事件中发挥了负面的影响,有着推波助澜的嫌疑。在这次事件中,闾丘露薇遭到了网民的围攻,因为她转发了一条并不完全揭示真相,并据此可能发生误导的评论。她转发的视频引来了累计达 21 万余条的评论,其中 14000 余条评论要求其道歉。24 日,闾丘露薇道歉,表示"接受批评",网民才渐渐平息。

如何减少类似冲突呢? 网友们似乎有着比较一致的认识和自觉,如维扬卧龙说:"当然,内地人也该省身克己……如果我们内地建设得比香港好,各种不文明行为几近绝迹,多数人想向内地移民时,香港人还会视内地人为蝗虫么,两者之间的认知分歧还能那么大么?"更有一些网民和媒体为内地人文明出行,避免类似不愉快事件再次发生支招。例如吴筱羽撰文《香港如厕指南》,中国新闻网 24 日也刊文《华裔儿童'尿遍全球',美国华人妈妈支招救急》,两篇文章都提出了许多行之有效的建议。

三、孩童街头便溺引发口水仗的心理根源

不可否认,该类事件的高频率发生,不可能没有社会经济、文化,甚至政治因素涉入其中,少数别有用心的人兴风作浪,制造事端也毋庸置疑。但问题是为什么部分香港居民能被这些人利用? 这是值得分析的。

(一)孩童街头便溺引发口水仗的心理根源

笔者认为,从社会心理学视角分析,其根源在于偏见。偏见是人们基于不充分了解的基础上产生的难以改变的厌恶之情,这种厌恶感可以直接针对整个群体,也可以针对属于该群体的某个个体。社会心理研究表明,如果一个群体对另一个群体存在偏见,会不喜欢另一个群体的成员,并会以歧视性的方式加以对待,同时坚信被歧视的群体成员不仅无知而且具有危险性。因为偏见包含某种傲慢的情感成分,在这种情感的作用下,会采取行为把对方推向不利的处境之中。偏见是一种负面态度,歧视是一种负面行为。歧视行为的根源往往在于偏见态度。那么,一些港人的偏见是如何产生的呢?

欸乃一声山水绿

266

首先,是"内群体偏见"。人是群居性动物,当我们以群体的方式来描述我是谁,意味着同时在描述我不是谁。包括"我们"(内群体)的圈子,自然就排除了"他们"(外群体)。社会心理学研究表明,群体的划分导致"群体内偏见",即认为自己群体比别的群体优越。而那些被看作外群体的成员,常常会成为泄愤和不公平对待的对象。虽然香港回归快20年了,但两地还有许多老百姓心里没有把对方当作自己人。这种内群体偏见在香港和内地居民的每次冲突中都能明显地感受到。

其次,刻板印象的影响。刻板印象是指对一群被赋予同样特征的人的分类。香港回归的时候,内地的经济还比较落后,内地居民的素质确实偏低,文明程度较低。当时的这种印象就停留在香港人的印象中,形成刻板印象,这和"茶叶蛋"事件是一样的。自由行向内地居民开放后,部分内地人士的不文明举止进一步加固了这种刻板印象。心理学认为,当人们被置于那种与消极刻板印象有关的情景中,刻板印象就无意识地起作用了。因此,只要内地居民的举止稍有不恰当,在刻板印象的作用下,香港居民就很少会去考虑当时是特殊情境,而自动化地给予消极的评价。

再次,挫折感激发了偏见。痛苦和挫折常常引起敌意。当遭遇挫折时,我们往往会转移敌对方向,寻找"替罪羊"。在现代社会中,资源的竞争是挫折的主要来源。香港的资源很有限,自由行开放之后,每年去香港旅游的内地居民达到2000万,这一方面促进了香港的经济,但另一方面也让香港人感到了压力;特别是处于社会底层的香港人挫折感更为强烈。

最后,过度反应强化了偏见。每当此类事件发生,网民的习惯性反应便是选边站队开始指责和谩骂,这种反应会强化偏见。在这些"口水战"中,香港居民被标注上"刻薄""挑刺""忘本""过度矫情"等标签。在"自我认知偏差"心理机制的作用下,香港居民会寻找一切可能的机会,来表明自己并非"刻薄"和"挑刺",责任确实在于内地居民的"不文明"。态度和行为是能够互相促进的,如果两地的居民一直处于情绪对立的状态,偏见会越来越深,内地居民赴港旅游,被挑错的可能性越来越多,陷入一种恶性循环之中。

（二）努力消除少数香港居民对内地居民的偏见

心理学认为，偏见很容易形成，却很难消除。笔者认为，要消除少数香港居民对内地居民的偏见，可以从以下几个方面入手。

首先，淡化此类事件的影响可能有助于消除偏见。正如中国国家副主席李源潮 24 日在北京会见香港高层访京团全体成员时表示的那样，"现在两地往来中有些磕磕碰碰，这是快速发展中的常见现象"。将这类争执和纠纷视为"常见现象"，不选边站队，上纲上线，互相责骂，将有助于消除这种"内群体偏见"。

其次，内地居民从这些纠纷中学习提高自身的素养，不仅有助于避免自己在境外陷入此类尴尬处境之中，而且有助于消除香港居民对我们的刻板印象。

最后，如果香港居民能觉察到自己对内地居民的偏见，在偶遇内地居民举止不文明时克制无意识的自动化反应，这将是消除偏见的最佳途径。

欸乃一声山水绿

陈升反服贸言论引争议

▶ 崔华前

一、争议背景

2014年5月11日,台湾艺人陈升在绿营媒体《自由时报》上,就《两岸服贸协议》的话题发表了如下言论:"我会告诉你,我反服贸。""我真的觉得,我们不要赚这么多的钱。""陆客真的不要再来了,我们真的要牺牲我们的生活质量吗? 有人说不签服贸会被边缘化。我想问的是,难道我们还不够边缘化吗? 服贸让我们把自己的角色看清楚,我虽然没站出来特别发声,但如果你问我,我会告诉你,我反服贸。""我有很多大陆朋友,我也很喜欢他们,但我常跟他们讲,等你们上厕所会关门的时候,我再跟你谈统一。"上述言论,迅即引发争议。

二、各方声音

有少数人将陈升的上述言论归结为一种生活理念或社会理想,并表示理解或为其辩解。如陈升的经纪人认为,陈升言论重点是谈论生活的理念,不是反服贸,而且因为音乐制作的关系,陈升未来还会去大陆工作。

东方早报《上海书评》主编张明扬认为,台湾的反服贸可以分为"程序正义派""反中派""反大资本,反全球化"等派别,陈升属于"反大资本,反全球化"派。他说:"对于一个音乐人特别是一个'非主流'音乐人来说,'反大资本,反全球化,文化多样性'本来就是这个群体在世界范围内的基本政治姿态……陈升对此的表述比民进党甚至反服贸的学生更为勇敢和坦诚……陈升说的就是一个'零增长社会'的理想模型,在这样的社会中,政府放弃了经济增长的政策目标,个人放弃了发家致富的人生理想,个人与国家或许找到了各自更为'高远'的目标。比如台湾人最爱说的,建立一个更'良善',更'公义'的社会。"

专栏时评家鄢烈山认为,"对于个人来讲,你有权选择抗拒全球化,'返璞归真'乃至退隐山林,过安贫乐道的日子。日出而作,日落而息,鼓腹而食,击壤而歌,帝力于我何有哉——多么节能又惬意的生活,只要你做得到。进工厂做蓝领,进公司做白领,进政府做公务员,身居闹市,享受灯红酒绿的生活,也是你的权利……"

但大多数人并不认同上述观点,并从不同的视角对陈升言论进行了激烈批评。

一是认为,陈升言论是一种自我炒作,是一种"伤人"的负能量。《海峡导报》用标题形式凸显了这样一段网络评论:"他现在都不红,说这些多半是想炒作,在大陆本来就没有什么市场,这样不过是拯救自己在台湾的市场,只是年岁高,又没有什么作品拿出手,炒作政治言论真是蠢!"此外,《海峡导报》还刊登了一篇题为《难道要"把悲伤留给自己"》的评论:"陈升……不仅语出惊人,而且语出'伤人'……希望'陈升们'还是谨言慎行,多认'两岸一家亲',多考虑大陆'粉丝'的感受,多为两岸关系和平发展释放正能量吧。"

二是认为,陈升言论反映了他不知民间疾苦,不利于台湾发展。《北京日报》指出:"陈升声称,'台湾已经比世界上一半的人过得好','我们不要赚那么多的钱',并由此放言不欢迎大陆游客。台湾民众真的'过得好'吗?自夸'不缺钱'的陈升确实生活优渥,但普罗大众很多人深陷'闷经济',薪资'冻涨',就业困难,无力购房,想必还是想赚更多的钱。陈升此言,只能证明他当真不知民间疾苦……陈升也谈到当下岛内热议的服贸协议话题,反驳台湾当局和主流舆论'不签服贸会被边缘化'的观点,理由竟是'难道我们还不够边缘化吗'。按其逻辑,台湾难道要自我放逐,独外于区域整合之外而加剧边缘化?难道要抱残守缺,关起门来上演'孤岛生存记','把悲伤留给自己'?殊不知在经济全球化、区域一体化的时代潮流面前,外向型经济导向的台湾如果安于现状、不思进取,其结果只能是不进则退、坐以待毙。"

三是认为,陈升言论是一种缺乏包容的孤芳自赏。新华社记者陈键兴指出:"陈升此次又抛出'等大陆人上厕所会关门时再谈统一'的说法。这或许是他的一句玩笑话,但一点都不好笑,因为它暴露出来的是台湾一些人孤芳自赏、面对大陆高高在上的文明优越感……真正的文明是包容,动辄自认只有我们知书达理,尔等都是野人村姑,只能让人看到傲慢与浅陋。"前国民党立委邱毅认为:"陈升昧于实情夜郎自大,应被严厉谴责。"台湾艺人黄安指出:"像台湾音乐人陈升这种'土台客'有这种'台湾最大'的想法,其实是很自然的,也是很危险的。台湾如今的不景气,真不能怪别人,要怪就怪自己鸡肠鼠肚、闭关自守的阿Q心态。宝岛呀宝岛,保证让你倒!"

也有人认为,对于陈升言论不必太在意,大可一笑而过。如邹雅婷在海外网上发表了一篇题为《何必与陈升的怨念太较真》的评论,在这篇评论中她指出:"无论是在网上'大放厥词'的三线演员,还是接受媒体采访时吐露怨念的退隐歌手,更多代表的只是个人意见,不足以作为港台民众的集体注脚,更无须由此激发一轮煞有介事的批判。两岸三地越走越近,难免会有磕绊吵嘴,平心视之,大可一笑而过。"

三、对策建议

面对此类事件,要注意的事项很多,但关键是要做到如下几点。

(一)坚决反对少数别有用心者的错误言论,坚定维护祖国统一

维护与实现祖国统一,事关中华民族的核心利益,是实现中华民族伟大复兴的中国梦的必然要求。值得警惕的是,在台湾和香港,有少数人不顾民族大义,或出于个人的私利,或出于"台独""港独"的需要,或在外国势力的支持下,喜欢拿着"放大镜"挑大陆人的刺,发表一些不利于中华民族团结的言论,鼓吹"台独""港独"。值得一提的是,据邱毅揭发,陈升之所以发表上述言论,是因为他参加了"藏独"的活动,被大陆市场封杀。若果真如此,陈升将个人私利置于民族大义之上,无疑是非常自私的。对于此种言论,我们既要进行彻底的批判与无情的揭露,也要将少数人的极端恶意的言论与台湾、香港的民情民意区分开来,正如

国台办发言人马晓光所指出的:"这种极端的言论不能代表台湾大多数民众的想法,也不会为大多数大陆民众所接受。"

(二)两岸应相互尊重

一方面,大陆人要认识到,台湾是中国领土神圣不可分割的一部分,台湾同胞是我们的骨肉兄弟,赴台湾旅游时,要自觉遵守台湾的法律法规、公共秩序、爱护台湾的公共环境;在和台湾人交往时,要尊重他们的文化传统和风俗习惯。另一方面,大陆对台湾经济特别是旅游业的发展,做出了不可否认的重大贡献。大陆人理应得到台湾人应有的尊重。台湾人对大陆人不应歧视,不应不近人情的攻击与指责,不应小题大做。

(三)两岸应相互包容

正如所有的人际交流、文化交流一样,两个实体如果交流有限,那么自己心里对方的美好形象其实更多是想象,而随着真实交流的增多,细微的文化差异才会被对方感知到,矛盾、冲突自然增多。尤其是两岸非正常交流状态持续数十年之后,原来的认知有相当一部分需要修正。因此,面对矛盾、冲突,两岸应相互包容。我们决不可因为陈升的极端言论就敌视与仇恨所有台湾人。绝大多大数台湾人并不像陈升那般"矫情"与"绝情",他们对大陆人是十分友善的,对陈升言论并不认同,有的还公开给予了严厉的批评。

(四)两岸应加强交流与合作

2014 年 5 月 7 日,习近平总书记在会见亲民党主席宋楚瑜一行时提出了四个"不会",他强调"推动两岸关系和平发展的方针政策不会改变""促进两岸交流合作、互利共赢的务实举措不会放弃""团结台湾同胞共同奋斗的真诚热情不会减弱""制止'台独'分裂图谋的坚强意志不会动摇",充分表达了大陆与台湾同胞真诚沟通的诚意和善意。两岸要走出这种因偏见和刻板印象导致的情绪对抗,还得靠在交流与合作中重新认识对方。

(五)理性对待此类事件

两岸在日益频繁的交流中产生一些摩擦、矛盾、冲突在所难免。但是，冲突发生后，两岸都应以理性、理智、平常、平和的心态分析原因、讲清道理、消除冲突，不要以偏概全，不戴有色眼镜、不扣帽子、不上纲上线，不要情绪化，不要将"个案"无端上升至"地域矛盾"。"本是同根生，相煎何太急"。两地的敌视对任何一方都没有好处，只会着了极端离心者的"道"。

正本清源，明辨是非

——香港"占中"事件评析

▶戴道昆

一、事件概况

2014 年 8 月 31 日，全国人大常委会表决通过关于 2017 年香港特首普选的决议案，方案沿用草案的用字和内容，维持原有"提名委员会"的普选办法。该决议为香港 2017 年特首普选定下纲领性框架。9 月 28 日，为了对抗中央的决议，达到自己的政治目的，香港反对派悍然启动了以瘫痪中环等香港政经中心为目的的非法"占领中环"行动，他们鼓动集会者围攻政府总部，冲破警方警戒线，制造暴力冲突；设置路障，阻塞交通，多处繁华地段出现混乱，商家关门歇业，中外游客钟爱的"购物天堂"风采不再；策动者还叫嚣撤回人大决定，特首下台，否则抗争到底。一时间，"东方之珠"大有"黑云压城城欲摧"之势，香港的繁荣稳定受到严峻挑战。善良的人们不禁要问：香港发生了什么？"占中"者意欲何为？"占中"这辆"脱轨"的"战车"要驶向何方？

二、各方评论

随着"占中"运动不断发展，数万市民与数千警察一起出现在香港街头，各类新式媒体工具如无人机摄影和自媒体通信工具参与其中，全世界的目光纷纷聚焦于作为国际金融中心的香港，"占中"行动引发世界舆论关注。

10 月 2 日，香港特区政府发表声明称，"占中"对市民生活、香港经济,以至政府运作造成越来越严重的影响,再次呼吁"占中"发起人和组织者马上叫停所有"占中"行动。港区全国人大代表亦集体发表声明,呼吁社会各界珍惜和维护香港的长期稳定繁荣,互相尊重,呼吁各界在全国人大常委会已经做出决定的情况下,务实理性,以和平、合法的方式推动民主。他们同时于声明中表示,支持行政长官和特区政府依法施政,以及警方依法维护本港社会稳定。

香港立法会前主席范徐丽泰就占中事件称,这些试图以违法行为要挟中央的活动不会达到目的。她强调,"占中"威胁占领香港的国际金融中心,实际上已危害到中国的金融和经济安全。

时任美国国务卿克里就"占中"运动表示,美国也有自己的不服从运动,但需要认清,参与公民不服从运动要面对后果。克里说,美方支持对话,各方坐下来谈,希望尽可能小心翼翼地解决问题。

《欧洲时报》发表评论,呼吁"占中"者回归理性,回归香港现实,将世界各国好坏各异的民主制度、选举规则放在桌面,做爱国、爱港、平等、和平的讨论,做"渐进民主"改革的参照系。

10月5日,《大公报》发表评论称,"占中"行动持续超过一个月仍然未解决,集会发起人和示威者对民主的诉求已经清清楚楚,大家是时候在未有激烈流血冲突发生前撤离,有尊严地结束,让市民回复正常的生活。追求民主绝对不能以威胁违法的手段,作为领导者必须勇于承担,谋定后动,才不会顾此失彼。

10月2日,香港多个民间团体举行活动,启动反对"占中"行动。市民苏先生表示:"示威人士堵塞了多处交通要道,把我们的生活全搞乱了。"10月3日和4日,有反"占中"市民到铜锣湾及旺角等"占中"据点,要求警方尽早清场并恢复社会秩序。部分自发到场的市民斥责"占中"者阻碍别人谋生计,要求"占中"者让出道路供市民使用。

香港"占中"运动引起演艺界对立情绪,10月19日,导演王晶在个人微博说,因政治主张不同,要删除艺人黄秋生、杜汶泽和何韵诗的联系方式。并在接受媒体采访时表示愤慨,称"躺在街上的人不能代表香港民众"。他表示:"民主不是一天就能得到的,需要在一个成熟、理智的社会才能有一个好效果。社会还没有成熟到能承受这样一个民主,你乱搞只会带来灾难。"

三、分　析

2014 年 8 月 31 日,全国人大常委会就香港普选问题做出了决定,重申了坚决支持香港依法实行普选,也强调要求按照《基本法》和人大的规定来实施普选,强调未来担任行政长官的应该是爱国爱港人士。2013 年初"占中"组织策动者就鼓吹颇具蛊惑性的"公民抗命"理论,扬言如"公民提名"不被接受,则"占中"行动志在必行,逼迫特区政府、要挟中央接受非法之举的意图昭然若揭。香港少数激进反对派不顾主流民意,发动了策划已久的"占中"行动。"占中斗士"自称是为了民主而"占中",对于这种以民主之名破坏民主发展的行为,有必要道破其反民主的本质。

香港激进反对派不顾多数港人的反对,迫不及待地推动"占中"行动的主要原因是,全国人大常委会关于香港特区行政长官普选问题和 2016 年立法会产生办法的决定,给外国势力代言人成功上位夺取最高香港治权设置了难以逾越的门槛。这意味着西方多年扶持的反对派势力,将长期无缘问鼎特区行政长官,使外国势力控制香港治权的多年努力落空。于是采取"占中"这种孤注一掷的动员方式,力图通过误导民众参与的大规模群体事件,迅速削弱香港特区政府的管治,控制话语权,拓展反对派的政治生存空间,甚至企图迅速催熟一种由反对派左右香港治权的政治土壤。

"占中"行动是用一种激进的、非理性、违法的方式来表达一种政治诉求,并不符合大多数人的意愿,对香港造成了非常严重的负面影响。香港市民已经有最深切的体验。香港一直被看作是商业天堂,但是人们如今愈加担心香港的经济会陷入衰退。因为这种行动,对商业繁华地带、公共场所进行占领,采取一些激进的甚至暴力的行动,明显是不符合法律的,也是不符合香港的法治精神的。这对于社会公共秩序是一种破坏,不仅影响了市民的正常的生活,也影响了香港正常的商业活动,恶化了香港的营销环境,损害了香港的国际声誉,在很大程度上也阻碍了政府依法施政和依法推行普选。

值得我们注意的是,在相关报道中,我们看到很多青年学生甚至以

"留下案底赔上前途"为代价参与其中，是什么原因导致他们情愿"把青春贡献给马路"呢？近年来，"占领"运动在多国出现，已经成为一种街头政治的主要表现形式，往往有很深的政治背景。各种势力经常利用部分社会公众，尤其是血气方刚的青年学生表达政治诉求，表现出很强的对抗性。香港民主的发展历史很短，还处在民主发展的初级阶段，整个社会都还缺乏民主经验，对于如何在法治环境下实施民主，相当一部分人还缺乏正确的认识。少数激进人士打着争民主的幌子来做一些片面的宣传，蛊惑、组织年轻人走上对抗法律、对抗政府的道路。年轻人有理想、政治热情高，但缺乏政治判断能力，容易受到一些片面信息的宣传和鼓动，被推到了街头政治的第一线。

不能够否认，香港激进反对派的活动，包括极少数的青年学生，受到了外来政治力量的支持和操纵，这也是促使他们走上街头采取非理性的、激进的行动的一个重要原因。青年人是社会的未来，香港的青年学生承担着推动香港社会发展的重任，也担负着实施一国两制的社会责任，他们前面的人生道路还很长，所以在这个年龄阶段，应该以学习为主，学会在回归祖国的背景下生活，强化祖国意识和国家观念。作为香港政府，爱护年轻人，正确引导他们，让他们学会理性平和地思考政治问题，依法有序参与政治活动。作为特殊背景下的香港各种政治团体和势力，应该为香港的前途着想，对青年人负责，多做有利于香港发展、有助于青年成长的工作，而不是不负责任地用蛊惑、误导的方式，把年轻人推到第一线，采取激进的非理性的违法行动，参与破坏法治和社会秩序。这是对年轻人不负责任的一种表现。

诚然，同内地乃至世界其他地区类似，香港经济社会的发展过程中，也存在一些问题和障碍，其发展过程也需要经受一个痛苦的蜕变过程。在这种时候，香港真正需要的是全体香港人民集思广益、戮力同心地把香港经济社会的发展推向前进，实现其经济社会的成功转型与再次腾飞，而不是相反把一个好端端的东方之珠搞乱、搞臭。

国际风云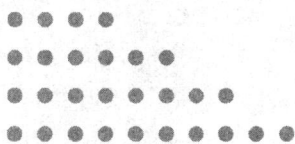

马航事件中大国形象与担当的展现

▶ 李梦云

　　自 2014 年 3 月 8 日马来西亚 MH370 航班失联以来,239 条生命、154 位同胞牵动党中央、国务院和全国人民的心。中国政府迅速派出了空前强大的救援阵容,并一直在信息极端模糊的状态下坚持搜救,表明了中国政府不惜代价救人的坚毅和决心。体现了社会主义国家"以人为本、生命至上"的核心价值观,中国政府用行动和意志,倒逼相关国家尽快将真相告白天下,受到世界各国人民的高度关注。

　　但是因为马航 MH370 事件具有多重不确定性因素,对此事高度关注的人们和失联航班乘客家属一样陷入了着急、揪心和无尽的牵挂之中。前方传来的每一个消息都牵扯着人们的情绪,忽高忽低、起起落落。于是,一些别有用心的人利用人们对同胞的关心和对事件的疑问,煽风点火,或明或暗地用各种手段抹黑中国政府,抹黑人民解放军。因为很多人对相关技术问题缺乏了解,也难以分辨真伪,因而产生各种疑问,这种疑问最终很容易转化成对政府、对军队的不信任感。但是,纵观中国政府和军队自马航 MH370 失联以来所做的一切,我们可以自豪地说,中国很好地展现了一个大国的形象与担当,而那些故意抹黑中国政府和军队的言论皆属污蔑不实之词。

　　马航 MH370 失联事件发生后,中国政府立即启动应急机制,派出专业搜救船和海警船开往相关海域,全力开展搜寻和应急救援工作。3 月 10 日下午,中国政府有关部门首次召开了发布会,通报相关情况并答家属问。尽管中国政府出面的发布会来得晚了一些,但中国政府针对马航"失联"事件已经做了一系列工作。因为这不是发生在中国境内的事,中国政府需按国际公约的规定行事。中国政府一面不断对外交涉,一面安抚家属们的情绪,很好地维护了国家及公民利益,使乘客家属有"靠山"可依，同时对搜救工作也给予了很大的帮助。民航局称："从调查上看，国际公约规定，事故发生在哪里，哪个国家负责进行调查。现在调查权主要在马来西亚方面，中国只能派专家协助调查。但今日赴马的中国人员已是最强阵容，中国民航局会尽全力。"

为更好地处理相关事务，中国成立了马航事件中国政府工作组，3月10日晚工作组抵达吉隆坡。自此以后，工作组会同中国驻马使馆与马方有关部门举行联合工作会议，多次进行对口交流，赴马民航局搜救控制中心、马航应急指挥中心等部门现场深入了解情况，提出具体要求，敦促马方加大搜救和调查力度，并进一步加强信息发布的透明度、权威性和准确性。他们协助马航迎接多批来马中国乘客家属，多次看望、慰问他们，给他们提供各种帮助和便利。3月16日，由民航局和交通运输部等部门组成的技术专家也抵达吉隆坡加入工作组，协助马方展开调查。

在事件发生后，我国派出了大量飞机、舰船、卫星进行搜救，而且政府对此事件的反应与行动比以往类似事件都要快速，执政为民、以人为本的理念得到了很好体现。3月11日有海外评论称，事件一发生，中国政府很快向南海派出2艘军舰，部署10颗卫星搜救，50多名海军陆战队员参与，并派出一个13人的代表团前往吉隆坡提供搜救咨询。"中国这种果敢自信的反应，标志着中国崛起为地区超级大国的进程来到一个新阶段。"

与此同时，我们可以看到，马航客机失联以来，中国领导人高度关注事件发展。3月8日马来西亚宣布MH370航班失联后，习近平总书记立即做出重要指示，要求外交部及有关驻外使领馆加强与所在国有关部门的联系，全力做好应急处置和中国公民善后工作。即使出访期间，他也十分牵挂失联客机上乘客的生命安危，一直密切关注搜寻进展情况，并不断根据新情况做出新部署。李克强总理在得知马航事件消息后，也立即对救援善后工作做出重要批示。在对MH370搜寻过程中，李克强总理多次同马来西亚总理纳吉布通电话，强调"只要有一线希望，就应继续尽最大努力搜救"。3月24日，马来西亚宣布失联客机"坠毁南印度洋"后，正在欧洲出访的习近平总书记立即做出重要指示，要求立即派我国政府特使前往马来西亚同马方进行磋商，并且仍以最强搜救力量继续进行搜寻工作，同时对家属予以法律援助、医疗保障、心理安抚和情绪疏导等。中国在前方一线海域的全部搜救力量要继续倾力投入搜救，绝不放弃努力。从习近平总书记、李克强总理的指示中，我们不仅看到了党中央、国务院对该事件的高度重视，对搜寻失联客机、弄清事实真相的坚定态度，也看到了中国政府切实维护中国公民合法权益的坚强决心。

为了尽快搜寻到失联客机，给乘客家属一个满意交代，中国前后派出十多艘专业舰船、多架飞机和 21 颗卫星参与搜寻。因为搜寻地点距离中国较为遥远，政治因素也非常复杂，中国政府投入如此多的人力物力，付出了高昂的代价。但在"以人为本、执政为民"的理念指引下，中国政府及时、果敢、坚决地开展了一系列的工作。在此次事件中，我们可以看到中国作为一个"负责任大国"形象的生动展现，一方面在国际问题上言必行、行必果，负担起相应的地区和国际责任，另一方面对本国公民权利予以坚决维护，在事情发生后迅速、及时、坚定地站在他们身后，让他们感受到祖国的强大和支持。

追问与反思:甲午战争启示录

▶ 游海华

1894 年,中日之间发生了一场决定两国命运的战争。此前被"天朝"视为"蕞尔小邦"的原中华文明的师从者,竟然把文化母国打得一败涂地。这场被称为"甲午战争"的历史决斗,不仅相当程度上定格了中日两国发展的轨迹,而且深刻影响了东亚乃至世界的政治格局。

2014 年是在甲午战争 120 周年,《参考消息》连续刊载了"军事名家的甲午殇思"系列报道,学界和社会其他各界也有着广泛深入的讨论。下面,笔者从甲午战败的根源、影响与教训等角度入手,将其中的主要观点加以整理和归纳,并对相关问题加以述评,以加深我们对历史和现实的理解与思考。

一、甲午战争失败的根源

在历史教科书中,甲午战败被书写成洋务运动失败的标志。然而,假如不以虚无主义看待这段历史,应该承认洋务运动 30 多年,是中国发生翻天覆地变化的 30 多年。在这个从农业文明向现代文明急剧过渡的时段,清廷不仅构建了新的经济(如启动工业化)和军事体系(如建立海军),其政治架构尤其是法律制度也在向世界靠拢;不仅在引领中国走向世界(如公派留学生、引进新式教育)方面不遗余力,而且使中国人的衣食住行生老病死等社会生活的各方面都发生了巨变。甲午战前的中国,尽管危机重重、新旧杂陈,但仍不失为一个充满变革和希望的中国。究竟是什么原因让洋务运动 30 年伟大成就黯然失色,让大清国"同光中兴"的神话消失得无影无踪呢?

传统研究认为,北洋海军军风军纪败坏,是导致甲午海战最终失败的直接原因。来自海军院校的学者对此予以否定后指出，"败坏说"的依据虽部分是史实，但显被夸大，有为清政府和李鸿章开脱之嫌。事实上，北洋海军的高级军官大都留学欧美，学习过近代西方海军技术，普通士兵也经过严格西式训练；北洋海军总体上是一支颇具战斗力的近代海军，其官兵素质在清军中还属翘首。

海军大连舰艇学院的刘杰认为，日本海军选择的是攻势战略，中国海军采取的是消极的近岸守势战略。这种差异导致了迥然不同的战争结局。还有人认为黄海战役失败的真相是中日开战前，执行李鸿章"保船制敌"方针的丁汝昌"仍心存侥幸"，出海护航时竟然连弹药（开花弹）都没有带足，致使北洋海军损失惨重。

部分学者不仅从海军，而且从多维军事角度进行分析。

海军航空工程学院苏小东指出，中日之间在海陆协同作战能力上的差距悬殊，最终影响了战局；更深层次的原因，则是两个国家现代化水平的差距。

军事科学院侯昂好认为，日本"以小搏大"完胜的秘诀，在于战术的速动。日本做出入侵朝鲜、与清军开战决定后的 3 天，就成立了战时大本营；之后，用两天时间攻占平壤，3 天时间突破鸭绿江防线，5 个多小时结束黄海海战，9 个月结束了整场战争。日本靠快、靠速决赢得了战争。

海军潜艇学院龙永斌认为，早在战前，日本军部就不断向中国派遣大批特务、间谍，多方搜集中国各方面情报；战时对清廷部署、清军异动等了如指掌。无所不在的日本间谍，对战争的进程乃至结局，都起着至关重要的作用。

肖天亮认为，清军的惨败，与清政府战略决策能力不足、决策一再失误有着直接的关系。

王晓彬指出，日军改革彻底，"脱亚入欧"，建立近代军事制度。相反，晚清军改止于购买西式武器装备和军事技术，始终没有突破军事制度这个"瓶颈"，变事不变法只能导致悲剧性结果。

更多的学者是从政治制度、思想、文化等角度深入剖析。

国防大学政治委员刘亚洲上将认为，明治维新把日本变成了一个现代国家，而中国死守"中学为体，西学为用"，洋务运动 30 多年仍是一个前现代国家。日本与清朝的对决，是一个现代国家与前现代国家的对决。因此，甲午之败并非海军之败，也非陆军之败，而是国家之败、政治制度之败、文化和信仰之败。

中国人民解放军海军副司令员丁一平认为，政治统治的腐朽没落，战略决策的消极保守，派系党阀的明争暗斗，封建军队的腐败涣散，是甲午战败的主要原因。

军事科学院博士生导师肖裕声发问，甲午战争为何一败涂地？究其根源，政治腐朽和体制落后必然导致军事改革失败的结局。统治集团内部腐朽是甲午战争失败的根本原因，军队腐败是甲午战争失败的直接原因。

廖保平认为，中国的洋务运动是中体西用，是"旧瓶装新酒"，而日本明治维新是脱亚入欧，从体到用脱胎换骨，改头换面。中国甲午之败不是败在器物，而是败在政治制度上。

徐焰认为，中国传统封建主义的思想统治，导致国民只知朝廷不知国家，只知天下不知世界，只知家族不知民族。没有树立近代民族国家观念，自然无法有效进行保卫国家的战争。

彭光谦认为，甲午之败是整个社会精神颓废、政权腐败、军队庸劣、国家意志萎靡的必然反映。甲午之败败于"精神贫弱"。

从各自的学理和角度出发，学者们的分析各有道理。假使说，军纪败坏是表，政治腐败才是里；军事制度是流，思想文化才是源。客观地说，从整体角度或宏观角度考量，这场决定国运的战争，当然和军事本身密切关联，但不能只围绕战争和军事本身找原因，更不能停留在武器对比的层面，而应回到当年的历史现场中，对中日两国的制度、思想与文化，对双方的国家、社会与民众展开全方位透视，才有可能得出更接近真实的结论。

二、甲午战争的历史影响

甲午战败的后果，是清政府被迫签订了丧权辱国的《马关条约》，割让了台湾及其附属岛屿和澎湖列岛，赔偿日本 2.3 亿两白银，被迫开放多个通商口岸，允许日本人在通商口岸开设厂矿等。领土割占、权益受损、国门洞开,中国进一步跌入半殖民地半封建的深渊。

甲午之败不仅使中国海军从此一蹶不振,而且抑制了大清帝国的方兴之势。

有学者指出,战后"北洋海军腐败说"的流行,使得清政府不能正视自身错误,反而撤销了海军衙门,停办了海军内外学堂,转而编练新式陆军。中国海军从此一蹶不振,万里海防形同虚设。有学者进一步指出,甲午战争还从信心上沉重打击了清王朝,清廷从此末路途穷。

有学者认为,一个国家在现代化的准备阶段,必须具有一定量的物资和一定程度的制度环境的准备,日本在 1894 年的入侵恰好打断了中国这一准备阶段,甲午战争打断了中国现代化进程。另有学者对此予以否认,说战争所带来的巨大损失无可争辩,但战争与打断中国现代化进程没有直接因果关系;事实上,甲午之后,洋务新政所创办的各种事业,如工业化、新式教育、军事改革等,仍在继续并不断扩大,并无中断。

甲午之败也加剧了国内政治斗争,影响了中国政局乃至道路的走向。

有学者认为,改良派和革命派趁势借题发挥,否定洋务运动。改良派提出,光办洋务是不行的,还得有相应的政治体制改革。革命派则公开攻击清朝的无能,提出只有推翻它,打倒它,建立一个新政权,才能挽狂澜于既倒,扶大厦之将倾,救民众于水火。这些主张都对后来的历史发生了实际作用。

刘亚洲、肖裕声等指出,甲午一役,是民族之哀,民族之痛,但同时还是民族之幸。甲午战败刺激了中国人群体意识的觉醒。历史向古老的中国打开了另外一扇门。正是甲午之败,才有了康梁变法,有了辛亥革命,有了中共的诞生。从此,中国历史开始了伟大的转折,中华民族揭开了复兴的历史新篇章。

甲午之败改变了中国,也改变了日本,由此改变了东亚乃至世界的政治格局。战前,东亚国际体系虽然在"西势东渐"的国际大潮下开始走上了瓦解的道路,但总体上依然还保留着传统的宗藩朝贡体系。中国作为传统的宗主国,在这一体系中处于主导地位。战后的日本,提高了国际地位,获得巨额战争赔款、新的商品和原料市场,其资本主义迅猛发展,一举取代中国成为东亚霸主,把传统的宗藩朝贡体系最终送进

国际风云

了坟墓。东亚宗藩朝贡体系逐渐被帝国主义的殖民条约体系所取代。战争的胜利和战后的迅猛发展，膨胀了日本帝国的野心，最终刺激其走上了军国主义的不归路。

三、甲午战争的历史教训与现实启示

作为一场失败的战争，甲午战争给予国人的，首先是军事上的启示。

军事学者多从战略战术、军队和国防建设的角度，对此加以总结。例如，要牢记没有海洋安全就没有国家安全的铁律，树立正确的海洋观，建立起强大的海军。又如，积极"攻势防御"战略思想，树立"敢打必胜"的勇气信心，建立"统（领导体制）合（各兵种）有力"、科学高效的决策体系，加强情报收集与信息统计，走自力更生自主创新的道路。另外，还要处理好富国与强兵、国防与经济建设之间的关系。只有这样，才能控制未来战争主动权，做到打有底气、谈有资本、慑有效果。

遵守并善于利用国际规则，改变并打造国家的国际形象，是日本这位曾经的学生在战争前后给中国先生所上的生动一课，也是我们今天不应忘却的教训。

邢广梅、陈悦等指出，甲午战前，日本为了摆脱外国强加的领事裁判权等不平等要求，选择了体现西方价值观的国际法体系改造自身，获得了西方国家的承认与接纳，成功实现脱亚入欧。在战争爆发以及战后相当长时间里，日本借用国际法话语体系，标榜美化自己、抹黑诋毁清军和清廷，给自己贴上"文明"的标示，给中国贴上"野蛮"的标签。中国既输在军事上、输在制度上，也输在对国际法的理解和运用上，输在对国际话语权的争夺上。前事不忘后事之师。在今天，我们要积极参与构建公平合理的国际法话语体系，并善于利用之，为自己也为世界赢得更多的公平、公正和公道。

大多数学者认为，甲午战败标志着洋务运动的破产，刺激了中国人的觉醒。中国人由此体悟到中体西用很难实现强国梦。政治体制改革，思想文化领域的革命，是绕不过去的一道坎。

中国社科院近代史研究所的马勇，却有着另一番认识。他认为，甲午战败后国人对洋务运动的看法和反应是有问题的,教训是深刻的。在他看来,洋务派的中体西用,是认为中国不需要在政治架构上大动干戈,中国的未来发展只需要做加法,增加自己文明形态中所不具有的西方元素,不需或者说很少需要做减法,更没有必要像日本那样与传统诀别,从头开始。事实上,短短 30 年中,中体西用富强道路创造了资本主义发展史上的奇迹。中国人在整个洋务运动时期充满理论自信、道路自信和体制自信。如果 1895 年走向维新之后的政治、经济、文化、教育、社会方面的创新举措,在洋务时期都能得到尝试和自由发展,那么可以相信,由清廷主导的洋务新政无疑将具有真正意义的自信。可惜的是,当 30 年洋务运动没有经得起甲午战争考验之后,人们不是对先前道路给予理性反省、善意同情,肯定其成功与意义,找到不足设法弥补,而是弃旧图新,一切归零,重新开始。这是中国历史发展中最大的不经济。

120 年前,甲午战争失败了,其失败的原因至今仍在追问之中,其应有的历史教训至今仍在总结之中。值得注意的是,战争虽然早已结束,但战争的伤口似乎并未愈合,仍然横亘在历史和现实之间。笔者相信,对这场战争疑问的解答,对这场战争教训的总结,构成了我们民族进步的阶梯。从这个意义上讲,甲午战争已成为一种标志,一个符号,一种象征。

"中国梦"的外交旋风

▶李梦云

从没有一个时代像今天这样，梦想如此绚烂地照耀着中国。人因梦想而高贵，生活因梦想而不平凡，一个国家更因共同的梦想汇聚一切的正能量，在历史的长河中奋勇前行。自2012年习近平总书记带领新一届中央领导集体参观"复兴之路"展览提出"中国梦"以来，"中国梦"犹如阵阵春风吹进了千家万户；又如英勇的战士，雄浑地吹响了中国全方位改革的号角，它激发出中国人民的无限激情，让人们放飞希望，追逐梦想。新一届中央领导集体上任两年以来，习近平同志已11次出访，足迹遍及全球30个国家，习式外交旋风吸引了全球的目光。而新风扑面、旗帜鲜明的"习近平外交"，也带着"中国梦"的温馨，开启世界梦想的旅行，构建出中国新世纪外交的蓝图。正如习近平总书记所阐述的那样："做好外交工作，胸中要装着国内国际两个大局"。于内，即"两个一百年"的奋斗目标，实现中华民族的伟大复兴；于外，即坚定维护国家主权、安全、发展利益，为全面建成小康社会争取良好国际环境，维护世界和平稳定，促进共同发展。可以清楚地看出，"中国梦"引领着中国外交的新纪元。

一、"中国梦"与中美新型大国关系

古希腊历史学家修昔底德认为，纵观人类社会发展史，当一个崛起的新兴大国和既有的统治霸主竞争时，新崛起的大国必然要挑战现存大国，而现存大国也必然来回应这种威胁，于是战争变得不可避免，这就是所谓的"修昔底德陷阱"。

中国和美国，一个是旧秩序的主导者，是既得利益者；一个是新兴力量的代表者,倡导建立新秩序的改革者。中美建立一个什么样的大国关系,不仅关系两国的未来,更关系世界的和平与发展。而当今世界随着多极化的发展,经济利益的相互交融,各国之间的相互依赖关系日益增强,排他性的发展道路将越走越窄。在大国关系上,平等合作、互利双赢、实现共同发展的新型关系更符合国际发展趋势和潮流。对此,习近平总书记特别指出:明者因时而变,智者随时而制,要摒弃不合时宜的旧观念,冲破制约发展的旧框框,建立中美新型大国关系。2013年6月在中美元首会晤中,习近平用三句话精辟概括了中美新型大国关系的内涵:一是不冲突、不对抗。要客观理性看待彼此战略意图,坚持做伙伴、不做对手;通过对话合作而非对抗冲突的方式,妥善处理矛盾和分歧。二是相互尊重。尊重各自选择的社会制度和发展道路,尊重彼此的核心利益和重大关切,求同存异、包容互鉴、共同进步。三是合作共赢。要摒弃零和思维,在追求自身利益时兼顾对方利益,在寻求自身发展时促进共同发展,不断深化利益交融格局。正如习近平总书记所指出,宽广的太平洋有足够空间容纳中美两个大国,更有宏伟的胸怀承载殊途同归的中国梦和美国梦。构建合理的、平等的世界政治经济新秩序,改善中国等新兴经济体的发展环境,是中国梦实现的必然途径,建立新型大国关系就是实现中国梦的重要舞台。

二、"一带一路"为中国梦插上远航的翅膀

2000多年前,世界各国人民已经通过海陆两条丝绸之路同中国开展商贸往来。从张骞出使西域到郑和下西洋,海陆两条丝绸之路把中国的丝绸、茶叶、瓷器等输往沿途各国,一路传播了中华民族的文明和友好。如今习近平总书记提出的"一带一路"倡议,扬起了中国梦走向世界的风帆。"一带一路"是中国政府着眼于整个全球战略发展态势和未来国家发展客观需要而进行的外交新布局。它契合了"亲、诚、惠、容"的周边外交理念和"命运共同体"的价值观基础,表明了中国外交整体布局朝着主动构建、积极协作的方向转型。不仅有利于"中国梦"的实现,也有利于"世界梦"的实现,成为连接"中国梦"与"世界梦"的桥梁。

丝绸之路经济带与海上丝绸之路是在平等的文化认同框架下谈经济合作,是国家的战略性决策,体现的是和平、交流、理解、包容、合作、共赢的外交精神。"一带一路"的底蕴就是丝绸之路文化,历史上如果没有西风东渐,没有西方商旅之行,没有张骞出使西域,没有郑和下西洋,就没有丝绸之路文化。因此,丝绸之路文化的起点是高度国际化的东西方交流的产物。有了文化的积淀和承载,西亚国家和东南亚国家更容易在文化认同的框架下同我国开展经济合作与外交事宜。"一带一路"这条世界上跨度最长的经济大走廊,发端于中国,东牵亚太经济圈,西系欧洲经济圈,将助力中国实现长期的可持续的发展。打造"21世纪海上丝绸之路"对于中国"石油生命线"的安全提供了更多保障。与此同时,"一带一路"覆盖的国家将为未来中国经济发展提供潜力巨大的市场,并助力中国深入实施西部大开发战略,使西部地区获得新的发展机遇,为"中国梦"插上远航的翅膀。

三、"中国梦"与世界发展同体

孙中山先生曾经说过:"世界潮流,浩浩荡荡。顺之者昌,逆之者亡。"而当今世界的潮流就是和平发展,就是合作共赢。和平发展是世界大义,合作共赢是世界大利。在当今世界,文明与文明之间、国与国之间、人与自然以及人与社会之间,都需要探索和谐共生的发展之道。正如 2013 年 11 月习近平总书记在会见 21 世纪理事会代表时说:"中国愿同其他国家一起走和谐共生的发展道路。"和谐共生恰恰是在尊重差异和多样性基础上,为多样文明和平共处指出了一条出路,体现一个文明的、负责任的东方大国在世界秩序问题上的思考与贡献。

2014 年 3 月在非洲的访问以及在周边外交工作座谈会中,习近平总书记提出以正确的义利观作为中国构建与周边国家以及广大发展中国家和新兴国家合作共赢新型国际关系的指针。习近平总书记指出,独乐乐不如众乐乐,这个世界上一部分人过得很好,一部分人过得很不好,不是个好现象。真正的快乐幸福是大家共同快乐、共同幸福。我们希望全世界共同发展,特别是希望广大发展中国家加快发展。我们有义务对贫穷的国家给予力所能及的帮助,有时甚至要重义轻利、舍利取义,绝不能唯利是图、斤斤计较。正是在非洲这片神奇的土地上,习近平总书记首次提出:"13 亿多中国人民正致力于实现中华民族伟大复兴的中国梦。我们还要同国际社会一道,推动实现持久和平、共同繁荣的世界梦。"

欸乃一声山水绿

"乌镇峰会"：发自中国的声音

▶ 吕义凯

一、舆情概述

2014 年 11 月 19 日至 21 日，首届世界互联网大会将在浙江乌镇举行。这是中国举办的规模最大、层次最高的互联网大会，也是世界互联网领域一次盛况空前的高峰会议。大会以"互联互通 共享共治"为主题，由国家互联网信息办公室和浙江省人民政府共同主办，由浙江省网信办、浙江省经信委、桐乡市政府和中国互联网络信息中心联合承办。此次世界互联网大会共有八大板块、十多个分论坛，几乎涵盖了网络空间领域所有的关键重大问题，来自近 100 个国家和地区的政要、国际组织代表、著名企业高管、网络精英、专家学者等 1000 多人参加这一全球互联网界的"乌镇峰会"，外国嘉宾占比达一半。在如此短的时间内筹备规格如此之高的会议，其意义自然不言而喻。2014 年 11 月 18 日，首届世界互联网大会新闻发言人、国家互联网信息办公室新闻信息传播局局长姜军表示，世界互联网大会将永久落户乌镇，每年一届，持续举办。

二、舆情倾向性分析

（一）海内外媒体评论

新华网报道称，首届"乌镇峰会"开启了新的对话窗，输送了新的话题源,产生了新的共识圈,规划了新的强网路。中国的互联网新梦想已经起航。《人民日报》报道称,互联网到底是阿里巴巴的宝库,还是潘多拉的魔盒?这取决于"命运共同体"如何认真应对、谋求共治。从这样的视野来看,已走过 20 年岁月的中国互联网,站在了大有可为的新起点上。

《福布斯》杂志网站报道称,举办首届世界互联网大会赋予了中国一定的信服力。此外,阿里巴巴、腾讯和百度等中国互联网公司在国际上高歌猛进,这也让中国政府更具信心。美国《侨报》评论称,"中国正以令人惊叹的速度和力度迈入移动互联网时代。或许,有多少大佬参加大会,有多少新共识达成,都不是最重要的,重要的是令世界看见中国互联网的方向在哪里"。

(二)国内外政要语录

中国国家主席习近平在发给大会的贺词中指出,中国愿同世界各国努力尊重网络主权和维护网络安全,并共建多边、民主、透明的国际互联网治理体系,以应对互联网发展给国家主权带来的新挑战。时任浙江省省委书记夏宝龙说,世界因互联而美好,生活因互通而便捷,技术因共享而进步,网络因共治而精彩。世界互联网大会永久落户乌镇,是人类先进文明与中华传统文化的一次完美拥抱,必将加深全球互联网界在推动网络信息联通、技术合作、多方治理等方面的共识,使我们的生活更美好、更便捷、更精彩。

韩国前议长金炯旿引用唐代著名诗人杜甫的《春夜喜雨》"野径云俱黑,江船火独明"对世界互联网大会献上寄语。"希望世界互联网大会就是江上的一艘船,照亮黑暗,指引我们这一段由信息技术引领的人类文明的变化。"加勒比地区电信联盟主席、牙买加科技信息能源部部长菲利普·鲍威尔则表示,这次会议表达了发展中国家合作的需求,保证其作为平等的主体参加整个过程,保证发展中国家能够成为互联网市场的重要组成部分。

(三)学者观点

中国工程院院士吴曼青判断,高层对互联网的战略地位和价值,进行了最新最全面的界定,互联网作为信息技术领域的主战场,将深刻改变生产生活方式、经济发展方式乃至社会生态体系。

时任北京邮电大学国际学院院长李欲晓表示,参加本次世界互联网大会最大的收获是对于互联网的全球参与、网络空间、网络安全的重要性,大家达成了共识,网络空间需要各个国家的共同参与。

三、舆情点评

(一)"乌镇峰会"的召开具有深远的意义

当今世界,对互联网发展与治理,有共识也有分歧。举办世界互联网大会,就是让世界各国在争议中求共识,在共识中谋合作,在合作中创共赢,让互联网造福世界,而不能给人类带来危害;让互联网给各国带来安全与和平,而不能成为一个国家攻击另一个国家的"利器";让互联网更多服务发展中国家的利益,因为他们更需要互联网带来的机遇;让互联网保护公民合法权益,而不能成为违法犯罪活动的温床,更不能成为实施恐怖主义活动的工具;让互联网更加文明诚信,而不能充斥着诽谤和欺诈;让互联网传递正能量,继承和弘扬人类优秀文化;让互联网促进未成年人健康成长,因为这关系到人类的未来。世界互联网大会带来累累硕果,将会在中国乃至世界互联网发展史上留下浓墨重彩的一笔。在中国的主导下,大会经过深入交流、平等对话,提出了许多新观点,探索了许多新规律,形成了许多新共识,也为今后世界互联网的发展和治理贡献了智慧,贡献了力量。

(二)"乌镇峰会"彰显中国自信和魅力

中国作为世界第二大经济体、同时又是世界上网民最多的国家,从国家利益层面来说,这次由"中国主导、中国主场、中国主角"来举办这样一场迄今为止全世界规模最大、受瞩目程度最高的互联网盛会意义非同一般。作为后来者的中国互联网,其地位和角色重要性在世界范围内越来越凸显。按市值估算,阿里巴巴已成全球第二的互联网公司。全球互联网十大巨头里,中国占了四席。在移动互联网领域,中国庞大的网民规模和市场优势,把全世界的目光都吸引过来。加上各种创业成功案例不断涌现,创新激情涌动,人们能清晰感受到,中国互联网和世界互联网一起,正在迈入一个美好时代。这次互联网大会中国向世界更好地传递了中国之声,更多地展现了中国的实力,彰显了中国的自信和魅力。

(三)我国互联网建设依然任重而道远

即便是 2 分钟之内网络零售成交额能超 10 亿元,社交通信软件能够覆盖几亿用户,中国互联网还没有到沾沾自喜的时候。网络安全的普遍性难题仍然待解决,在网络游戏和社交通信工具营造的虚拟世界里,利用木马病毒和各种诈骗手段牟取非法利益的现象时有发生,各种虚假、误导信息依然层出不穷,凝结智慧和心血的知识产权仍然很难在网络世界中得到保护。在互联网的发展基石上,我国网民规模超过 6 亿,但互联网普及率仅为 46.9%。其中,我国农村非网民人口仍有 4.5 亿,互联网建设任重而道远。提升我国互联网水平,一方面,在互联网建设上要积极贯彻十八届四中全会精神,全面推进网络空间法治化,要统筹国内国际两个大局,统筹网上网下两种资源,加强网络立法、网络执法、全网守法、全面推进网络空间法治化建设,实现网络健康发展、网络运行有序、网络文化繁荣、网络生态良好、网络空间清朗的目标。另一方面,要大力推进移动互联网信息建设,深入推动移动互联网建设工程,加快优秀传统文化网络化,加快优秀网络文化移动化。开发推广更多易于下载、操作简便的程序和便捷随身的移动终端,加快互联网普及程度,让更多人享受移动互联网带来的便利。

(四)互联网的发展要注重与传统媒体的融合

"人人都是发布者,个个都有麦克风",微博、微信、手机客户端……近年,新媒体异军突起,给传统媒体带来冲击,传统媒体如何应对挑战,实现与互联网的融合发展,成了急需解决的问题。清华大学新闻与传播学院教授沈阳介绍了一个惊人的数字:据调查,每个中国人平均每天摸手机 150 次,平均每天打开微信 38 次,微博访问的比例超过 70%。今日头条首席执行官张一鸣也表示,在其平台上,由第三方非传统媒体创作的内容已经占到了一半的比例。而传统媒体在与网络媒体、社会化媒体及手机媒体同台竞争中,不断失去用户和市场,失去自己的传统地位。一方面是新兴媒体的强势崛起,一方面是传统媒体的机遇错失,在此消彼长之间,传统媒体与新兴媒体的博弈在内容资源、新闻报道和舆论监督上全面展开。但是随着传统媒体立体传播体系的构建,随着新兴媒体原创、策划、深耕内容的打造,传统媒体与新兴媒体越来越需要相互支撑,越来越需要一体化发展。当前,互联网已进入到大数据、云计算和移动互联网时代,基于云计算的云媒体、云编辑,基于大数据的内容生产和可视化呈现,基于移动互联网的内容再造和社会化渠道的多元传播,都需要传统媒体和新兴媒体协力完成。传统媒体的内容和新媒体的技术是所有媒体竞争的一体两翼,只有双轮驱动才能形成媒体的核心竞争力,促进互联网的良性发展。

中国特色的 APEC

▶ 王来法　屈永芳

APEC,即亚太经济合作组织,是亚太地区重要的经济合作论坛,也是亚太地区最高级别的政府间经济合作机制。1989 年 11 月,APEC首届部长级会议在澳大利亚首都堪培拉举行,标志着 APEC 的正式成立。APEC 组织结构分层级运作,包括领导人非正式会议、部长级会议、高官会、委员会和工作组及秘书处。1993 年 11 月,首次 APEC 领导人非正式会议在美国西雅图召开,之后每年召开一次。

2014 年是 APEC 成立 25 周年。2001 年 APEC 领导人非正式会议首次来到中国之后,时隔 13 年,中国再次举办 APEC 会议。过去的13 年,不仅是中国快速提升经济实力的 13 年,更是中国逐步参与国际经济事务,并日益扮演主要角色的 13 年。2001 年上海 APEC 会议时,中国的 GDP 还不到日本的一半,但 13 年后,中国已超越日本,一跃成为世界第二大经济体。因此,APEC 会议重返中国,无疑让这次北京"年会"具有了 13 年前不可比拟的含金量。中国国际地位的今非昔比,也让世界高度关注。那么作为东道主的中国,此次 APEC 会议究竟彰显出哪些"中国特色"呢?

一、从跟随者到主导者,逐步展现中国全球影响力

1991 年,中国加入刚刚成立两周年的 APEC,成为亚太大家庭重要一员。那时,中国年少青葱,充当着学习者的角色。2001 年,中国首次担当 APEC 东道主。那年适逢中国加入世贸组织前夕,中国以参与者的身份融入了世界经贸体系大家庭。当时的中国只是世界第七大经济体和第六大贸易国,中国需要主动在经济上融入西方经济体系当中,

和西方进行经济对接。同时,中国通过举办 APEC 会议向世界展示一个开放的、拥抱全球化的中国,展示中国积极参与全球分工、合作、促进共同繁荣的姿态。在 2001 年的 APEC 会议上通过的《领导人宣言》在危机时刻增强了各成员应对经济困难、恢复全球经济增长的信心。作为《领导人宣言》附件的《上海共识》为 APEC 未来发展确定了具有前瞻性和战略性的议程,正是这些成果,在后来的十余年里极大鼓舞和促进了亚太地区的经济增长。

从上海到北京,中国在 APEC 中充当的角色发生了根本变化。重回 APEC 主场,已是今非昔比。据统计,1992 年,中国与 APEC 成员的贸易额仅为 1277 亿美元;2013 年,增至 2.5 万亿美元。亚太,已经成为举世公认的世界经济增长引擎。持续快速发展的中国,成为"引擎中的引擎"。这次会议,是中国在经济上主导亚太规则的第一次会议。中国不但将这次会议变成了展现自己国家发展成果和国家战略的舞台,还将自己的国家战略深深地融入到了会议当中,并最终形成 APEC 成员的共识,指引亚太发展方向。中国塑造未来亚太伙伴关系,改变了把美国作为重中之重的做法,提出建立平等的新型大国关系。中国主动推进与俄罗斯的战略合作,打造利益共同体和命运共同体。中国参与重建亚太地区乃至全球的政治、经济新秩序,发挥新兴大国的作用与政治担当。可以说从这次会议起,中国的战略、政策的影响不再只是局限于国内和地区,而是全球性的引导甚至局部的主导。由这次会议可以看出,中国已经越来越熟悉亚太经济圈的优势和弊端,越来越熟练地参与国际规则的制定,中国不再是规则的顺应者,已成为规则制定者,中国自信地在 APEC 舞台上正式提出自己的大战略。

二、抓住机遇,贡献中国智慧

自 1993 年中国领导人出席首次 APEC 领导人非正式会议以来,中国在 APEC 各种不同层次的活动中积极为 APEC 发展出谋划策,贡献中国智慧。不断提出有建设性的倡议,努力践行 APEC 宗旨。这次会议继 2014 年上海亚信峰会提出"亚洲安全观"后,将"共建面向未来的亚太伙伴关系"定为这次 APEC 会议的主题。这个主题可谓扣住了时代的脉搏,富有深意和新意,其目的是构建促进亚太地区增长共荣的新格局,使亚太成为世界经济发展和经贸一体化的新引擎,力图通过寻求包容性伙伴关系来解决亚太地区矛盾、摩擦和分歧。

同时中国提出三大议题——推动区域经济一体化,促进经济创新发展、改革与增长,加强全方位基础设施与互联互通建设。这三大议题契合了当前亚太地区的重大关切,是推动深层次合作的重要抓手。这也是中国最大程度贡献自己智慧的表现。

亚太地区最宝贵的发展经验是地区开放,而区域内多种合作机制互不联络、矛盾多多,违反了整个地区朝统一的开放市场发展这一基本经验。中国将亚太一体化设为第一个主要议题,将为茂物目标的实现,即到2020年在亚太地区实现自由、开放的贸易与投资奠定坚实基础。早在1994年APEC会议确立的茂物目标中,就已提出要在2020年前实现亚太区域贸易和投资的自由化。此为区域经济一体化的实质和内涵。2010年APEC横滨会议又将"推动区域经济一体化"列为议题之一,并指出FTAAP(亚太自贸区)是未来的方向。此次在北京召开的APEC会议,正是顺延着历史轨迹,致力于将"务虚"转化为"务实",推动亚太自贸区进入实质性的建设。

启动亚太自贸区可谓是此次会议中的一个亮点,构建亚太自贸区不仅是现阶段"推动区域一体化"的重心所在,还与此次会议"促进经济创新发展改革与增长"和"加强全方位互联互通和基础设施建设"的另外两大主题紧密相关。金融危机以后,APEC成员经济体面临经济增速放慢的问题,而亚太自贸区的建立将为各经济体对内的改革提供高效的市场,为参与改革的市场主体创新提供触手可及的人才、资金和资源支持;伴随自贸区而来的区域经济一体化还将为对外的开放创造稳定的外部环境,从而使得先进的科技更快更稳地导向"技术洼地",进一步实现以开放带动改革。亚太自贸区与互联互通同时推进,将有效调动和盘活现有资源与战略,进一步推动地区包容增长与合作共赢。《APEC互联互通蓝图》将有利于打通目前东盟互联互通和各种"东盟+1"互联互通各自发展、相互竞争的状况,实现最大程度的资源利用与共享。而随着整个区域互联互通的全面推进,地区对基础设施建设需求的进一步增大,中国倡议建立的"亚洲基础设施投资银行"将具有更加重要的现实意义,因而也将获得更多国家的理解与支持。而亚太互联互通有了充分的政治意愿和资金支持,将获得飞跃式发展,给地区人民带来实实在在的利益。

目前,亚太地区互联互通面临三大瓶颈——硬件设施连接不畅,政策法规规制不协调带来的物流、人流流动难,人文交流不足。中国社科院亚太战略研究所所长李向阳认为,中国提出设立亚洲投资银行,将解决当前基础设施建设投融资难问题。在制度层面,中国也倡导在APEC上进行政府层面的协调。

2013年,国家主席习近平提出,亚太地区应该推动创新发展。2014年的北京会议将围绕经济改革、新经济、创新增长、包容性支持、城镇化五大支柱进行讨论,并深化互联网经济、城镇化、蓝色经济等前沿领域合作。2014年全年,APEC成员经济体共提出了超过100项合作倡议,其中超过一半是中国提出的。北京大学国际关系学院教授翟崑认为:"这是中国智慧的贡献,也是中国提供的重要的公共产品。"

三、扬合作之帆,圆亚太繁荣之梦

2014年11月9日上午,国家主席习近平出席2014年亚太经合组织(APEC)工商领导人峰会并作题为《谋求持久发展 共筑亚太梦想》的主旨演讲。习近平在会上首次提出"亚太梦想"。他表示,时代需要大格局,大格局需要大智慧。亚太发展前景取决于今天的决断和行动。我们有责任为本地区人民创造和实现"亚太梦想"。

习近平主席提出,这个"亚太梦想"就是坚持亚太大家庭精神和命运共同体意识,顺应和平、发展、合作、共赢的时代潮流,共同致力于亚太繁荣进步;就是继续引领世界发展大势,为人类福祉做出更大贡献;就是让经济更有活力、贸易更加自由、投资更加便利、道路更加畅顺,人与人交往更加密切;就是让人民过上更加安宁、富足的生活,让孩子们成长得更好,工作得更好,生活得更好。我们要为实现这一目标做出更大的努力。这是作为APEC会议东道主的中国向亚太地区乃至全世界发出的时代宣言和郑重承诺,是最强、最有力、最负责任的中国声音,必将推动亚太大繁荣、大发展。

"亚太梦"是"中国梦"的延伸。从"中国梦"到"亚太梦",其核心都是经济发展、社会稳定、人民幸福、社会进步。这一点在亚太地区乃至全世界都有共通之处,也容易引起各国民众的共识。正如习近平主席所说"时代需要大格局,大格局需要大智慧。亚太发展前景取决于今天的决断和行动"。中国作为东方大国,作为带动亚太发展的重要力量,必须将"中国梦"与"亚太梦"乃至"世界梦"紧密地联结在一起,一方面,将中国共产党的执政理念和发展经验毫无保留地贡献给亚太地区乃至世界各国;另一方面,通过与亚太地区乃至世界各国的互信、包容、合作、共赢,为亚太乃至世界发展注入新的不竭动力。

　　APEC 成立 25 年,亚太地区已成为世界经济发展的重要引擎,亚太大市场已初步具备轮廓,经济联系越来越密切,亚太一体化需求日益迫切,但也面临一些挑战,如经济复苏脆弱、新旧转换困难、亚太一体化方向和重点不一致、自贸区碎片化等问题,中国拿出敢为天下先的勇气,承担大国责任,将有助于新时期凝聚各方共识,构建亚太大家庭和命运共同体,共谋亚洲发展。

　　习近平主席提出了为实现"亚太梦"需要作出努力的四个方面,包括共同建设互信、包容、合作、共赢的亚太伙伴关系,携手打造开放型亚太经济格局,不断发掘经济增长新动力,精心勾画全方位互联互通蓝图。这与本届 APEC 提出的三大议题一致。如果亚洲各国能携手共同努力,互联互通和基础设施建设将成为今后 10 年、20 年甚至更长时间,亚太地区新的经济增长点和合作领域。

　　"一带一路"、丝路基金和亚洲基础设施投资银行等构想和举措,非常清楚地表明了我们有意愿和有能力帮助其他国家,向亚太和全球提供更多公共产品。中国明确表示愿意让各国"搭便车",一方面希望消除其他国家对中国发展的顾虑,另一方面也体现了中国和亚太伙伴同舟共济、共享发展成果的责任和担当。

　　基辛格博士在他出版的《世界秩序》一书中写道,从来没有一统天下的世界秩序,未来秩序必然是既带有普遍性,也带有地区的历史与文化特性。此次北京峰会上"中国态度"深入人心,"中国理念"广受赞同,"中国方案"切实可行,中国向世界各国展示一个负责任的地区大国形象和地区发展中大国应有的责任担当,今天,当日益开放包容的中国自信地融入外部世界，中国带给亚太和世界的已不只是"中国制造"，更有饱含悠久历史传承和深厚文明积淀的"中国智慧"，以及在实现自身现代化过程中造福地区惠及世界的"中国贡献"。我们坚信，发扬互信、包容、合作、共赢的精神，共同构建面向未来的亚太伙伴关系，就一定能把亚太共同繁荣发展的美好愿景变为现实。

关于克里米亚"脱乌入俄"事件的思考

▶ 王来法　屈永芳

一、克里米亚"脱乌入俄"事件回顾

2014 年 2 月,由于西方国家的拨弄,乌克兰政治危机更加白热化。反对派在议会"弹劾"和罢免了一度消失的"亲俄"总统亚努科维奇以后,成立了过渡政府。基辅新当局上台伊始便显现了浓厚的"西乌"色彩,对讲俄语的东部地区居民采取激进立场,扬言要取消俄语第二官方语言地位。这引发了本就对"大乌克兰"离心倾向明显的克里米亚亲俄派的不满,后者在俄罗斯的默许下发难。

从 2014 年 2 月 26 日起,克里米亚大批民众示威要求扩大自治共和国的权力,继而提出通过全民公投来决定是保留自治共和国地位,还是独立或是并入俄罗斯。3 月初,普京以"协议内调动"为理由,派黑海舰队进入克里米亚实施保护。随后,普京向俄联邦委员会提议在乌克兰领土动用军事力量并获得了批准,同时还表示"不排除派军事部队到克里米亚维持安全的可能"。3 月 16 日,克里米亚居民举行全民公投并以 96.77% 的高票通过克里米亚归并于俄罗斯的决定。3 月 21 日,普京就签署了经联邦议会批准的克里米亚入俄条约。

事先完全没有料到普京会吞并克里米亚的西方国家一时间乱了阵脚,它们表面上气势汹汹,实际上无可奈何。奥巴马和欧盟国家一致谴责俄罗斯的入侵行为违反了国际法,更不承认克里米亚并入俄罗斯,并警告:美国及其盟友会在经济上孤立俄罗斯。随后,美国和欧盟对俄罗斯实施了一系列的制裁,如宣布对 7 名俄罗斯高官实施旅行禁令并冻结他们的海外财产、对俄罗斯银行进行制裁、将俄罗斯逐出八国集团

(G8),等等。然而,面对西方国家对俄罗斯的谴责及美国的外交通牒,普京的立场没有丝毫退让。他强调,俄罗斯出兵保护是因为乌克兰境内的俄罗斯公民,以及俄罗斯族人受到实际威胁。俄罗斯外交部表示,克里米亚居民以民主方式投票决定重新加入俄罗斯,完全符合国际法和联合国宪章,俄罗斯尊重并接受这个选择。至于西方实施的制裁,俄罗斯更是声称早已做好准备,并会以同等力度的制裁实施回击。面对普京和俄罗斯政府的强硬回答,美国和欧盟各国都显得无可奈何。奥巴马明确表示,不会因为俄罗斯吞并克里米亚和俄罗斯动武。至于欧盟各国,由于在能源问题上严重依赖俄罗斯(其 30%的天然气由俄罗斯提供),更不可能有实质性的反制措施。事实上,奥巴马已经表示,只要俄罗斯不再吞并乌克兰的其他领土,西方国家就不再增加对俄罗斯的新制裁措施。3 月底,俄罗斯总理梅德韦杰夫访问了克里米亚,表示将把克里米亚设为经济特区,并逐步提高当地居民的养老金。

中国在克里米亚事件的整个过程中一直保持中立态度,主张通过政治和外交途径、在法律和秩序框架内解决问题。在 3 月 15 日联合国安理会就美国提出的认定克里米亚公投无效的决议草案的投票及 3 月 27 日联合国大会就乌克兰等国提出的认定克里米亚脱乌入俄的全民公投"非法"的决议草案的投票中,中国都投了弃权票。

二、中国民众对克里米亚"脱乌入俄"的反应

据美国《基督教科学箴言报》3 月 30 日报道,俄罗斯总统普京近期在国内的支持率飙升,且升到执政以来的最高点,其中部分原因可能是由于索契冬奥会的成功,但更大要归功于他处理乌克兰危机时的雷厉风行。

从网上议论看,对普京在整个事件中的强硬态度和做法、俄军对乌克兰某种程度上的"入侵",多数发言的中国网民是持肯定态度的。网友"乌鲁"写道:普京领导下的俄罗斯在克里米亚问题上以强硬姿态对待美国及其盟国的制裁与恫吓,或许制造一个转折点——宣告长期以来美国把自己的意志强加给全世界的时代已经结束。对美欧所谓的制裁,多数网民不以为然。网友"普京大帝"在微博中称:"美国的制裁唬

不住普京，德国不赞成，英国没表态，欧盟本身就经济危机，还制裁什么，制裁自己吗？"

赞赏和支持普京雷厉风行和强硬态度的同时，许多网友还认为中国领导人和政府应该公开支持俄罗斯在克里米亚事件中的做法，在主权、领土问题上学习普京的强硬。大公网的一位网友就说："'俄罗斯国土虽大，却没有一寸是多余的'这话是普京自己说的，用中国话来说叫作'吾国虽大，寸土必争'。""中国要学习普京精神，不但敢说狠话，更要敢做狠事，在领土主权问题上毫不含糊，才能保卫祖国。"

当然，也有许多网友发表了不同看法。网友@"马鼎盛"："一些愤青喜欢在网上发泄对国际社会主流价值观的愤懑，由此甘心做'俄粉'，颂扬普京用暴力吞并克里米亚。他们以为中南海必须学习克里姆林宫用战争，甚至用核战争威胁来解决大国之间的矛盾，这才是爱国主义。他们应该看看'樊哙吹牛带十万兵打匈奴'的故事，樊哙当然不算卖国主义，他这种人只是害国主义。"

三、对克里米亚"脱乌入俄"事件的思考

（一）为什么中国投弃权票？

对于"脱乌入俄"这件事，中国政府在联合国两次投弃权票，既不公开反对，也不公开支持俄罗斯。

中国不公开反对俄罗斯的做法，是因为俄罗斯这样做的确"事出有因"。首先，克里米亚原本是俄罗斯的领土，俄罗斯族人占了多数。是原苏联领导人赫鲁晓夫（乌克兰族）于1954年将其作为礼品送给乌克兰加盟共和国的。苏联解体后，俄罗斯国家杜马于1992年宣布赫鲁晓夫的这一决定无效。其次，以"人权高于主权"为理由干预他国内部事务、推动一国内部地区独立的始作俑者是美国为首的西方国家。20世纪末，西方国家干预南斯拉夫联盟的内部事务，通过所谓的全民公投推动科索沃独立的。美国还多次以保护美国侨民的人身安全和利益为名干涉其他国家之间的冲突。因此，西方国家反对的理由并不充分。第三，苏联解体、冷战结束以后，俄罗斯一度全面拥抱西方，但是俄罗斯的

"热面孔"贴到了西方国家的"冷屁股"。美国为首的西方国家凭借综合优势趁火打劫,包括单方面废除中导条约、不断推进欧盟东扩和北约东扩、肢解南斯拉夫、支持车臣反叛势力,挤压俄罗斯的生存空间和传统势力范围,消解俄罗斯的地缘政治优势,使俄罗斯受尽屈辱。因此,俄罗斯当然要寻找机会还以颜色,让西方国家知道,伤害俄罗斯的国家利益和尊严必须付出代价。

从中国自身的国家利益看中国不公开反对俄罗斯同样也是"事出有因"。从国际格局来看,目前处在一个"中美俄"三强鼎立的新三国时期,美国的力量虽然有所削弱,却是唯一的超级大国;中国的地位在加强,但还不足以单独抗衡美国为首的西方国家;俄罗斯是中国平衡美国力量的主要依靠,当然对于俄罗斯来说,中国也是它平衡美国力量的主要依靠。美国为了维持它的超级大国地位,一方面极力削弱俄罗斯,另一方面极力遏制中国的发展。在这种情况下,中国和俄罗斯只有联合起来,才能抗衡美国为首的西方国家,实现各自的发展目标。俄罗斯在克里米亚问题上与美国摊牌,并由此走上联中抗美的第一线,这当然对中国有利。因此,我们不可能和西方国家一起去公开反对俄罗斯,更不可能去公开谴责和制裁俄罗斯。

但是,中国也不可能公开支持俄罗斯将克里米亚并入俄罗斯的行为。无论是美国还是俄罗斯,以"人权高于主权"为理由,或以保护本国侨民安全为借口,干涉别国内政甚至推动别国内部地区独立,同样都是严重违反国际法的,与中国政府一贯坚持的"不干涉内政""尊重主权独立和领土完整"的原则相违背。公开支持俄罗斯的做法,就违背自己一贯坚持的外交原则。不仅如此,公开支持俄罗斯的行为,还会给我国带来极为严重的负面影响。因为这不仅意味着我们承认当年苏联通过所谓全民公投使外蒙从中国独立出去的做法是正当的,而且为将来敌对国家和势力以类似的做法分裂中国制造了口实,为中国本身主权领土安全埋下不定时的炸弹。此外,乌克兰的长期稳定也关系到中国利益。中国是乌第二大贸易伙伴国,仅次于俄罗斯。中国在乌克兰农业领域也有很大投资。中乌双方2013年12月还建立了"战略伙伴关系"。因此,中国不会支持俄罗斯"吞并"克里米亚的行为。

(二)在处理领土争端问题上中国可以效仿俄罗斯吗?

中国与一些邻国在领土和海洋权益问题上存在争端,尤其在南海、东海问题上近来纷扰不断。中国在处理这些领土争议的过程中,是否应该模仿普京的风格,"不要谈判,只要战争"呢?这种说法是似是而非的。一则,他国的国土通常的情况下是不可能通过外交谈判取得的,必须通过强硬的军事手段才能得手,而本国的领土,只要有足够的历史和法律依据,多数情况下是可以通过外交谈判保全的。只要双方有睦邻友好的愿望,事情总是可以谈的。正因为如此,我国政府主张通过当事国双方谈判解决领土和海洋权益争端。二则,即使对方不断地挑衅,冲撞底线,另一方是否动武也要根据世情和国情而定,不是可以一味模仿的。虽然世界各国的经济联系日益密切,但是俄罗斯基本上是一个万事不求人的国家,相反的是欧洲国家在能源上严重依赖俄罗斯。俄罗斯与美国的双边贸易只有区区 300 亿美元,即使全部放弃也不会有多大损失,反而可以重创美元的全球地位。俄罗斯有着从苏联继承过来的强大军事力量,美国绝对不愿意和它硬碰硬。反观中国,我们的经济依赖对外出口、能源还不能自给,最发达的东部沿海地区正处在向中等国家水平接近的过程中。这一切都制约我们不可能像俄罗斯那样动辄诉诸武力。克里米亚事件以后,美国高官就警告中国不要模仿俄罗斯,否则将无法承受西方的经济制裁。我们当然不怕他们的威胁,但是我们的国情的确不同于俄罗斯,不到万不得已不能轻启战端。三则,我国的发展理念不同于俄罗斯。普京的口号是"还你一个强大的俄罗斯",而中国的口号是"和平发展",我们不仅要尽量营造一个有利于我国发展的和平国际环境,而且要打破"国强必霸"的预言,这都决定了我们不可能动辄诉诸武力、以武力为主要手段解决领土和海洋权争议。当然,我们不惹事,也不怕事,如果他国敢于突破底线,那么,我们可以让它打第一枪,但决不会让它打第二枪。

(三)认清西方国家遏制中国的战略意图,抓住战略机遇期发展壮大自己。

进入 21 世纪以来,面对中国的迅速崛起,西方国家如梦方醒,使出吃奶的力气全面遏制中国。但"9·11"事件,接着是全球经济危机,之后是阿拉伯之春,再后来是金融危机。美国刚刚缓过劲来,就转向把重点力量投向亚太,全力遏制中国。可是它的亚太再平衡战略还未付诸实施,俄罗斯就给了它后脑勺一闷棍。于是,美国不得不放缓它的所谓"再平衡"战略部署,重新把目光集中到欧洲。已经有迹象表明,美国从欧洲的撤军已经停止,美国国会也已经要求增加欧洲的军力投入。因此,一定程度上会放松对中国的遏制,为了争取中国的合作,它也会在一定程度约束它在东亚的"盟友",让它们不至于太放肆。所以有人说,克里米亚事件又使中国发展的战略机遇期延长了 10 年。还有,美国在关键时刻宁可牺牲乌克兰的国家利益也不敢与俄罗斯军事对抗,这也警示在南海问题上蠢蠢欲动的国家:美国不可能贸然与中国开战。我们一定要抓住这个战略机遇期努力地做好自己的事情,努力实现民族复兴、国家富强、人民幸福的伟大梦想。一个强大的中国是对世界的安全、人类的福祉做出贡献。

大学生是青年中的优秀一族,有比其他年轻人更加深厚的知识积淀、更加敏锐的分析眼光。因此,我们要比一般人更加理性、更加客观,站得更高,看得更远。我们要从国家和人民的最高利益出发,用辩证唯物主义和历史唯物主义的立场、观点和方法去看待和分析国际事件,充分地理解党和政府的外交决策,自觉地尽到自己的本分和责任,坚定不移地走中国特色社会主义道路,为使中国不发生乌克兰那样的噩梦、为实现中国梦贡献自己的青春和力量。

苏格兰公投的影响何在

▶ 詹真荣

当地时间 2014 年 9 月 19 日,苏格兰独立公投结果显示,支持英国统一,反对苏格兰独立的选民占 55.4%,支持独立的选民占 44.6%;苏格兰仍将留在大不列颠及北爱尔兰联合王国。独派领袖、苏格兰民族党党魁萨蒙德表示接受苏格兰人民的决定,并于当晚宣布辞职。牵动国际社会神经的苏格兰独立公投终于落下帷幕。英国主流社会庆幸英国"活了下来",但英国危机并没有真正终结,英国《经济学家》提醒,活下来的英国"仍要靠呼吸机维持生命"。

一、苏格兰公投引发国际社会的高度关注

欧洲理事会主席范龙佩和欧盟委员会主席巴罗佐 19 日上午分别发表声明,尊重并欢迎苏格兰独立公投结果。范龙佩表达了他对苏格兰独立公投结果的看法:尊重并欢迎苏格兰人民通过公投形式做出的选择,联合王国仍将联合在一起。巴罗佐在声明中称:"我欢迎苏格兰人做出的维护英国团结的决定,公投结果有利于建设一个更加团结、开放和强大的欧洲。"德国总理默克尔 19 日表示,她尊重苏格兰拒绝独立的公投结果。19 日,时任美国总统奥巴马在获悉苏格兰独立公投的投票结果后表示:我们欢迎苏格兰公投的结果,祝贺苏格兰人民。时任英国首相卡梅伦 19 日在 Twitter 上发声,对公投结果表示很满意,称"我与萨蒙德刚刚进行了对话……我很高兴苏格兰民族党将参与讨论进一步下放权力事宜。"皮尔斯·摩根(英国著名主持人):"哎哟,竟然是No!"J. K. 罗琳(《哈利·波特》系列书作者):"彻底未眠,坐观苏格兰创造历史超高的投票率,和平的民主进程,我们应该为此感到骄傲。"

"苏格兰独立带来大混乱的风险已经消除。但并不是一劳永逸,因为投票中支持独立的呼声仍然很高,不过至少能平静相当长一段时间,"贝伦贝格银行分析师 Robert Wood 说,"市场目前暂时可以回归正常。"

中国外交部发言人洪磊 19 日在北京的例行记者会上表示,苏格兰有关公投是英国的内政,中方对此不做评论。中国欧洲问题研究学者张蓓说道:这次公投到了最后时分,为了挽留苏格兰,英格兰三大政党都联手到苏格兰游说,并且都承诺给予苏格兰更多的自治权。这说明,苏格兰的声音已经被听到了。所以这次公投最后的结局已经几乎可以说是双赢的。

英国广播公司宣告:"在一起历经 307 年后,苏格兰人民今天最终放弃了独立的机会,选择留在联合王国内。"英国《卫报》也认为,"公投其实已经改变了一些事情",苏格兰问题只是个影射,"如果卡梅伦政府不做出进一步的改变,可能会影响到下一届大选"。多数美国媒体对反对苏格兰独立的势力获胜而表示欣喜,但也有媒体评论指出,虽然苏格兰独立失败,但独立公投本身已显示这个联合王国已大不如前,大不列颠夕阳残照。

苏格兰如何走到了独立公投这一步?《华尔街日报》中文网日前就此问题发表了对保罗·贝克特的采访,出生并成长于苏格兰的贝克特表示,苏格兰独立其实酝酿已久。20 世纪 70 年代的苏格兰独立公投失败了,之后,许多苏格兰人认为他们的权益并未得到充分体现,在撒切尔夫人执政时期尤为明显;在布莱尔执政期间,局势不那么紧张,布莱尔的内阁里有许多苏格兰人,比如当时的外交大臣,还有先担任财政大臣,后来成了英国首相的布朗也是苏格兰人;布莱尔还给了苏格兰人更多权力,包括成立了一个苏格兰议会,让苏格兰人尝试自治。但卡梅伦这届政府中,保守党国会议员中只有一人来自苏格兰,苏格兰在国家议会中的代表性不够充分,苏格兰人的独立意识被重新唤起。萨蒙德领导苏格兰民族党随之发起了一个非常激进的运动以推动苏格兰独立。《纽约时报》中文网早些时候刊文说:"苏格兰依仗石油闹独立?这场赌博有风险。"文章说,苏格兰民族主义者长期以来一直主张,因为受到伦敦的管治,苏格兰不能从英国油气田的巨额收入中取得自己应得的份额,而这些油气田就位于苏格兰海岸附近的北海上。

19日清晨,"苏格兰没有同英国离婚"这一重磅消息在社交网站Twitter上迅速传播,不少英国名人在第一时间就此表达自己的喜悦或者失望之情。网友"1984":这次公投给世人留下了深刻的印象,也大大提升了苏格兰乃至英国在全世界的影响力。网友"北在哪儿":独立意味着更多的不确定性。求稳的是多数。网友"脉冲星":一个大英帝国重新联合起来了。网友"假装在纽约":英国不愧是创意设计之国,统独双方在宣传拉票的过程中都展现了极为高超的创意和鼓动水平。

分析认为,苏格兰人最终选择和英国"在一起"的结果表明,大多数苏格兰人不愿意承担分离可能带来的风险。苏格兰分离要付出的代价巨大:苏格兰只能享有名义上的独立;苏格兰面临分担债务、分割资产后的风险;苏格兰在国际舞台上可能步入困境等。

二、苏格兰独立公投失败对英国和世界的影响

(一)独立公投的结果对英国未来是机遇和挑战并存

就总体而言,苏格兰公投似乎实现了多赢:卡梅伦可以不再担心因国家分裂而"心碎"了;联合王国不仅得以存活,而且可以继续扮演大国角色;独立失败的苏格兰将如愿以偿地从中央政府那里获得更多自治权。英国的媒体称,正是支持统一的"沉默"选民真正击退了对长达307年的苏格兰和英国的联盟的空前挑战,投票结果"令数以百万计的英国人松了一口气"。在苏格兰决定留在英国后,欧洲股市收高,一度涨至六年半高位;股市开盘上涨1%以上;英镑兑欧元升至两年高位,外汇市场波动率迅速下降;苏格兰相关股票的股价也出现上扬,苏格兰皇家银行(RBS)股价上涨4%,劳埃德银行涨2.3%。

但就苏格兰来说,即使苏格兰仍然保留着作为英国一部分的主权身份,如何在保持英国团结的同时,建立一个更独立自主的苏格兰将是一个紧迫的问题,毕竟仍然有将近45%的苏格兰人希望苏格兰走向独立;苏格兰的民族认同和地方认同因这次公投得到了强化。公投激发了全体苏格兰人的政治参与意识,近430万苏格兰人进行了选民注册,占合格选民的97%,注册选民中的90%进行了投票,注册率和投票率

双双创下历史纪录。如今，支持苏格兰独立的苏格兰民族党更是掌控了苏格兰议会和政府。公投之后，英国的国家分裂危机虽然短期解除了，但隐患更大，分离派已羽翼丰满。虽然苏格兰不能独立了，但三大政党已经许诺，假如苏格兰不独立，它将会得到税权、预算和更多的自治权力：一是承诺苏格兰议会将获得更广泛的权力；二是保证英国各个部分公平分享资源；三是国家医疗体系的资金支出由苏格兰政府决定，并维持"巴奈特方案"的分配方式。正如时任苏格兰国家党主席萨蒙德所说，这次长达两年的苏格兰独立运动已经极大且永久的改变了苏格兰，即使苏格兰没有独立，英国国内结构也必将发生改变，迫使英国国会进一步向苏格兰"授权"。可见，胜利已经属于苏格兰人了；公投虽已尘埃落定，苏格兰的未来仍然未知。

就整个联合王国来说，英国在这次公投中被削弱了。公投统派虽然胜利了，但独立派却也获得高达45％的支持率，相当一部分苏格兰人心中的离心倾向确实不容小觑，赞成独立的人群中年轻人占了相当大比重。后任政府无论谁当权，苏格兰这盘棋都必须用心去下，不敢掉以轻心。英国以民主方式解决攸关国家生死大事的荣耀，掩盖不了它将变得更加松散、各地区能随意威逼国家的一系列后果。英国的国际竞争力将进一步受损，而这种竞争力从长期看是英国人福祉的重要来源。英国政府关于兑现此前给苏格兰的承诺无疑为英国内部其他地区做出了示范，激起了英格兰、威尔士和北爱尔兰地区选民关于中央政府"放权"的呼声，并已开始向议会要求更大自治权的行动。一些大城市的政府向中央政府提出，他们也应该获得与苏格兰同等的权力。苏格兰议会恢复了，英格兰议会却不存在，英格兰人认为，工党政府推动的权力下放是对英格兰的反向歧视。有分析指出，这次公投是双方长期矛盾的大爆发，失败结果也可以说是双方又一次"停战协定"。但双方矛盾冲突问题有三个"依然存在"：主张分离的社会基础依然存在；双方历史和文化的矛盾依然存在；双方的政治经济矛盾问题不会因为卡梅伦政府的让利和公投失败而消失。只要条件再次适合，不排除苏格兰分离运动卷土重来的可能。正如分析家所言：英国给苏格兰分权、分钱，是消除不了苏格兰分裂问题的，反而会让苏格兰独立的意识更加浓厚，苏格兰的独立就永远是一把悬在空中的达摩克利斯之剑。看来，为了大不列颠和北爱尔兰联合王国的长治久安,今后英国不仅要在从程序上提高独立公投的门槛,而且要高度重视国内的民族问题,逐步铲除民族主义、民族分离主义产生的经济根源。

(二)对欧洲乃至世界而言,"苏格兰"模式不是好的示范

苏格兰独立公投失败,美国和欧洲的很多国家都松了一口气。对时局最敏感的资本市场反应是:英国富时 100 指数期货闻讯跳涨 1.2%;欧洲股市整体出现上扬,欧洲斯托克 600 指数期货上涨 0.8%,创 2008 年 1 月以来最高;美国标普 500 指数期货涨 0.3%,MSCI 亚太股市指数涨 0.4%。

但与世界上绝大多数民族独立运动所伴随的流血冲突相比,此次苏格兰公投展现出来的是自由、理性与和平,可谓令人惊叹。然而,这一尝试只是特例,不是其他国家解决国家分裂危机的榜样。美国和欧洲曾经担忧苏格兰独立公投的后果,有人认为,苏格兰公投("苏格兰案例")可能将打开欧洲的潘多拉盒子,如加泰罗尼亚、威尔士,还有科西嘉与北爱尔兰。公投必须获得各国内阁与议会的同意,但即使苏格兰公投成功,绝大多数国家都不会同意本国的部分地区公投,比如科索沃、南奥塞梯、阿布哈兹、德涅斯特河沿岸共和国、纳一卡地区、北塞浦路斯、克里米亚。无论在哪里,苏格兰独立都是坏榜样。

(三)苏格兰独立公投暴露了西方民主原则的尴尬和政治家的软弱

2012 年 10 月 15 日,时任英国首相卡梅伦与时任苏格兰政府首席大臣萨蒙德签署了苏格兰独立公投协议——《爱丁堡协议》,以决定苏格兰是否继续留在英国。英国中央政府和苏格兰政府都表示将尊重公投结果;苏格兰执政党抱怨英国中央政府在苏格兰发展问题上既不给钱又不给权,选择公投实属无奈之举;英国首相卡梅伦虽然表示尊重苏格兰人民的选择,但却说允许苏格兰人民公投并非他自己的愿望。事实证明,通过公投决定国家事务似乎可以彰显民众的民主权利,但这种民主政治显然不能兼顾既满足多数人的诉求,又不牺牲少数人的利益。将事关国家前途命运的重大问题诉诸民众公投是政治家缺乏历史担当的不负责任的政治行为;类似苏格兰独立公

投乃是西方国家的平庸政治家不尊重民意,推卸历史责任的结果。苏格兰独立公投已显示西方民主原则的尴尬,也暴露出政治家领导力正日渐式微。